本书得到了教育部人文社会科学基金项目（19YJC630125）和
山东工商学院博士启动基金项目（BS201907）的资助。

U0717422

欧阳建军———

著

Energy-Saving
Strategy Selection for
Energy-Intensive
Manufacturers Under
Dual Carbon Goals

"双碳"目标背景下
高耗能制造企业节能方式
选择研究

经济管理出版社
ECONOMY & MANAGEMENT PUBLISHING HOUSE

图书在版编目（CIP）数据

"双碳"目标背景下高耗能制造企业节能方式选择研究 / 欧阳建军著 . -- 北京 ：经济管理出版社，2025.
ISBN 978-7-5243-0239-1

Ⅰ．F426.4

中国国家版本馆 CIP 数据核字第 2025DS6950 号

组稿编辑：赵天宇
责任编辑：赵天宇
责任印制：许　艳
责任校对：蔡晓臻

出版发行：经济管理出版社
　　　　　（北京市海淀区北蜂窝 8 号中雅大厦 A 座 11 层　　100038 ）
网　　　址：www.E-mp.com.cn
电　　　话：（010）51915602
印　　　刷：唐山玺诚印务有限公司
经　　　销：新华书店
开　　　本：720mm×1000mm/16
印　　　张：16
字　　　数：291 千字
版　　　次：2025 年 6 月第 1 版　　　2025 年 6 月第 1 次印刷
书　　　号：ISBN 978-7-5243-0239-1
定　　　价：88.00 元

前　言

　　2020 年 9 月，习近平主席在第 75 届联合国大会上提出了我国的碳达峰碳中和目标。自此，"双碳"目标成为我国的国家战略。实现"双碳"目标，是以习近平同志为核心的党中央经过深思熟虑作出的重大战略决策，是着力解决资源环境约束突出问题、实现中华民族永续发展的必然选择，也是构建人类命运共同体的庄严承诺。党中央已对"双碳"工作作出系统谋划，指出能源绿色低碳转型是实现"双碳"目标的"主战场"，节能降碳是做好"双碳"工作的首要手段。我国制造业作为能源消费的主要领域，自然成为推动能源绿色低碳转型的关键所在，如《工业领域碳达峰实施方案》指出，到 2025 年，规模以上工业单位增加值能耗较 2020 年下降 13.5%，单位工业增加值二氧化碳排放下降幅度大于全社会下降幅度，重点行业二氧化碳排放强度明显下降，要深入推进节能降碳。因此，愈加严厉的环保政策成为高耗能制造企业（为了简洁，下文均用制造企业代替高耗能制造企业）的第一大紧约束。除此之外，制造企业还面临快速上涨的能源成本和不断增强的消费者环保意识两大紧约束。如何有效利用节能降碳这个首要手段，关乎制造企业能否成功迈过前述"三座大山"，也是制造企业向"新"向"绿"成功转型的关键。

　　在实际中，制造企业可以选择依靠自身力量，通过购买节能设备、技术或设计节能方案，建设和运行节能项目而达到节能的效果（本书称之为自我节能），也可以选择将节能服务外包给节能服务公司或能源服务供应商。通常，节能服务公司提供的绩效合同的形式是合同能源管理，其主要包括节能效益分享和节能量保证两种运作模式。自我节能和合同能源管理各有优劣。因此，不仅仅依赖于经验，更科学地选择节能方式，避免节能方式选择失误给企业带来巨大损失成为制造企业管理人员面临的一个重要挑战。基于此动机，本书通过数学模型的方法探讨制造企业在七种情形下的最优节能方式选择问题。

本书共分为十章，第一章主要介绍研究背景及意义、研究思路和方法、研究内容和主要创新点等。第二章对国内外研究文献进行综述。

作为尝试应用数学模型的方法研究最优节能方式选择问题的第一步，第三章以现实中被广泛应用的动态经济批量模型为基础，分别建立自我节能、节能效益分享和节能量保证三种情形下的动态批量生产决策模型，通过模型分析，探讨有限期时变需求情形下一家完全垄断制造企业如何选择最优节能方式问题。研究构建了有限期时变需求情形下制造企业最优节能方式选择理论，揭示了给定节能方式下制造企业最优动态批量生产策略需满足"零库存生产"规则。进一步将基本模型拓展到能源税情形，发现能源税并未对制造企业最优节能方式选择产生影响。研究结论和管理启示可以为制造企业管理人员在有限期时变需求情形下选择最优节能方式及制定最优动态批量生产策略提供决策依据，同时也可以为政府制定激励制造企业采用合同能源管理和节能效益分享的相关政策提供智力支持。

第四章放松第三章的一个主要假设，即制造企业能自由调整单位产品的节能量，通过数学模型探讨此情形下一家完全垄断制造企业的最优节能方式选择问题。首先，仅考虑自我节能和节能效益分享，建立自我节能情形下的优化模型和节能效益分享情形下的斯坦科尔伯格博弈模型；通过模型分析，构建了此情形下制造企业最优节能方式选择理论，揭示了给定节能方式下如何设置最优单位产品节能量和合同参数等最优决策。进一步将基本模型拓展到产品价格改变、需求不确定、节能量不确定三种情形，分析这三种情形对制造企业最优节能方式选择及其他最优决策的影响。研究结论和管理启示可以为制造企业管理人员在单位产品节能量可调整的情形下选择最优节能方式及制定给定节能方式下的最优决策提供决策依据，同时也为制造企业管理人员明晰产品价格改变、需求不确定、节能量不确定对制造企业最优节能方式选择及其他最优决策的影响提供理论指导。

第五章放松前几章的一个主要假设，即考虑节能项目中的间接收益，通过数学模型方法探讨此情形下一家完全垄断制造企业的最优节能方式选择问题。首先，类似于第四章，建立自我节能情形下的优化模型和节能效益分享情形下的斯坦科尔伯格博弈模型；通过模型分析，构建了此情形下制造企业最优节能方式选择理论，揭示了给定节能方式下如何设置最优单位产品节能量和合同参数等最优决策。进一步讨论了节能影响生产中的非能源成本、节能信息缺乏对制造企业最优节能方式选择的影响。最后提出一个制造企业最优节能方式选择的分析框架。

研究结论和管理启示可以为制造企业管理人员在节能间接收益情形下选择最优节能方式及制定给定节能方式下的最优决策提供决策依据，同时也为制造企业管理人员明晰节能影响生产中的非能源成本、节能信息缺乏对制造企业最优节能方式选择的影响提供理论指导。

第六章放松前几章的一个主要假设，即考虑消费者环保意识，通过数学模型方法探讨此情形下一家完全垄断制造企业的最优节能方式选择问题。首先，假设单位产品节能量不存在随机性，建立自我节能情形下的优化模型和节能效益分享情形下的斯坦科尔伯格博弈模型，通过模型分析，构建了此情形下制造企业最优节能方式选择理论，并揭示了给定节能方式下如何设置最优产品价格、单位产品节能量和合同参数等最优决策。进一步将基本模型拓展到单位产品节能量不确定情形，探讨单位产品节能量不确定性对前述研究结论的影响。研究结论和管理启示可以为制造企业管理人员在消费者具有环保意识的情形下选择最优节能方式及制定给定节能方式下的最优决策提供决策依据，同时也为制造企业管理人员明晰单位产品节能量不确定性对前述研究结论的影响提供理论指导。

第七章放松前几章的一个主要假设，即考虑制造企业和节能服务公司组成的能源供应链的协调问题，通过数学模型探讨此情形下一家完全垄断制造企业最优节能方式选择问题。首先，假设制造企业不能调整单位产品的节能量，建立自我节能情形下的优化模型和节能效益分享情形下的斯坦科尔伯格博弈模型，通过模型分析，提出了能源供应链的协调方法，构建了供应链不协调和协调情形下制造企业最优节能方式选择理论。进一步将基本模型拓展到单位产品节能量可调整情形，探讨单位产品节能量可调整对前述研究结论的影响。研究结论和管理启示可以为制造企业管理人员协调能源供应链提供有效的协调方法，在能源供应链不协调和协调的情形下选择最优节能方式提供决策依据，同时也为制造企业管理人员明晰单位产品节能量可调整对前述研究结论的影响提供理论指导。

第八章放松前几章的一个重要假设，即制造企业在市场进行生产数量竞争，通过数学模型方法探讨此情形下制造企业的最优节能方式选择问题。首先假设两家制造企业在市场上进行数量竞争且相互对称（即两者具有相同的特征），建立两家制造企业的多阶段博弈模型，分析制造企业的节能方式选择均衡策略。之后将基本模型分别拓展到两家制造企业的投资成本系数不对称、初始能效不对称和分享期小于节能系统的生命周期三种情形，分别探讨每种情形对制造企业节能方式选择均衡策略的影响。研究结论和管理启示可以为对称性制造企业管理人员在生产数量竞争情形下确定最优节能方式选择均衡策略提供决策依据，同时也为制造企业管理人员明晰投资成本系数不对称、初始能效不对称和分享期小于生命周期对前述研究结论的影响提供理论指导。

第九章应用数学模型方法探讨产品价格和环境性能双重竞争情形下制造企业的最优节能策略。首先，建立两家制造企业相互对称、初始能效不对称和节能投资成本系数不对称三种情形下制造企业的节能博弈模型，分析三种情形下制造企业的最优节能策略，如最优价格、最优能效水平和最优利润，另外也揭示消费者环境意识和竞争强度以及制造企业的初始能效和节能技术差距对制造企业最优节能策略的影响。其次，对政府如何设置补贴政策进行了讨论。研究结论和管理启示可以为制造企业管理人员在产品价格和环境性能双重竞争的情形下确定最优节能策略提供决策依据，同时也为制造企业管理人员明晰消费者环境意识和竞争强度以及制造企业的初始能效和节能技术差距对制造企业最优节能策略的影响提供理论指导，也能为政府设计有效的补贴政策提供智力支持。

第十章总结本书的研究结论和管理启示，并对未来的研究方向进行展望。

本书是在作者博弈论文和近几年几篇论文的基础上修改而成，得到了山东工商学院博士启动基金项目（BS201907）、教育部人文社科项目（19YJC630125）等的支持。本书的研究结论和管理启示能为制造企业管理人员在诸多情形下做最优节能方式选择提供决策依据，又能为政府明晰制造企业的节能行为、制定更有效的环保政策提供智力支持，也可以供相关领域科研人员参考。

目　录

第一章 绪论

第一节 研究背景与研究意义

一、研究背景

2020年9月22日，习近平主席在第75届联合国大会一般性辩论上宣布，中国将提高国家自主贡献力度，采取更加有力的政策和措施，二氧化碳排放力争于2030年前达到峰值，努力争取2060年前实现碳中和。自此，"双碳"目标正式提出。2021年10月，中共中央、国务院正式公布《关于完整准确全面贯彻新发展理念做好碳达峰碳中和工作的意见》，意见对"双碳"工作作出系统谋划，强调做好"双碳"工作，必须把节约放在首要位置，不断降低单位产出能源资源消耗和碳排放。毋庸置疑，能源绿色低碳转型成为积极稳妥推进"双碳"工作的"主战场"，节能降碳是做好"双碳"工作的首要手段。

我国制造业是能源消费的"大户"，2022年年能源消费量高达30.7亿吨标准煤，占总能源消费量的56.8%，且年消费量和年均占比均呈快速增长趋势（见图1.1），其自然成为能源绿色低碳转型的关键抓手。2021年10月，国务院印发的《2030年前碳达峰行动方案》强调，要重点实施工业领域碳达峰行动重大任务。2022年8月工业和信息化部等部门联合印发的《工业领域碳达峰实施方案》指出，到2025年，规模以上工业单位增加值能耗较2020年下降13.5%，单位工业增加值二氧化碳排放下降幅度大于全社会下降幅度，重点行业二氧化碳排放强度明显下降，要深入推进节能降碳。2015年11月，北京市为应对雾霾，对2100余家工业企业实施停产限产。愈加严厉的环保政策成为高耗能制造企业（为了简洁，下文均用制造企业代替高耗能制造企业）的第一大紧约束。

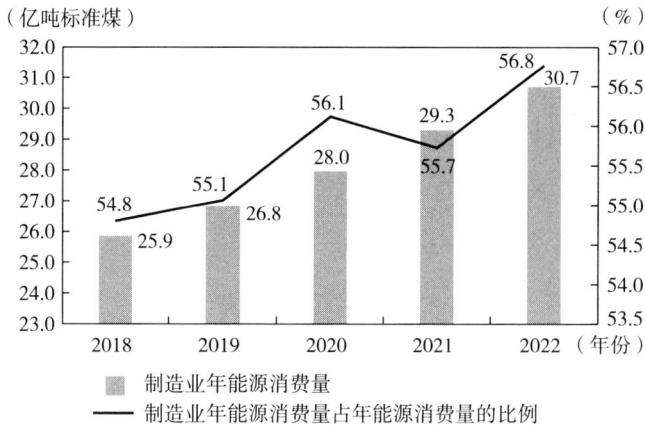

图 1.1   2018~2022 年我国制造业能源消费量趋势
资料来源：国家统计局。

除愈加严厉的环保政策外，制造企业还需面对不断高涨的能源价格的冲击。据统计，2002 年以来，一些工业用户能源价格已经上涨了 50%~100%（Fawkes，2007）。现实中，一些铸造企业、纸浆及造纸企业能源成本分别已达整个产品附加价值的 5%~15% 和 20%（Thollander 和 Ottosson，2010）。另据调查，2008 年 6 月，我国佛山地区建陶生产企业能源成本已占整个生产成本的 30%，若能源管理不善，能源在其生产成本中所占的比例高达 50%~60%（中国陶瓷网，2008）。

此外，随着社会的进步，消费者的环保意识不断增强。据 BBMG 报道，67% 的美国人认为购买环境友好型的产品非常重要，51% 的美国人愿意为环境友好型的产品支付更多的费用（Bemporad 和 Baranowski，2007）。根据一项家用电子电器设备的调查，近 80% 的中国宁波受访者愿意购买环保产品，近 70% 的中国宁波受访者愿意为环保产品支付更多的费用（Huang 等，2006）。伴随消费者环保意识的增强，越来越多消费者在购买决策时开始注重企业的环保记录（Lash 和 Wellington，2007）。例如英国零售商乐购早在 2007 年就开始考虑在一些产品使用碳标签（Grover，2009），世界零售巨头沃尔玛、瑞典家具巨头宜家等企业也随之响应这一号召。

在新时代，愈加严厉的环保政策、快速上涨的能源成本和不断增强的消费者环保意识是制造企业向"新"向"绿"转型发展必须迈过的"三座大山"。而节能是制造企业迈过前述"三座大山"的首要手段。调查表明，现有的钢铁行业通过提高现有能效，潜在的碳排放量可减少 15%（日本）到 50%（中国、美国和印度）（Kim 和 Worrell，2002a）；而在水泥行业，提高现有能效可达 40%（Kim 和 Worrell，2002b）。中钢协会长、宝钢集团董事长徐乐江认为，造成中国钢铁行业低价微利常态的主要原因之一是资源和环境的紧约束，必须解决生产过程中的高消耗、高排放（新浪财经，2014）。因此，节能管理类似财务管理和营销管理等，在企业管理中的角色日益重要。

在实际中，一些制造企业选择主要依靠自身的力量购买节能设备（技术）、设计节能方案、建设和运行节能项目而达到节能的效果，其具有一些典型的特征，如主要依靠自身的力量、需对节能项目进行融资、承担所有的项目风险和独享所有的节能收益等，为了简洁，本书称之为自我节能（Self-Saving）。辉瑞弗里堡（Pfizer Freiburg）作为全球一家大型的生物制药公司，2005 年开始选择这种节能方式进行节能，通过执行一个包括地热供暖和制冷、生物质锅炉等的能源管理计划，取得了良好的经济效益、环境效益和社会效益（Aflaki and Kleindorfer，2010）。然而，自我节能存在诸多缺陷，如建设中不具备专业的节能改造技术、知识和经验导致节能方案制定和设备的选择可能不合理、运营中设备使用方法不科学可能造成设备过快老化或没有达到预期的节能效果等，最终导致节能效益不能弥补节能项目投资，造成许多潜在有利可图的节能项目无法执行。

为克服自我节能存在的问题，一些制造企业选择将节能服务外包给节能服务公司（Energy Service Company，ESCO）。节能服务公司提供与能效有关的服务和其他高附加值服务，其中绩效合同是其能效服务的核心业务。在一个绩效合同中，节能服务公司保证了项目的节能量或节能效益，其报酬与项目的绩效息息相关（Larsen 等，2012）。通常，节能服务公司提供的绩效合同是合同能源管理（Energy Performance Contracting，EPC）。如陕西秦岭水泥（集团）股份有限公司作为中国多年的水泥重点骨干企业，受制于技术和资金，2008 年采用合同能源管理进行节能（宋路莎和耿云江，2011）。又如涉及法国、意大利、德国等七国 65 家铸造企业的调查结果表明，大约 25% 的企业采用合同能源管理进行节能（Thollander 等，2013）。产生于第一次石油危机之后的合同能源管理是一种用减少的能源费用支付节能项目投资的新型节能市场机制，由节能服务公司为客户提供全面的能源服务，从能源审计、设备投资、设备选择一直到运行维护的全方面一条龙的服务。自世界银行 1998 年将合同能源管理模式引入中国以来，其受到了政府和企业的广泛青睐。据中国节能协会节能服务产业委员会（EMCA）不完全统计，截至 2023 年底，全国节能服务公司数量达到 13801 家，节能服务产业从业人员达到 96.3 万人，总产值为 5202 亿元。合同能源管理主要包括节能诊断（能源审计）、节能改造方案设计、节能服务合同签订、节能改造实施和节能效益分享五个主要流程及环节，如图 1.2 所示。

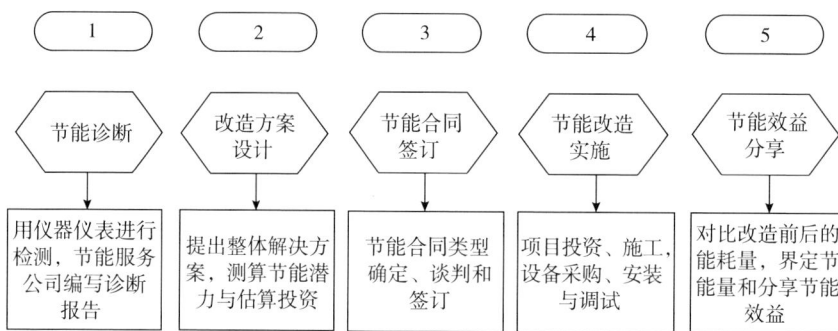

图 1.2　合同能源管理的流程及环节

根据融资方式的不同，合同能源管理主要包括节能效益分享和节能量保证两种运作模式（Larsen 等，2012）。

（1）节能效益分享运作模式（Shared Savings）。

在节能效益分享运作模式中，节能服务公司负责节能项目的融资；项目正式运行之后，节能服务公司和客户按照预先约定的比例在一定时期内（称为分享期）对节能效益进行分享；分享期结束后，节能服务公司将节能系统移交给客户，客户独享所有的节能效益。如，假设节能前电费为 100 元，节能后电费降为 70 元，则用能单位与节能服务公司在合同期内依约定比例分享节省下的 30 元电费，节能合同结束后，节能企业独享 30 元电费。节能效益分享运作模式如图 1.3 所示。

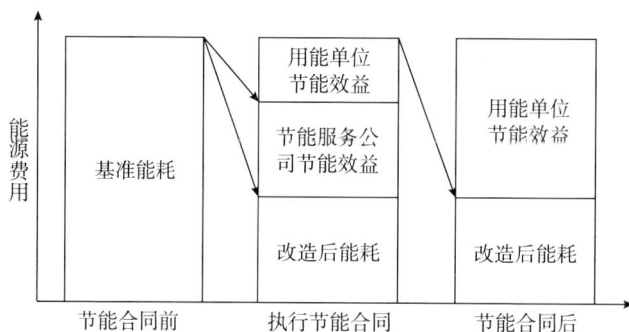

图 1.3　节能效益分享运作模式

（2）节能量保证运作模式（Guaranteed Savings）。

在实际中，虽然节能量保证具体的运作模式多种多样，但均具有以下特征：节能企业负责节能项目的融资，节能服务公司通过设计节能方案提出一个目标节能收益，同时节能服务公司必须在一定时期内向客户保证一定的节能收益，即保证节能收益，如保证实现 90% 的目标节能收益，以便客户能够收回投资成本；若节能服务公司在约定期内没有实现保证节能收益，即实际节能收益小于保证节能收益，则节能服务公司需将实际节能收益和保证节能收益之间的差额补齐，直到契约结束；若实际节能收益超过保证节能收益，超出承诺节能收益的部分由一家企业独享或两家企业按照预先约定的比例进行分享；节能收益保证期结束后，节能服务公司将节能设备移交给节能企业，此后节能企业独享节能收益。如假设节能前电费 100 元，节能服务公司保证节能后电费可降为 70 元，若成功将电费降为 60 元，则 40 元的节电效益双方共享；若节能失败，电费只降为 80 元，则节能服务公司须赔偿 10 元给节能企业。节能量保证运作模式如图 1.4 所示。

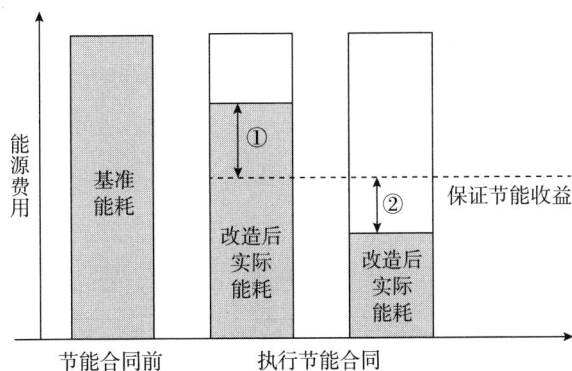

图 1.4　节能量保证运作模式

因此，面对现实中的各种节能方式（如自我节能、节能效益分享和节能量保证），制造企业的管理者必须"小心"权衡，厘清消费者、企业自身、市场结构和政策之间的关系，做出最有利于企业的节能决策，以避免企业遭受损失。具体来说，面临如下一系列重要的挑战。

（1）当单位产品节能量不易调整时，面临有限时变需求，一家完全垄断制造企业如何选择最优节能方式？选定节能方式后，如何安排最优动态批量生产策略？节能政策是否对最优节能方式选择产生影响？

（2）当单位产品节能量可调整时，在产品价格、市场需求和实际节能量确定的情形下，一家完全垄断制造企业如何选择最优节能方式？给定节能方式下，制造企业又如何做最优决策？产品价格改变、市场不确定性和实际节能量不确定性又会对前述研究结论产生什么样的影响？

（3）当节能项目需计算节能间接收益时，一家完全垄断制造企业如何做最优节能方式选择？节能直接影响生产成本中的非能源成本，节能收益信息缺乏对最优节能方式选择的影响又如何？

（4）当消费者环保意识比较强时，在单位产品节能量确定时，一家完全垄断制造企业如何选择最优节能方式？在给定节能方式下，制造企业如何做最优决策？单位产品节能量不确定性对前述研究结论的影响又如何？

（5）如何协调制造企业和节能服务公司组成的能源供应链？在能源供应链协调和单位产品节能量不易调整情形下，一家完全垄断制造企业如何做最优节能方式选择？在给定节能方式下，制造企业如何做最优决策？当单位产品节能量能调整时，前述相关结论又有何变化？

（6）当制造企业进行生产数量竞争时，两家对称的制造企业如何制定最优节能方式选择均衡策略？在给定节能方式下，制造企业又如何做最优决策？投资成本系数不对称、初始能效不对称和分享期的变化对前述的研究结论又会产生什么样的影响？

（7）当制造企业进行产品价格和环境性能双重竞争时，两家相互对称的制造企业如何选择最优节能策略？投资成本系数不对称和初始能效不对称情形下，制造企业又如何选择最优节能策略？为了最大化社会福利或激励制造企业提高单位产品能效或选择合同能源管理，政府又该如何设计补贴政策？

为破解以上现实中的挑战，本书通过建立数学模型的方法，探讨以上七种情形下制造企业的最优节能方式选择问题（特别说明的是，这里是指广义的最优节能方式选择，既包括几种节能方式的选择，又包括给定节能方式下的最优节能决策和运作决策等）。

二、研究意义

本书以制造企业为研究对象，研究其最优节能方式选择问题，具有重要的理论价值和现实意义。

（1）理论价值。

首先，建立有限时变需求、单位产品节能量可调整、节能间接收益、消费者具有环保意识、能源供应链协调、生产数量竞争、产品价格和环境性能双重竞争七种情形下的节能数学模型，尝试将定量方法应用于研究节能方式选择问题，一定程度上为研究节能问题提供了一种新方法。其次，构建了前述七种情形下制造企业的最优节能方式选择理论，揭示了七种情形下各种关键因子对制造企业最优决策的影响，丰富和深化了制造企业节能管理理论。

（2）现实意义。

首先，构建七种情形下制造企业最优节能方式选择理论，能为制造企业选择最优节能方式提供决策依据。其次，揭示的各种情形下关键因子对制造企业最优节能决策的影响，能为制造企业抓住影响最优决策的主要因素提供决策参考。最后，构建的七种情形下制造企业最优节能方式选择理论及揭示的关键因子对制造企业最优决策的影响，能为政府明晰制造企业节能行为和设计有效的节能政策提供智力支持。

第二节　研究思路与研究方法

整个研究思路遵循提出问题、分析问题和解决问题的"三部曲"进行。首先，以制造企业节能现象为导向，以现有文献为研究基础，提炼出制造企业最优节能方式选择一系列科学问题。其次，应用有约束优化理论、博弈论和数值实验等方法研究有限时变需求、单位产品节能量可调整、节能间接收益、消费者具有环保意识、能源供应链协调、生产数量竞争、产品价格和环境性能双重竞争七种情形下制造企业的最优节能方式选择问题。最后，总结七种情形下的研究结论与管理启示，并对未来研究进行展望，以期更好地应用于节能实践。整个研究思路与方法如图1.5所示。

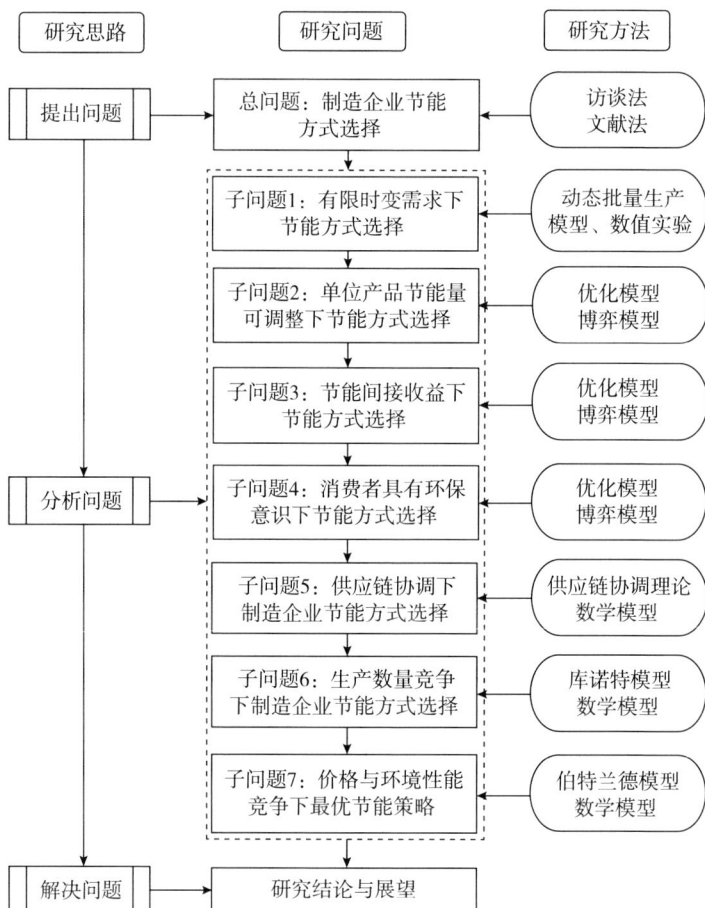

图 1.5　研究思路与研究方法

第三节　主要内容

依据上述研究思路，本书共分为十章。第一章绪论，主要介绍研究背景及研究意义、研究思路与研究方法、主要内容和创新点。第二章对国内外相关研究文献进行述评。第三章到第九章是本书的重点。第十章对全书进行总结并展望未来的研究方向。重要的数学证明放在附录一。本书的主要内容是第三章到第九章，具体如下：

第三章有限期时变需求情形下制造企业节能方式选择。本章假设单位产品节能量不可调整，以商业软件中被广泛应用的动态批量模型为基础，首先尝试建立自我节能、节能效益分享和节能量保证三种节能方式下一家完全垄断制造企业的动态生产决策模型；其次，通过模型分析各种节能方式下制造企业的最优动态批量生产策略；再次，通过数值实验构建制造企业的最优节能方式选择理论；最后，将能源税整合到前文所建立的基本模型，揭示能源税对制造企业最优节能方式选择的影响。

第四章单位产品节能量可调整情形下制造企业节能方式选择。本章在第三章的基础上，放松单位产品节能量不可调整的假设，另外假设一家完全垄断制造企业没有改变产品价格、不存在需求和实际节能量的不确定性，分别建立自我节能情形下优化模型和节能效益分享情形下斯坦克尔伯格博弈模型。通过模型分析，依次研究给定节能方式下制造企业和节能服务公司最优决策、制造企业的最优节能方式选择。随后，放松基本模型的假设，依次探讨产品价格改变、需求不确定性、实际节能量不确定性对前述研究结论的影响。

第五章节能间接收益情形下制造企业节能方式选择。本章放松前几章不考虑节能间接收益的假设，首先，建立考虑节能间接收益时自我节能情形下优化模型和节能效益分享情形下斯坦克尔伯格博弈模型。通过模型分析，依次研究给定节能方式下制造企业和节能服务公司最优决策、制造企业的最优节能方式选择，并对比分析是否考虑节能间接收益研究结论的异同。其次，讨论了节能直接影响生产成本中的非能源成本和节能收益信息缺乏是否会对研究结论产生影响。最后，尝试提出一个制造企业最优节能方式选择的分析框架。

第六章消费者具有环保意识情形下制造企业节能方式选择。本章放松前几章不考虑消费者环保意识的假设，首先假设单位产品实际节能量不存在随机性，建立自我节能情形下优化模型和节能效益分享情形下斯坦克尔伯格博弈模型。通过模型分析，依次研究给定节能方式下制造企业和节能服务公司最优决策、制造企业的最优节能方式选择。其次，将基本模型拓展到单位产品节能量具有不确定性情形，分析其对前述研究结论的影响。

第七章能源供应链协调情形下制造企业节能方式选择。与前几章不同，本章关注制造企业和节能服务公司组成的能源供应链协调问题，首先假设单位产品节能量不可调整，建立自我节能情形下优化模型和节能效益分享情形下斯坦克尔伯格博弈模型。通过模型分析，依次研究给定节能方式下制造企业和节能服务公司最优决策、制造企业如何协调能源供应链、供应链不协调和协调两种情形下的最优节能方式选择。其次，将基本模型拓展到单位产品节能量可调整情形，分析其对研究结论的影响。

第八章生产数量竞争情形下制造企业节能方式选择。本章放松前几章制造企业完全垄断的假设，首先，假设两家对称的制造企业在市场上进行生产数量竞争，建立多阶段的博弈模型。通过模型分析，依次研究给定节能方式下制造企业及节能服务公司的最优决策、制造企业的最优节能方式选择均衡策略。其次，逐步放松基本模型的假设，依次探讨制造企业投资成本系数不对称、初始能效不对称、分享期小于节能系统的整个生命周期对前述研究结论的影响。

第九章价格和环境双重竞争情形下制造企业最优节能策略。本章假设制造企业进行产品价格和环境性能两方面的双重竞争，依次建立对称型、初始能效不对称型和节能投资成本系数不对称型制造企业节能博弈模型。通过模型分析，依次研究对称、初始能效不对称和节能投资成本系数不对称三种情形下制造企业最优节能策略，并分析产品价格和环境性能两方面竞争强度对研究结论的影响。最后，讨论政府如何设定补贴水平来激励两家制造商提高单位产品节能量（选择合同能源管理）和最大化社会总福利。

第四节　主要创新点

本书的主要创新点如下：

（1）不同于以往站在节能服务公司角度，将制造企业作为研究的主要"靶心"，一定程度上体现了研究视角的创新。

（2）尝试将约束优化模型和博弈模型等定量分析的方法应用于制造企业节能决策问题研究，在节能管理研究领域一定程度上体现了方法创新。

（3）构建了有限时变需求、单位产品节能量可调整、节能间接收益、消费者具有环保意识、能源供应链协调、生产数量竞争、产品价格和环境性能双重竞争七种情形下制造企业最优节能方式选择理论，拓展和深化了节能管理理论。

第二章　相关文献综述

研究主要涉及节能方式选择、动态经济批量模型、消费者环保意识对企业运作策略的影响、供应链协调、竞争对企业策略选择的影响五个方面的文献。下文分别对国内外相关文献进行综述。

第一节　节能方式选择

本节分别对国外和国内与节能方式选择相关的文献进行综述。研究主要涉及自我节能、节能效益分享和节能量保证三种节能方式，考虑到后两种节能方式属于合同能源管理，又将国内外相关文献分为自我节能和合同能源管理选择、节能效益分享和节能量保证选择两个小类进行综述。

一、国外节能方式选择

国外涉及节能方式选择的文献不多，以往文献主要集中在节能服务公司行业市场分析、节能服务公司发展问题探讨和合同能源管理决策问题研究三个方面。关于节能服务公司的行业市场：Vine（2005）分析了美国以外 38 个国家的节能服务公司活动水平；Bertoldi 等（2006）和 Marino 等（2011）分别对欧洲节能服务公司行业发展状况进行了评价和分析；Goldman 等（2005）对美国节能服务公司行业市场趋势进行了实证分析；Larsen 等（2012）基于 Goldman 等（2005）的研究，对美国 1990~2008 年节能服务公司行业的市场规模和项目性能进行了分析；Yuan 等（2016）分析了中国合同能源管理当前的状况和发展趋势。关于节能服务公司的发展问题：Lee 等（2003）介绍了韩国发展节能服务公司业务的经验，并指出融资不是最关键的障碍；Zhang 等（2014）针对中国房地产行业节能建筑方不能获得经济利益，而物业公司缺乏技术和经验的现实，提出了基于节能服务公司的节能框架，以实现 "把绿色变成黄金"；Larsen 等（2012）、Pätäri 和 Sinkkonen（2014）建议发展节能服务公司商业模式时应向客户强调有形和无形的好处，以提高利益相关方的节能动机；Mills 等（2006）将节能项目的风险分为经济风险、环境风险、技术风险、运作风险和测量及证明风险五大类，并提出应采用融资的手段（如能效保险）对性能风险进行转移（Mills，2003）；Painuly 等（2003）定性分析了发展中国家节能服务公司的融资障碍。以上两类文献大多偏向于宏观分析，缺乏对节能主体决策的研究，如节能服务公司或节能企业。一些学者从微观视角探讨合同能源管理的决策问题：Qian 和 Guo（2014）建立了一个收益共享讨价还价模型以帮助节能服务公司确定最优的讨价还价策略；Deng 等（2015a）应用模拟方法帮助节能服务公司做出最优的投资决策；Deng 等（2015b）设计了一种定量方法帮助节能服务公司做节能量保证决策；Lee 等（2015）提出一种双期权模型以确定节能服务公司和客户的利润分配比例。此类文献虽然也涉及节能主体决策，但研究对象多为节能服务公司，缺乏对另一重要的节能主体节能企业的分析。不同于以上文献，本书从节能企业的角度研究制造企业最优节能方式选择问题。

下文对国外自我节能和合同能源管理两种节能方式选择的文献进行综述。

（1）国外自我节能与合同能源管理选择研究。

20 世纪 70 年代发生的两次 "世界能源危机" 使企业认识到节能对于企业的重要价值。除采取有效措施进行自我节能外，美国企业开始寻求一种更有效的控制能源成本的方式，最终在实践中孕育出一种基于市场的全新节能机制，即合同能源管理，而基于这种机制运作的专业服务公司则是节能服务公司。由于节能企业采用合同能源管理实质是企业将节能服务外包给节能服务公司，因此，国外学者对企业外包节能服务的条件进行了重点分析。

Martin 等（2000）、Möllersten 和 Westermark（2001）通过对北美和瑞典纸浆和造纸行业进行研究，发现节能服务外包逐渐成为趋势，因为节能企业通过外包节能服务可以更加专注于自己的主营业务，减少了企业用在能源管理的资源。

Brown 和 Minett（2003）通过对北美和欧洲热电联产市场进行分析，认为影响外包节能服务的关键因素包括能源与企业核心业务的关联程度、能源成本减少的大小、是否缺少融资升级设备、是否缺少节能专家或技术和其他因素（如能源供给的安全性、环境政策、政府激励等）。

Vine（2005）为了研究国际（除美国外）节能服务公司的发展水平，收集了除美国以外的 38 个国家的节能服务公司信息，调查表明，妨碍节能企业采用合同能源管理的许多因素与政策相关，如缺乏能效和合同能源管理方面的引导政策、缺乏合同能源管理服务的标准和指导方针、不利于合同能源管理发展的税收条款等。

Sorrel（2007）假设能源成本由提供能源服务的生产成本和交易成本组成，认为节能服务外包的可行条件包括三个：一是外包所带来的生产成本的节约应该大于交易成本的增加；二是用能企业支付给节能服务公司的费用小于或等于用能企业节约的成本；三是节能服务公司的收入（用能企业支付给节能服务公司的费用）大于或等于其总支出。与自我节能相比，合同能源管理具有较低的提供能源服务的生产成本，原因在于节能服务公司具有规模效应和先进的节能技术，此外也得益于激烈的市场竞争。

Fawkes（2007）认为，节能企业在下面三种情形可能考虑节能服务外包：第一，追求更高的能源成本节约或更低的碳排放；第二，节能企业面临破产的威胁触发企业重新考虑所有节约成本的可能；第三，由于资金限制但需要更新设备。

Thollander 和 Ottosson（2010）运用问卷调查法和深度访谈法对瑞典纸浆和造纸行业合同能源管理进行研究，结果表明，随着制造过程中的整合程度提高，应用合同能源管理的比例在下降，反之则变高；原因在于纸浆和造纸行业具有资金密集型和制造是连续过程的特征，非计划性的制造中断会产生昂贵的代价；因此，整合度越高，能源相关的技术与节能企业的竞争优势关系越密切，节能服务外包的可能性就越低。

综上所述，国外学者发现影响节能企业采用合同能源管理的关键因素包括企业节能意愿的强弱、企业的节能技术和人才情况、能源成本减少的大小、企业资金的充裕程度、节能企业节能与企业核心业务的关联程度、交易成本的大小和相关政策等。对国外自我节能和合同能源管理选择研究总结如表 2.1 所示。

表2.1　国外自我节能和合同能源管理选择研究

作者和年份	研究对象	模型	分析方法	主要结论
Martin 等（2000），Möllersten 和 Westermark（2001）	北美和瑞典纸浆和造纸行业	无	定性分析	采用合同能源管理成为一种趋势，原因在于节能企业可以更加专注于自己的主营业务，减少了企业用在能源管理的资源
Brow 和 Minett（2003）	北美和欧洲热电联产市场	无	定性分析	影响外包节能服务的关键因素包括能源与企业核心业务的关联程度、能源成本减少的大小、是否缺少融资升级设备、是否缺少节能专家或技术和其他因素（如能源供给的安全性、环境政策、政府激励等）
Vine（2005）	国际（除美国外）节能服务公司发展状况	无	访谈法	合同能源管理政策的缺失妨碍了节能企业采用合同能源管理
Sorrel（2007）	合同能源管理的经济性	无	交易成本理论；定性分析	采用合同能源管理的可行条件包括三个：第一，外包所带来的生产成本的节约应该大于交易成本的增加；第二，用能企业支付给节能服务公司的费用小于或等于用能企业节约的成本；第三，节能服务公司的收入大于或等于其总支出
Fawkes（2007）	合同能源管理	无	定性分析	下面三种情形可能采用合同能源管理：第一，追求更高的能源成本节约或更低的碳排放；第二，节能企业面临破产的威胁触发企业重新考虑所有节约成本的可能；第三，由于资金限制但需要更新设备。
Thollander 和 Ottosson（2011）	瑞典纸浆和造纸行业合同能源管理	无	案例研究法	随着制造过程中的整合程度提高，应用合同能源管理的比例在下降，反之则变高；原因在于整合程度越高，节能管理与节能企业核心竞争力关系越密切，节能外包的风险越高

（2）国外节能效益分享和节能量保证选择研究。

国外学者也对合同能源管理中节能效益分享和节能量保证两种节能方式的选择进行了研究。

Bertoldi 和 Rezessy（2005）从融资风险视角分析了节能效益分享和节能量保证的选择问题，认为前一种节能方式下，节能服务企业承担节能项目所有的融资风险和一部分节能项目运营风险，节能企业承担一部分节能项目运营风险，而后一种节能方式下，节能服务公司承担所有的运营风险，节能企业承担所有的融资风险。

Goldman 等（2002，2005）基于大约 1500 个美国节能项目数据和对 63 家节能服务公司的调查，总结了美国节能服务公司的市场趋势，结果表明，在所有的性能合同（节能服务公司所获利润与节能效果密切相关）中，节能量保证占 86%，节能效益分享在早期市场中普遍存在，但比例逐年下降，从 1996 年前的 27% 下降到 1996 年后的 3%。

Hopper 等（2005）收集了美国公共机构已完成的 1634 个合同能源管理项目数据，对这些项目进行对比分析，结果表明，在公共机构中，节能量保证占整个性能合同的 76%，节能效益分享占整个性能合同的 3%。客户更喜欢节能量保证型的原因在于：一是节能量保证能保证一定的节能量；二是公共机构客户往往能获得较低的融资成本（如获得无息贷款）和交易成本（节能服务公司仅承担项目运营风险而不承担融资风险）。

Bertoldi 等（2006）运用问卷调查法对欧洲节能服务公司现状进行研究，结果表明，如果节能企业签订节能效益分享，其往往不愿意承担融资义务，以避免承担对融资组织的信用风险，但节能服务公司规模比较小、实力弱，常存在融资机构对其不信任的现象，这种模式不利于节能服务公司的发展；如果节能企业签订节能量保证，节能企业不需要承担节能项目的运营风险，节能企业直接从银行或金融机构进行融资，此时需要有健全的融资机构和对合同能源管理熟悉的人才。

Singer 和 Lockhart（2002）从融资的角度对节能效益分享和节能量保证两种运作模式做了详细的对比，如果节能企业采取节能量保证，节能企业需签订两个合同，一个是跟节能服务公司的节能服务合同，另一个是跟融资机构的借贷合同，节能企业希望更低的投资成本，更高的节能效益分享比例，因为融资需要良好的信用，因此适合于信用度较好的节能企业；而如果节能企业采用节能效益分享，则只需与节能服务公司签订一个节能服务合同，由于不需要融资，因此适合于信用度一般的节能企业。

Larsen 等（2012）在 Goldman 等（2002，2005）的基础上进一步调查了 1990~2008 年美国节能服务行业的市场规模和节能项目性能，结果表明，在合同类型方面，以节能量保证为主，其中在公共机构部门节能量保证占整个性能合同的 67%，在私人领域节能量保证占整个性能合同的 32%，原因类似于 Goldman 等（2002，2005）。

综上所述，发现影响节能效益分享和节能量保证选择的关键因素包括节能企业的信用及融资能力、企业承担运营风险的意愿、行业类别、节能市场的成熟度等。对国外节能效益分享和节能量保证选择研究总结如表 2.2 所示。

表 2.2　国外节能效益分享和节能量保证选择研究

作者和年份	研究对象	模型	分析方法	主要结论
Bertoldi 和 Rezessy （2005）	欧洲能源服务公司 2005 年年度报告	无	定性分析	从融资视角分析，节能效益分享，节能服务公司承担所有的融资风险和一部分节能项目运营风险，节能企业承担一部分节能项目运营风险；节能量保证，节能企业承担融资风险，节能服务公司承担所有的运营风险
Goldman 等（2002，2005）	美国节能服务公司的市场趋势	无	问卷调查法	所有的性能合同中，节能量保证占 86%，节能效益分享在早期市场中普遍存在，但比例逐年下降
Hopper 等（2005）	美国节能公共机构节能服务	无	问卷调查法	公共机构中，节能量保证占整个性能合同的 76%，节能效益分享占整个性能合同的 3%，客户更喜欢节能保证的原因在于公共机构客户往往能获得较低的融资成本和交易成本
Bertoldi 等（2006）	欧洲节能服务公司发展现状	无	定性分析	节能效益分享适合愿意承担节能项目运营风险的节能企业，节能量保证适合不愿意承担节能项目运营风险的节能企业
Singer 和 Lockhart （2002）	美国热电联产报告	无	定性分析	节能效益分享：信用度一般，融资困难的节能企业；节能量保证：信用度较好，融资交易的节能企业
Larsen 等（2012）	美国节能行业的演变	无	问卷调查法	公共机构部门中节能量保证占整个性能合同的 67%，而私人领域节能量保证占整个性能合同的 32%，原因类似于 Goldman 等（2002，2005）

二、国内节能方式选择

自 1998 年 12 月合同能源管理登陆中国以来，国内节能研究除了介绍国外合同能源管理的发展经验及教训之外，与国外文献的研究主题类似，主要集中于节能服务公司行业市场分析、节能服务公司发展问题探究和合同能源管理决策研究三个方面。关于前两类文献，王洪波等（2007）基于信息经济学理论，分析了信息不对称所导致的建筑节能服务市场的逆向选择问题以及逆向选择对建筑节能服务市场培育带来的负面影响；沈超红等（2010）通过对具体案例的分析发现不同的合约安排对节能项目的市场拓展会产生显著性差异；田小平、吕荣胜（2012）基于生态位理论对节能服务企业成长战略进行了研究；吕荣胜等（2013）建立了政企演化博弈模型，研究了节能减排管理过程中政府与企业的博弈过程，并提出发展合同能源管理的政策建议；瞿焱等（2014）通过实证分析识别出合同能源管理契约设计的重要影响因素，为促进节能服务产业发展提供参考；王晛（2014）针对合同能源管理中节能量的认证难题，提出"有效单位能耗"的定义，据此设计合同能源管理发展的激励机制；邓建英和兰秋军（2015）基于博弈视角分析了政府对建筑节能服务机构的监管效能，为政府制定并实施激励政策提供参考；更多的文献可参考综述文献（续振艳等，2008）。关于合同能源管理实施过程中的决策问题，尚天成等（2013）以 Shapley 值为工具制定节能量保证型节能项目收益分配方案；徐晓燕和吴焕焕（2015）建立了客户和节能服务公司之间的非合作博弈模型，分析了节能量保证型合同决策；王丹等（2013）分别应用纳什谈判模型和鲁宾斯坦讨价还价模型解决节能效益分享合同能源管理中的利益分配问题；项勇等（2015）应用 Shapley 值分析用能单位与节能服务公司之间的节能效益分配最佳比例；卢志坚和孙元欣（2015）建立完全信息下的节能效益分享非合作博弈模型，分析了用户和节能服务公司的最优决策；谢兵等（2013）基于期权博弈理论研究合同能源项目的投资决策；周鲜华等（2013）研究了合同能源管理项目下融资租赁参与方的博弈策略；彭鸿广和骆建文（2014）考虑一个风险中性的节能服务公司和一个风险规避的用能企业在节能成本上具有不对称信息，建立了一个斯坦伯格博弈模型来设计节能服务外包合同；杨峰等（2015）基于多属性逆向拍卖模型研究了节能服务公司的选择问题。上述文献涉及自我节能和合同能源管理选择的文献较少，且多为介绍和借鉴国外经验，还需加大创新的力度。下面对国内自我节能和合同能源管理选择的文献进行综述。

（1）国内自我节能与合同能源管理选择研究。

戴彦德（1999）在介绍合同能源管理概念时指出，传统节能投资方式下企业需承担节能项目投资风险、技术风险和财务风险等所有风险，好处在于全部盈利归企业所有；而企业采用合同能源管理，可以与节能服务公司合理分担项目风险，且节能服务公司具有资金、专业技术服务等多方面的优势。

王文来和王树茂（1999）对我国节能服务公司的服务市场进行了分析，认为制约节能企业采取合同能源管理的主要障碍包括:第一,对于技术含量高的项目节能企业不信任节能服务公司的技术力量和管理能力,而对于技术含量很低的项目节能企业认为不需要节能服务公司的帮助。第二,寻求节能服务公司合作的部分工业企业(特别是主动寻求合作的企业),主要是缺乏项目的资金来源,节能服务公司常被误认为是优惠节能贷款的发放者,甚至把节能服务公司的效益分享看成高利贷。第三,对于单纯的设备更新升级项目,企业一般认为直接与设备供应商合作更为可取,设备供应商的服务方式与节能服务公司的合同能源管理类似,更节省费用和具有优势。

王树茂(2008)对国内合同能源管理的发展问题进行了总结,认为目前的企业信誉环境制约了节能服务公司的发展,节能服务公司怀疑节能企业能否按照合同进行节能效益分享,同时,节能企业也怀疑节能服务公司是否能实现承诺的节能量。

陈元志(2012)对合同能源管理的商业模式和运行机制进行了探讨,指出由于很多高耗能企业财大气粗,对能源费用支出表现为"无所谓、不差钱"的态度,而且不愿意与能源服务企业分享节省下来的水电费用,常常更愿意自己实际操作技术改造,独自享受节能的全部收益;另外,在国有大型企业中,节能改造的初期投资大,成本回收时间较长,具有"前人栽树,后人乘凉"的性质,有些企业负责人不愿意在有限任期内投入节能改造,国有企业的任期制和预算管理制度都可能会影响合同能源管理的推进。

许立新(2012)针对河北省合同能源管理现状进行了分析,指出耗能企业不进行合同能源管理的一个主要原因是技术问题;总体上看,节能服务公司存在资产规模小、从业人员少、年营业额小等问题,许多节能服务公司还处于"生存"状态,没有实力进行研发;相对而言,高耗能大企业自身有足够的研发实力,对自己的生产线更熟悉,更有可能制定出对生产线节能降耗的措施。

郑玲玲(2013)在总结福建省推行合同能源管理的现状和问题时,指出用能企业拒绝采用合同能源管理的原因是用能企业缺乏双赢的思想,认为通过合同能源管理的项目所节约的节能效益需要与节能服务公司分享不值得这样做;同时,由于能耗诊断要对客户做详细评估和能耗分析,需要搜集大量数据,企业担心这些琐碎的工作会给它们的正常生产带来负担;另外,担心节能服务公司在对用能企业进行能源审计的时候,凭借其在技术方面的信息优势谎报并提高用能企业的能耗基准线。

莫亚琳等（2013）对广西合同能源管理发展的问题进行了分析，认为节能量的测量分歧成为制约合同能源管理发展的一个重要原因，而自我节能则可避免这一现象。

陈剑和吕荣胜（2011）利用外部性理论、交易成本理论、供需理论等相关经济学理论定量分析合同能源管理的经济性，认为如何将潜在的节能潜力变为实际的经济效益，用能企业面临着自我节能、外包节能服务和对前两种策略进行结合三种策略选择，用能企业是否利用节能服务公司实现节能取决于哪种情况带来的净收益更大。

田小平（2011）也基于交易成本经济学对用能企业的节能服务外包决策进行研究，结果与Sorrell（2007）类似。

李碧浩（2013）在Sorrell（2007）的基础上建立了基于交易成本经济学的用能企业外包模型，进一步将政府补贴引入模型中；由于政府补贴的存在，可能会改变用能单位的决策选择；如用能单位原本是要选择外包的，由于补贴的存在，会让用能单位选择内部投资；又如本来适合内部投资的项目，由于节能服务公司能获得更高的政府补贴，并且愿意让渡部分的补贴收益，用能单位最终选择外包节能服务。

综上所述，国内对自我节能和合同能源管理选择的研究结论与国外研究相似，表2.3对国内自我节能和合同能源管理的选择研究进行了总结。

表2.3　国内自我节能和合同能源管理的选择研究

作者和年份	研究对象	模型	分析方法	主要结论
戴彦德（1999）	合同能源管理介绍	无	定性分析	自我节能需承担节能项目所有风险；合同能源管理可以与节能服务公司合理分担项目风险，但盈利企业需与节能服务公司分享
王文来和王树茂（1999）	节能服务市场分析	无	定性分析	采用合同能源管理节能企业的特征包括缺乏节能技术和能源管理人员、项目融资有困难和有设备更新需求
王树茂（2008）	国内合同能源管理发展现状	无	定性分析	影响采用合同能源管理的最大因素是节能企业和节能服务公司的信用关系

续表

作者和年份	研究对象	模型	分析方法	主要结论
陈元志 （2012）	国内合同能源管理商业模式	无	定性分析	影响采用合同能源管理的因素包括节能企业的观念、国有企业的任期制和预算管理制度
许立新 （2012）	河北省合同能源管理	无	定性分析	企业采用自我节能因为企业对生产系统更熟悉，更有可能制定对生产线节能降耗的措施；反之，节能服务公司主要业务在于技术推广，难以有实力进行研发
郑玲玲 （2013）	福建省合同能源管理	无	访谈法	不采用合同能源管理的原因包括节能企业的观念、担心节能服务给正常生产带来影响和节能服务公司利用信息优势谎报并提高耗能企业的能耗基准线
莫亚琳等 （2013）	广西壮族自治区合同能源管理	无	访谈法	合同能源管理：存在节能量测量分歧；自我节能：避免了上述现象
陈剑和吕荣胜（2011）	是否采用外包节能服务	优化模型	定量方法	是否外包节能服务取决于自我节能、外包节能服务和对前两种策略进行结合三种策略哪种净收益最大
田小平 （2011）	是否采用外包节能服务	无	定性分析	是否外包取决于用能企业预期节能服务外包后生产成本的降低是否大于由此而带来的交易成本
李碧浩 （2013）	是否采用外包节能服务	优化模型	定量	除 Sorrell（2007）的结论外，政府补贴可能会改变节能企业对自我节能和合同能源管理的选择

（2）国内节能效益分享与节能量保证选择研究。

柳晓雷等（2008）针对北京市节能服务公司的调查表明，合同能源管理合同以节能效益分享和节能量保证为主；在完成的 EPC 项目中，采用节能效益分享的 EPC 项目比例为 43.7%，采用节能量保证的 EPC 项目逐渐增多，占 49.7%；原因在于，初期多数节能服务公司采用节能效益分享时在节能效益计算等具体环节上存在分歧，使项目遇到困难，而节能量保证在项目运作上目标更加明确，可相应地降低项目风险。

白杉等（2008）针对工业企业余热发电节能项目进行分析，发现合同能源管理与自我节能模式最大的区别在于管理运营责任的转移，而在对专业技术要求较高的余热发电项目上，管理技术的不足不但会影响余热发电的效率，而且有可能影响企业的主要生产流程，所以建议特大型工业企业采取自我节能模式；对于中小型工业企业而言，可以采用节能效益分享进行余热发电项目建设运营，使工业企业将其精力放在主营业务上的同时还能享受到一定的节能收益；对于一些资金充足或有资金来源但余热发电项目管理技术欠缺的中型工业企业，则可以采用节能量保证模式进行项目建设与运营，在不用承担设备管理运营责任的同时享受较高收益。

武德俊和柳晓雷（2010）采用案例分析，发现节能效益分享适用于诚信度很高的企业，采用这种模式的项目主要集中在建筑领域，在时间上，分享期限有延长的趋势，平均超过 5 年，最长超过 10 年；节能量保证适用于诚信度较高、节能意识一般的企业，采用这种模式的项目主要集中在工业领域，适用于实施周期短、技术含量高的节能项目。

李志青（2010）通过构建节能效益分享和节能量保证节能模型并对两种节能模型进行了对比，结论是，无论实际的节能量是否超过预期的节能量，节能企业均会倾向于选择节能量保证，节能服务公司会选择节能效益分享；原因在于根据节能量保证的合同规定，在实际节能量达不到预期时节能服务公司需要支付这部分差额给客户，在该种情况下合同总能保证客户的收益，而在节能效益分享合同模式下，客户需要自己承担损失，而节能服务公司选择节能效益分享，由于其承担了节能项目的所有风险，容易获得一个更高的效益分享比例。

朱军（2012）基于风险分析对合同能源管理运作模式进行了比较，认为如果企业对节能比较热衷，节能资金压力又比较大时，应采用节能效益分享；如果企业采用节能量保证，需要企业投入资金，由于客户提供了大部分资金，在一定程度上对客户自身形成了压力和约束，会使客户更加专注于自身公司的经营，更加看重节能效果的实现。

综上所述，国内关于节能效益分享和节能量保证选择的研究结论与国外相似，将以上文献总结在表 2.4 中。

表 2.4　国内节能效益分享和节能量保证选择研究

作者和年份	研究对象	模型	分析方法	主要结论
柳晓雷等（2008）	北京市合同能源管理发展现状	无	调查法	在市场发展初期，以节能效益分享为主，随着市场的完善，节能量保证增多，原因在于节能量保证可避免项目风险

作者和年份	研究对象	模型	分析方法	主要结论
白杉等（2008）	我国余热发电节能项目	无	案例分析	由于余热发电对管理技术要求较高，对于特大型工业企业，建议自我节能；对于受资金和技术约束的中小工业企业，建议节能效益分享；对于有资金但有技术约束的中型工业企业，建议节能量保证
武德俊和柳晓雷（2010）	合同能源管理运作模式及典型案例	无	定性分析	工业领域侧重于节能量保证，建筑领域侧重于节能效益分享
李志青（2010）	合同能源管理制度和福利效应分析	优化模型	定量分析	无论实际的节能量是否超过预期的节能量，节能企业均会倾向于选择节能量保证，节能服务公司会选择节能效益分享
朱军（2012）	合同管理运作模式比较	无	定性分析	有强烈的节能意识和节能资金约束时，采用节能效益分享；没有节能资金，需保证节能效果，采用节能量保证

总之，与国内外节能方式选择文献相比，本书具有三个方面的不同。第一，以往文献多从宏观视角（如国家、地域、行业等）研究节能方式选择，缺乏对微观节能主体节能服务公司和制造企业的研究，难以明晰微观主体的节能行为，本书从微观视角研究节能主体的节能行为。第二，以往文献多关注节能服务公司，涉及另一节能主体制造企业的研究较少，难以为制造企业提供节能行为的理论支持，本书将"靶心"集中于另一节能主体制造企业，研究制造企业的节能行为。第三，从研究方法来看，以往文献多用定性分析方法，研究结论应用于实践还需要更有针对性的分析，本书尝试在节能研究中引入优化模型和博弈模型，提高研究结论的可靠性。

第二节　动态经济批量模型

面对有限期时变需求，优化生产库存决策对于企业降低总成本或最大化利润非常重要，与本书相关的问题被学者归纳为单一产品、无生产能力限制的动态批量问题（Wolsey，1995；Robinson 等，2009）。自从 Wagner 和 Whitin（1958）首先提出动态批量模型后，关于模型拓展方面的文献相当丰富，如将模型扩展到允许延迟交货（Zangwill，1966）、丧失销售机会（Loparic 等，2001；Aksen 等，2003）、考虑需求时间窗（Lee 等，2001；Hwang 和 Jaruphongsa，2006）、有限库存容量（Gutiérrez 等，2003；Chu 等，2012）、易腐品库存（Hsu，2000）、最小生产量（Okhrinab，2011）、碳排放（Benjaafar 等，2013；黄帝等，2016）等。与上述文献不同，考虑到动态经济批量模型在商业软件被广泛应用，本书尝试将动态经济批量模型应用到企业节能方式选择研究，制造企业由于节能减少了生产准备成本和单位产品生产成本，在此基础上优化生产库存决策。

第三节　消费者环保意识对运作策略的影响

伴随消费者环保意识的增强，企业在做运作决策时不得不考虑其对企业运作策略的影响，诸多学者对此主题进行了研究。Liu 等（2012）、Yu 等（2016）和 Chen 等（2018）在考虑消费者环保意识基础上研究了制造企业如何优化它们的运作决策。Hammami 等（2018）和 Wen 等（2018）研究了政府如何制定环保政策以激励制造企业提高环境性能。Yang 等（2017）、Yang 和 Chen（2018）分析了各种合同在激励制造企业减碳过程中的作用。Zhang 等（2015）与 Hong 和 Guo（2019）分别研究了消费者环保意识对供应链管理和供应链协调的影响。与上述文献不同，本书聚焦于消费者环保意识对制造企业节能方式选择的影响。

第四节　供应链协调

节能企业和节能服务公司组成的能源供应链可能需要协调，本书涉及供应链协调理论。为了避免双边效应，各种形式的合同已被设计用来协调供应链，如批发价合同、回购合同、收益共享合同、数量柔性合同和销售激励合同等，具体可参考综述文献（Cachon，2003；Höhn，2010）。本书主要与收益共享合同有关，Cachon 和 Lariviere（2005）对其进行了详细的分析，发现收益共享合同能够协调定价的报童模型，但不能对需求依赖于销售努力程度的报童模型进行协调。除此之外，其他很多的文献也对收益共享合同进行了研究。Mortimer（2002）对收益共享合同在 VCD 租赁行业的应用进行了详细的分析，发现整个供应链利润因此提高了 3%~6%。其他涉及收益共享合同的文献包括不对称渠道权力结构（Pan 等，2010）、考虑成本分享（Kunter，2012）、逆向供应链（Govindan 和 Popiuc，2014）、行为因素（Becker-Peth 和 Thonemann，2015）。与以上文献不同的是，本书尝试将收益共享合同应用于制造企业和节能服务公司组成的能源供应链，不仅关注能源供应链的协调问题，而且研究不协调和协调两种情形下制造企业的最优节能方式选择。

第五节　竞争对企业策略选择的影响

在运营管理方面，涉及竞争对企业策略选择影响的文献较丰富。如 Van Mieghem 和 Dada（1998）揭示了竞争对企业选择价格或生产延迟策略的影响。Anand 和 Girotra（2007）研究了竞争对制造企业采用延迟策略的影响。Goyal 和 Netessine（2007）分析了竞争对制造企业选择生产柔性策略的影响。Zhao（2008）、Cachon 和 Kök（2010）分别分析零售商竞争和供应商竞争对企业选择协调合同类别的影响。Caro 和 Martínez-de-Albéniz（2010）研究了两个相互竞争的零售商如何采用快速反应策略的问题。Krishnan 等（2010）探讨了下游零售商能够控制所售产品的销售努力时上游供应商采用快速反应策略的动机。Wang 等（2013）研究了一个原始设备生产商和一个能够在市场上与其竞争的合约供应商之间的库存竞争类型对两者之间交易的影响。Lin 和 Ali（2012）、Wu 和 Zhang（2014）、Wang 等（2014）从不同角度研究了两家制造企业的库存竞争对制造企业是否采用快速采购策略的影响。国内大量学者也对竞争对企业策略选择的影响进行了分析，如企业减排方面（赵道致等，2014a，2014b），但涉及节能方面的文献偏少，可参考陈剑（2012）的综述文献。与上述文献不同，本书虽然也探讨竞争对企业策略选择的影响，但不同的是，关注的对象是制造企业的最优节能方式选择。

第六节　现有研究不足与本书的贡献

国内外研究现状的不足体现在以下三个方面：

其一，从研究视角来看，现有文献主要从宏观视角对节能服务行业市场进行分析，未能从微观视角对节能主体的节能行为进行过多揭示，无法科学地指导节能主体的节能决策，亟须构建更可靠的微观节能管理理论。

其二，从研究对象来看，更多的研究者是站在节能服务公司的角度来研究节能服务公司行业市场、节能服务公司发展和节能服务公司的运作问题，极少去分析合同能源管理中的另一个重要的节能主体——用能企业，如制造企业。而制造企业作为中国的用能主体这一局面在很长一段时间内难以改变，可见，急需转换研究对象，从制造企业的角度研究此问题。

其三，从研究方法来看，大多数节能研究多应用定性或实证的方法，缺乏应用定量方法探讨制造企业的节能行为，表现在为数不多的定量模型较简单，没有涉及制造企业生产运作、顾客消费行为、融资、风险和市场结构等。由于企业的运作策略、消费者行为、市场结构均可能影响制造企业的最优节能方式选择，可见，亟须构建更复杂的数学模型，明晰企业的运作策略、消费者行为、市场结构等与最优节能方式选择的关系。

本书的贡献在于从制造企业的微观角度，通过构建包含企业生产运作（如将动态经济批量模型拓展到企业节能方式方面）、顾客消费者行为（如考虑定价因素）和市场结构（如考虑竞争对企业节能方式选择的影响）等关键因素的节能方式选择优化模型和博弈模型，揭示制造企业的节能行为以及关键因素对制造企业节能行为的影响。

第三章　有限期时变需求情形下制造企业节能方式选择

第一节　引言

现实中，一家处于垄断地位或类似垄断地位（如电力企业等）的制造企业，面临有限时变需求，计划通过节能降低生产成本。由于受设备的处理能力等因素限制，单位产品的节能量不可调整。在此背景下，制造企业的管理人员面临以下挑战：一是对最优节能方式的选择更多地依赖于经验，极有可能会造成最优节能方式选择失误，给企业带来损失；二是节能会降低生产成本，面临有限时变需求，与节能之前相比，最优动态批量生产策略是否需要调整不得而知；三是若政府征收能源税，不确定能源税是否会对最优节能方式的选择产生影响。从相关研究来看（具体可参考第二章的文献综述），还存在以下一些不足：一是现有研究更多地从宏观视角对各种节能方式对比，由于缺乏定量分析，使企业管理人员借鉴已有研究结论尚存疑虑，亟须引入定量研究方法，增加研究结论的可靠性；二是研究对象集中于节能服务公司，由于制造企业的节能方式选择与生产决策相互影响，尚未明晰节能方式选择和生产策略之间的关系，可能会导致节能方式下的生产策略安排未达到最优；三是现有研究虽然关注了能源政策在能源绿色低碳转型的重要作用，但并未明晰能源税等相关政策对最优节能方式选择的影响，无法给予此情形下选择最优节能方式提供理论依据，可能会导致最优节能方式选择未随能源政策的推出做及时调整。基于此动机，本章尝试回答以下三个科学问题：①一家完全垄断的制造企业，面临有限时变需求，如何做最优节能方式选择。②给定节能方式下，制造企业的最优生产策略是什么。③能源税的征收是否会改变先前的最优节能方式选择。为回答以上研究问题，作为研究最优节能方式选择的第一步，本章假设单位产品的节能量不可调整，以一家面临有限期时变需求的完全垄断制造企业为研究对象，首先分别建立自我节能、节能效益分享和节能量保证（后两种节能方式均属于合同能源管理）三种节能方式下的动态批量生产决策模型，随后通过理论分析揭示制造企业的最优动态批量生产策略。其次通过数值实验探讨制造企业的最优节能方式选择。最后将基本模型拓展到能源税情形，建立能源税情形下动态批量生产决策模型，通过模型分析讨论能源税对最优节能方式选择的影响。需要特别说明的是，为模拟节能方式选择和生产决策的紧密关系，引入经典的动态经济批量模型。选择动态经济批量模型作为研究基础，动机与 Benjaafar 等（2013）类似：①动态经济批量模型在现实中的广泛应用性，其已作为许多供应链计划软件的基础部分；②对于模型的求解，有大量成熟的算法可以借鉴；③许多与节能有关的内容较容易整合到此模型中，如各种具体的节能方式和节能政策等。

本章的主要贡献包括三个方面：第一，考虑常见的三种节能方式，建立了三种节能方式情形下的动态生产决策模型，用定量模型方法构建了制造企业的最优节能方式选择理论；第二，因能源成本是生产成本的一个重要构成部分，制造企业节能方式的选择与生产决策联系紧密，引入经典的动态经济批量模型，揭示了各种节能方式下的最优动态批量生产策略；第三，聚焦于能源税，用定量模型方法明晰了能源税对制造企业最优节能方式选择的影响。

余下内容结构如下：第二节建立三种节能方式情形下的动态批量生产决策模型；模型分析放在第三节；第四节将动态生产决策模型拓展到能源税情形，并分析能源税对制造企业最优节能方式选择的影响；第五节对研究结论和管理启示进行归纳；最后的小结放在第六节。

第二节　问题描述

考虑一家制造企业（Manufacturer，用下标 m 表示）面对一个有限期 $t=$ 1, 2, 3, $\cdots$, T 的时变需求 d_t，生产一种产品且计划节能，其做两阶段的决策。第一阶段，在第一期期初之前，制造企业面临自我节能（Self-saving，用下标 b 表示）、节能效益分享（Shared savings，用下标 s 表示）和节能量保证（Guaranteed savings，用下标 g 表示）三种节能方式，比较三种节能方式下的最小期望总成本，做最优节能方式选择；第二阶段，在给定节能方式的前提下，面临有限期的时变需求，由于仅在第 t 期末实际验证测量时才能获得单位产品的实际节能量，因此模型属于随机优化问题，其主要存在静态不确定和动态不确定两种决策规则（Garstka 和 Wets，1974；Gupta 和 Sengupta，1977），与 Vajda（1972）、Bookbinder 和 Tan（1988）、Sox（1997）的研究一致，采用静态不确定决策规则（或称为常策略），即在所有单位产品的实际节能量实现之前（第一期期初之前），制造企业确定最优的动态批量生产策略。为简化模型，做出以下主要假设：

（1）节能不仅给制造企业带来降低生产成本这个直接效益，而且还可能会给制造企业带来减排等间接效益（Pye 和 McKane，2000；Worrell 等，2003），如减排效益、提高产品质量和提升企业声誉等。由于间接效益往往难以量化，如制造过程中发生了化学反应，导致难以衡量减排效益，本章仅考虑节能项目的直接效益。

（2）不考虑生产准备过程和产品库存期间的节能，仅考虑生产成本的节能，因为研究背景为钢铁、水泥等行业，潜在的节能点主要存在于生产过程。

（3）类似于 Krass 等（2013）、Gong 和 Zhou（2013）的研究，假设市场上存在两种节能技术，其单位产品的预计节能量 $q_m \leq q_e$，下标 m 和 e 分别表示制造企业和节能服务公司，投资成本 $V_i = \alpha_i (q_i/e_0)^2 (\alpha_i > 0, i = m, e)$，其中 α_i 和 e_0 分别表示投资成本系数和制造企业单位产品的初始能效，q_i/e_0 表示单位产品的预计节能率，前面的投资成本函数不仅反映了边际成本递增的现象（Chen，2005；Subramanian 等，2007；Atasu 和 Souza，2013），而且体现了单位产品初始能效越高投资成本越小的特征，即初始能效越高，节能企业越有可能采用无成本或小成本的手段进行节能，如欧文斯科宁公司大约25%的能源管理效益来自低成本或者无成本的措施，包括更有效率的管理和仓库温度控制等；进一步假设节能服务公司具有一个相对较小的节能边际成本，即 $\alpha_m (q_m/e_0)^2/q_m \geq \alpha_e (q_e/e_0)^2/q_e$，化简得 $\alpha_m q_m \geq \alpha_e q_e$。

（4）制造企业或节能服务公司在第 t 期末验证单位产品的实际节能量，由于节能项目运行期间可能产生系统运营风险（如节能设备故障和天气变化等），导致单位产品的实际节能量与预计节能量可能会不一致，如美国 369 个节能项目中，大约有 60% 的节能项目实际节能量波动幅度小于预计节能量的 15%（Goldman 等，2002）；为了简化模型，假设每期的单位产品实际节能量波动 θ_i 一致，即每期单位产品的实际节能量分别为 $q_i + \theta_i$，其中 θ_i 是定义在 $[-A_i, A_i]$（$A_m \geq A_e \geq 0$，$i = m, e$）上的随机变量；进一步假设当预计节能率等于 1 时，节能投资成本无穷大，即制造企业节能后的能效永远不可能为 0。

（5）我国于 1997 年才开始引入合同能源管理，合同能源管理还处于早期发展阶段（王树茂，2008），节能服务公司存在资产规模小、从业人员少和年营业额不高等主要特征（许立新，2012；郑玲玲，2013），而制造企业往往是资本密集型企业，如钢铁和水泥企业等，具有较强的综合实力；与节能服务公司相比，制造企业对于节能项目合同参数具有控制权；两公司风险中性且信息完全对称，同时不考虑折现因子。

（6）类似于经典的动态经济批量模型，假设初始库存、生产提前期均为 0，订货和需求均发生在期初，每期需求 d_t 必须在当期得到全部满足，用 k_t 和 h_t 分别表示每次生产准备成本和每期单位产品的库存成本，C_0 表示制造企业节能之前的周期内最小总成本，C_{mj}（$j = b, s, g$）表示制造企业采取三种节能模式时的期望总成本，决策变量 $\delta(y_{jt})$，y_{jt} 和 I_{jt} 依次表示制造企业采取三种节能模式时每期是否启动生产线、每期的生产量和库存量。下文将分别建立自我节能、节能效益分享和节能量保证情形下的动态生产决策模型。

一、自我节能情形下动态生产决策模型

选择自我节能时，制造企业负责节能成本投资，类似于 Xiao 和 Gaimon（2013）、Atasu 等（2013）的研究，将生产成本中的非能源成本和能源成本剥离，即节能后的单位产品生产成本为 $c_{bt} = c_t + (e_0 - q_m - \theta_m)p_t$，其中 c_t 和 p_t 分别表示每期生产过程中单位产品的非能源成本以及能源价格，$(e_0 - q_m - \theta_m)p_t$ 表示节能后的单位产品能源成本，在第一期期初，制造企业根据节能后的单位产品生产成本等成本因子选择最优的动态批量生产策略，从而最小化期望总成本 $C_{mb}(\delta(y_{bt}), y_{bt}, I_{bt})$。自我节能情形下的动态生产决策模型如式（3.1）~ 式（3.6）所示。

$$\text{Min } C_{mb}(\delta(y_{bt}), y_{bt}, I_{bt}) = E\left\{\sum_{t=1}^{T}[k_t\delta(y_{bt}) + c_{bt}y_{bt} + h_t I_{bt}]\right\} + V_m \qquad (3.1)$$

$$\text{s.t. } E\left\{\sum_{t=1}^{T}[(q_m + \theta_m)p_t y_{bt}]\right\} \geqslant V_m \qquad (3.2)$$

$$C_{mb}(\delta(y_{bt}), y_{bt}, I_{bt}) \leqslant C_0 \qquad (3.3)$$

$$I_{bt} = I_{b(t-1)} + y_{bt} - d_t, \ t = 1, 2, \cdots, T \qquad (3.4)$$

$$I_{bt}, y_{bt} \geqslant 0, \ t = 1, 2, \cdots, T \qquad (3.5)$$

$$\delta(y_{bt}) = \begin{cases} 0, & \text{若 } y_{bt} = 0 \\ 1, & \text{其他} \end{cases} \qquad (3.6)$$

目标函数式（3.1）最小化节能后的期望总成本，总成本由每期的生产准备成本、生产成本、库存成本之和与投资成本组成，其中 E 表示期望算子。约束条件式（3.2）表示节能项目的可行性，即节能所带来的经济利益要大于投资成本，约束条件式（3.3）表示制造企业节能的参与约束，即节能后的总成本不大于节能前的总成本，约束条件式（3.4）表示库存平衡约束，约束条件式（3.5）和式（3.6）分别表示决策变量的非负限制和 0–1 变量。

二、节能效益分享情形下动态生产决策模型

制造企业选择节能效益分享进行节能时，根据绪论中节能效益分享的运作模式，整个有限期分为分享期 T_s 和非分享期 $T - T_s$。在分享期内，假设制造企业的节能效益分享比例为 $\varphi(0 \leqslant \varphi < 1)$，则分享期内单位产品生产成本为 $c_{1st} = c_t + [e_0 - \varphi(q_e + \theta_e)]p_t$；在非分享期内，节能后单位产品生产成本为 $c_{2st} = c_t + (e_0 - q_e - \theta_e)p_t$。第一期期初，制造企业根据节能后的单位产品生产成本等成本因子选择最优的动态批量生产策略，从而最小化企业期望总成本 $C_{ms}(\delta(y_{st}), y_{st}, I_{st}, \varphi)$。节能效益分享情形下的动态生产决策模型如式（3.7）~式（3.12）所示。

$$\text{Min } C_{ms}(\delta(y_{st}), y_{st}, I_{st}, \varphi) =$$

$$E\left\{\sum_{t=1}^{T_s}[k_t\delta(y_{st}) + c_{1st}y_{st} + h_t I_{st}] + \sum_{t=T_s+1}^{T}[k_t\delta(y_{st}) + c_{2st}y_{st} + h_t I_{st}]\right\} \qquad (3.7)$$

$$\text{s.t. } E\left\{\sum_{t=1}^{T_s}[(1-\varphi)(q_e + \theta_e)p_t y_{st}]\right\} - V_e \geqslant \Pi_0 \qquad (3.8)$$

$$C_{ms}(\delta(y_{st}), y_{st}, I_{st}, \varphi) \leqslant C_0 \tag{3.9}$$

$$I_{st} = I_{s(t-1)} + y_{st} - d_t, t = 1, 2, \cdots, T \tag{3.10}$$

$$I_{st}, y_{st} \geqslant 0, t = 1, 2, \cdots, T \tag{3.11}$$

$$\delta(y_{st}) = \begin{cases} 0, & \text{若 } y_{st} = 0 \\ 1, & \text{其他} \end{cases} \tag{3.12}$$

目标函数式（3.7）最小化节能后的期望总成本，总成本由以下两部分组成：第一部分是分享期内制造企业的期望成本，第二部分是分享期结束到第 T 期结束的期望成本。约束条件式（3.8）表示节能服务公司的参与约束，其中，Π_0 表示节能服务公司的保留效用，约束条件式（3.9）~式（3.12）与约束条件式（3.3）~式（3.6）意义类似。

三、节能量保证情形下动态生产决策模型

制造企业采取节能量保证时，节能服务公司负责节能系统设计，根据绪论中节能量保证的运作模式，假设制造企业给予节能服务公司的服务费用为 F，节能服务公司向制造企业保证单位产品节能效果 $\lambda q_e (0 < \lambda \leqslant 1)$，有限期分为节能量保证期 T_g 和非保证期 $T - T_g$。在节能量保证期内，若单位产品的保证节能量超过单位产品的实际节能量（如 $\lambda q_e > q_e + \theta_e$），节能服务公司必须将实际节能量和保证节能量的差额效益补齐，即节能后单位产品生产成本为 $c_{1gt} = c_t + (e_0 - \lambda q_e)p_t$；在非保证期内，节能后单位产品生产成本为 $c_{2gt} = c_t + (e_0 - q_e - \theta_e)p_t$；若节能效果承诺已实现（如 $\lambda q_e \leqslant q_e + \theta_e$），则节能后生产过程中单位产品生产成本为 $c_{gt} = c_{2gt} = c_t + (e_0 - q_e - \theta_e)p_t$。第一期期初，制造企业根据节能后的单位产品生产成本等成本因子选择最优的动态批量生产策略，从而最小化期望总成本 $C_{mg}(\delta(y_{gt}), y_{gt}, I_{gt}, F)$。模型如式（3.13）~式（3.19）所示。

$$\text{Min } C_{mg}(\delta(y_{gt}), y_{gt}, I_{gt}, F) =$$

$$E \left\{ \begin{cases} \sum_{t=1}^{T} [k_t \delta(y_{gt}) + c_{gt} y_{gt} + h_t I_{gt}] + V_e + F, & \text{若 } \lambda q_e \leqslant q_e + \theta_e \\ \sum_{t=1}^{T_g} [k_t \delta(y_{gt}) + c_{1gt} y_{gt} + h_t I_{gt}] + \sum_{t=T_g+1}^{T} [k_t \delta(y_{gt}) + c_{2gt} y_{gt} + h_t I_{gt}] + V_e + F, \\ \text{若 } \lambda q_e > q_e + \theta_e \end{cases} \right\} \tag{3.13}$$

$$\text{s.t.} \sum_{t=1}^{T_g} [\lambda q_e p_t y_{gt}] \geqslant V_e + F \tag{3.14}$$

$$E\left\{ F - \sum_{t=1}^{T_g} [(\lambda q_e - q_e - \theta_e)^+ p_t y_{gt}] \right\} \geqslant \Pi_0 \tag{3.15}$$

$$C_{mg}(\delta(y_{gt}), y_{gt}, I_{gt}, F) \leqslant C_0 \tag{3.16}$$

$$I_{gt} = I_{g(t-1)} + y_{gt} - d_t, \ t = 1, 2, \cdots, T \tag{3.17}$$

$$I_{gt}, y_{gt} \geqslant 0, \ t = 1, 2, \cdots, T \tag{3.18}$$

$$\delta(y_{gt}) = \begin{cases} 0, & \text{若 } y_{gt} = 0 \\ 1, & \text{其他} \end{cases} \tag{3.19}$$

目标函数式（3.13）最小化节能后的制造企业期望总成本，总成本由每期的生产准备成本、生产成本和库存成本之和，加上投资成本和服务费用。约束条件式（3.14）是节能量保证约束，即由保证节能量所产生的节能效益至少要能够支付制造企业所付出的投资成本和服务成本，约束条件式（3.15）是节能服务公司的参与约束，其中 $x^+ = \max(0, x)$，约束式（3.16）~式（3.19）与式（3.3）~式（3.6）意义类似。

第三节　模型分析

因为模型属于两阶段模型，首先分析给定节能方式下制造企业的最优动态批量生产策略，随后探讨制造企业的最优节能方式选择。

一、制造企业的最优动态批量生产策略

本节分析给定节能方式下制造企业的最优动态批量生产策略。为了简化分析，假设每期的能源价格保持不变，设 $p_t = p$。

首先对自我节能情形下的动态批量生产决策模型进行分析，易得性质3-1。

性质3-1　若制造企业选择自我节能且存在动态批量生产策略，最优动态批量生产策略满足以下条件：

（1）$I_{bt} y_{bt} = 0$;

（2）$y_{bt}=0$ 或 $y_{bt}=\sum\limits_{j=t}^{v}d_j$ ，$t\leqslant v\leqslant T$。

性质 3-1 表明，若制造企业选择自我节能，当周期内需求之和较大时，制造企业的最优动态批量生产策略满足"零库存生产"规则。即，当本期期初库存为 0 时，制造企业选择生产，且最优生产量为从本期开始的一期或多期需求量之和；当本期期初库存不为 0 时，制造企业选择不生产，即最优生产量为 0。

下文对节能效益分享情形下的动态生产决策模型进行分析，暂不考虑约束条件式（3.9），用反证法易知约束条件式（3.8）为紧约束，改写目标函数式（3.7），从而得到引理 3-1。

引理 3-1 若制造企业选择节能效益分享节能，则目标函数式（3.7）等价于

$$E\left\{\sum_{t=1}^{T}\left[k_t\delta(y_{st})+c_{2st}y_{st}+h_t I_{st}\right]\right\}+V_e+\Pi_0 。$$

由引理 3-1 得到下面的性质 3-2。

性质 3-2 若制造企业选择节能效益分享且存在动态批量生产策略，则最优动态生产批量策略满足以下条件：

（1）$I_{st}y_{st}=0$；

（2）$y_{st}=0$ 或 $y_{st}=\sum\limits_{j=t}^{v}d_j$ ，$t\leqslant v\leqslant T$；

（3）$\varphi=1-(V_e+\Pi_0)/\left(q_e p\sum\limits_{t=1}^{T_s}y_{st}\right)$。

性质 3-2 表明，当制造企业选择节能效益分享时，与自我节能情形相类似，最优的动态批量生产策略仍然满足"零库存生产"规则。性质 3-2 还表明，当节能服务公司的节能投资成本或单位产品的预计节能量越大、分享期内生产量之和越小，制造企业应设置一个更小的最优节能效益分享比例，从而更好地满足节能服务公司的参与约束。

最后对节能量保证情形下的动态批量生产决策模型进行分析。为了简化分析，暂不考虑约束条件式（3.16），且假设单位产品实际节能量 θ_i 是定义在区间 $[-A_i, A_i]$ 的均匀分布。易知约束条件式（3.15）为紧约束，令 $\Delta c_t=p[A_e/4+((\lambda-1)q_e)^2/(4A_e)+(\lambda-1)q_e/2]$，从而得到引理 3-2。

引理 3-2 若制造企业选择节能量保证节能方式且 θ_e 服从均匀分布，则目标函数式（3.13）等价于 $\sum_{t=1}^{T}[k_t\delta(y_{gt})+E(c_{gt})y_{gt}+h_tI_{gt}]+V_e+\prod_0$。

由引理 3-2 得到下面的性质 3-3。

性质 3-3 若制造企业选择节能量保证且存在动态批量生产策略，则最优的动态批量生产策略满足以下条件：

（1）$I_{gt}y_{gt}=0$；

（2）$y_{gt}=0$ 或 $y_{gt}=\sum_{j=t}^{v}d_j$，$t\leqslant v\leqslant T$；

（3）$F=\prod_0+\Delta c_t\sum_{t=1}^{T_g}y_{gt}$。

性质 3-3 表明，当制造企业选择节能量保证时，最优的动态批量生产策略具有与自我节能、节能效益分享两种情形相类似的性质，即满足"零库存生产"规则，同时制造企业根据性质 3-3（3）的公式设置最优的服务费用。

下面分析最优服务费用所具有的性质，由性质 3-3（3）可得下面的性质 3-4。

性质 3-4 若制造企业选择节能量保证，则：

（1）$\partial F/\partial\left(\sum_{t=1}^{T_g}y_{gt}\right)>0$。

（2）当 $q_e\geqslant\max\{A_e,A_e/[2(1-\lambda)]\}$，$\partial F/\partial q_e\geqslant 0$；
当 $1/2<\lambda<1$ 且 $A_e\leqslant q_e<A_e/[2(1-\lambda)]$，$\partial F/\partial q_e<0$。

（3）当 $1-A_e/(2q_e)\leqslant\lambda\leqslant 1$，$\partial F/\partial\lambda\geqslant 0$；
当 $0\leqslant\lambda<1-A_e/(2q_e)$，$\partial F/\partial\lambda<0$。

（4）当 $(1-\lambda)q_e\leqslant A_e\leqslant q_e$，$\partial F/\partial A_e\geqslant 0$；
当 $0\leqslant A_e\leqslant(1-\lambda)q_e$，$\partial F/\partial A_e<0$。

性质 3-4 表明，当制造企业选择节能量保证时，除保证期内的生产量之和，最优服务费用与单位产品的预计节能量、节能量保证系数和单位产品的节能波动幅度的关系均为非单调的。即当单位产品的预计节能量、节能量保证系数和单位产品的节能波动幅度较大时，制造企业应设置一个较大的服务费用，以降低节能服务公司的承诺风险，反之，应设置一个较小的服务费用。

二、制造企业的最优节能方式选择

因无法得出三种节能方式下制造企业期望总成本的解析式，难以直接得出制造企业节能方式选择的管理启示，常用的做法是通过数值实验进行分析（Wang等，2014；Wang 和 Hu，2014）。采用类似方法，构建下面的数值实验。根据文献（Goldman 等，2002）收集的 1500 个节能项目设置实验参数，设节能系统的生命周期 $T=15$ 时，时变需求随机产生于均匀分布 $U-[20,70]$，即 $d_t=[68$，31，50，44，65，58，43，20，61，42，51，60，67，57，28]；所调查的节能项目表明短期合同（期限 < 5 年）逐渐流行，因此设分享期 $1 \leqslant T_s = T_g \leqslant 7$；研究对象为高能耗制造企业，因此设每次生产准备成本 $k_t=30$，单位产品不包括能源成本的生产成本 $c_t=2$，生产成本单位产品的初始能效 $e_0=2$，能源价格 $p_t=1$，库存成本 h_t 为 1/ 单位·周期，即其是一家能源成本高达其生产成本 50% 的高能耗制造企业；所调查的节能项目中，70% 节能项目的节能率为 16%~45%，因此设合同能源管理情形的单位产品预计节能率 $q_e/e_0=0.3$，自我节能情形的单位产品预计节能率为 $q_m/e_0=\gamma_e q_e/e_0$（$\gamma_e=0.8$，$0<\gamma_e \leqslant 1$），其中 γ_e 表示自我节能和合同能源管理两种情形下的单位产品预计节能率之比，自我节能情形投资成本系数 $\alpha_m=3000$，合同能源管理情形投资成本系数为 $\alpha_e=\gamma_v \alpha_m$（$\gamma_v=0.5$，据本章第二节假设 $\alpha_m q_m \geqslant \alpha_e q_e$ 得 $0<\gamma_v \leqslant \gamma_e$），其中 γ_v 表示合同能源管理和自我节能两种情形下的投资成本系数之比；同前假设，设单位产品实际节能量随机因子服从均匀分布，即 $\theta_i - U[-A_i, A_i]$，所调查的节能项目中，高达 60% 节能项目的实际节能量相对于预计节能量波动幅度小于 15%，由于节能波动对自我节能和节能效益分享两种情形下制造企业的决策不产生影响，因此设 $0 \leqslant \sigma \leqslant 0.5$，初值 $\sigma=0.2$，σ 表示节能量保证情形下实际节能量波动的幅度，从而 $A_e=\sigma q_e$；对于节能量保证系数 λ，在所调查的 15 家节能服务公司中，大约一半的企业保证 100% 的实现预计节能量，因此设节能量保证系数 $\lambda=0.9$；制造企业节能前有限期的最优总成本 $C_0=3418$。

由于模型属于混合整数非线性规划，分析重点并非算法设计，直接采用LINGO11.0 优化软件（采用序列线性规划法求解非线性规划）进行求解。

假设不考虑三种节能模型的其他约束，由引理 3-1 和引理 3-2，两两比较三种节能模型中的目标函数，得出引理 3-3。

引理 3-3 若 θ_i 服从均匀分布，即 $\theta_i - U[-A_i, A_i]$，则：

（1）节能效益分享情形下的动态批量生产决策模型目标函数式（3.7）与自我节能情形下的动态批量生产决策模型目标函数式（3.1）对比，$E(c_{2st}) \leqslant E(c_{bt})$；

（2）节能量保证情形下的动态批量生产决策模型目标函数式（3.13）与节能效益分享情形下的动态批量生产决策模型目标函数式（3.7）的等价式相比，$E(c_{2st}) \geqslant E(c_{gt}) - \Delta c_t$；

（3）节能量保证情形下的动态批量生产决策模型目标函数式（3.13）与自我节能情形下的动态批量生产决策模型目标函数式（3.1）相比，$E(c_{bt}) \geqslant E(c_{gt}) - \Delta c_t$。

首先比较自我节能和节能效益分享两种节能方式。显然自我节能和合同能源管理两种情形下的单位产品预计节能率之比 γ_e 可能是影响最优节能方式选择的关键因子，下文主要对单位产品预计节能率之比 γ_e 进行敏感性分析。另外，投资成本系数比 γ_v、合同能源管理情形下单位产品的预计节能率 q_e/e_0 和分享期 T_s 均可能是影响节能方式选择的关键因子，为了增加结论的可靠性，令 $\gamma_v = 0.1$、0.4、0.7，$q_e/e_0 = 0.1$、0.3、0.5，$T_s = 1$、3、5，即表示这三个系数取较小值、中间值和较大值，针对这些系数的组合分别做数值实验，从而得到图3.1。

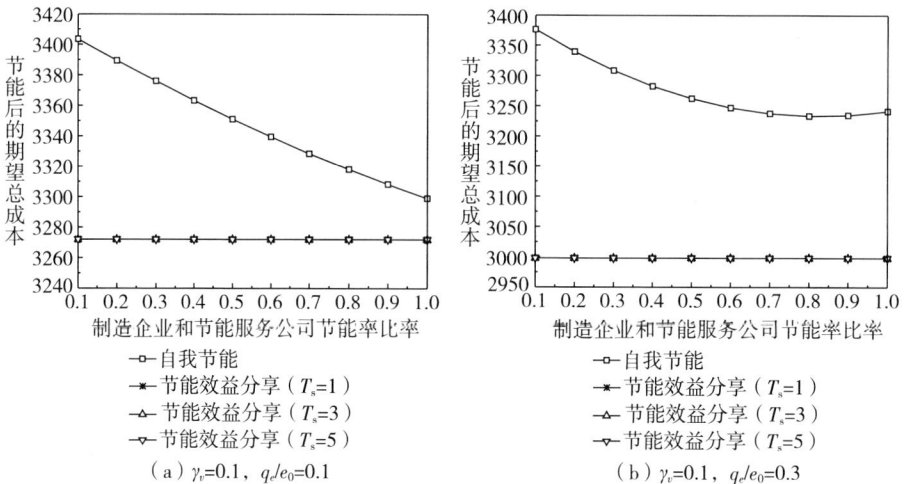

图3.1 自我节能和节能效益分享下期望总成本对比

（c）$\gamma_v=0.1$，$q_e/e_0=0.5$

（d）$\gamma_v=0.4$，$q_e/e_0=0.1$

（e）$\gamma_v=0.4$，$q_e/e_0=0.3$

（f）$\gamma_v=0.4$，$q_e/e_0=0.5$

（g）$\gamma_v=0.7$，$q_e/e_0=0.1$

（h）$\gamma_v=0.7$，$q_e/e_0=0.3$

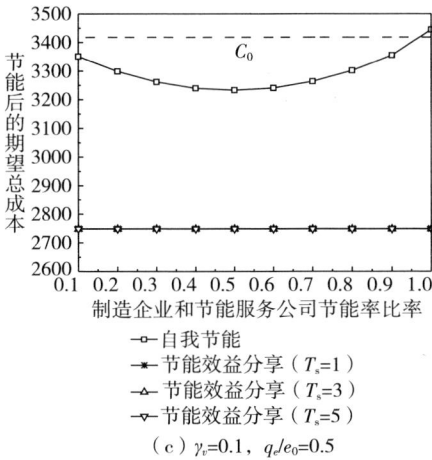

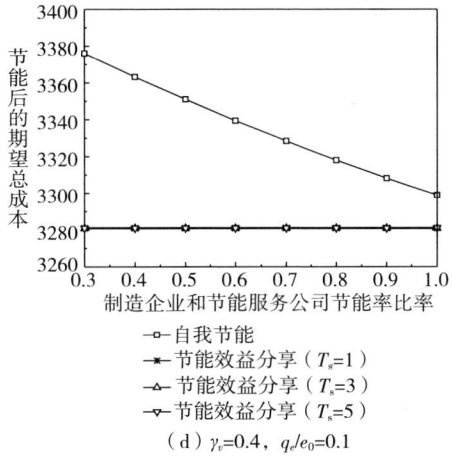

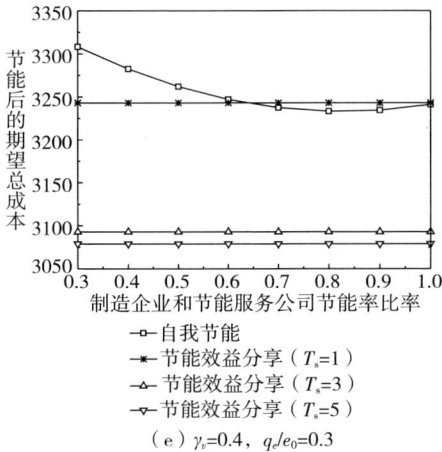

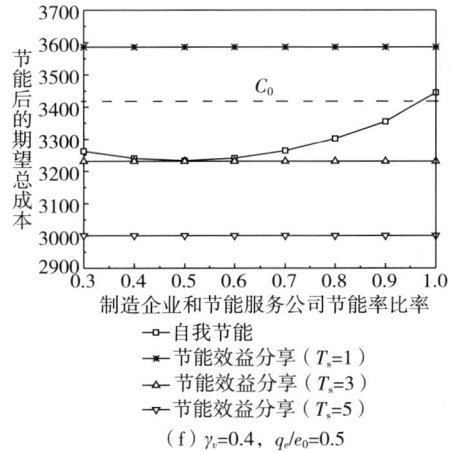

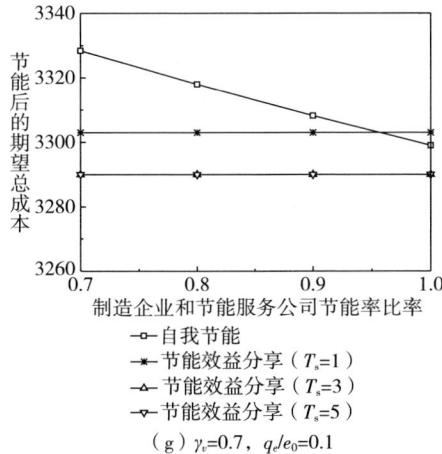

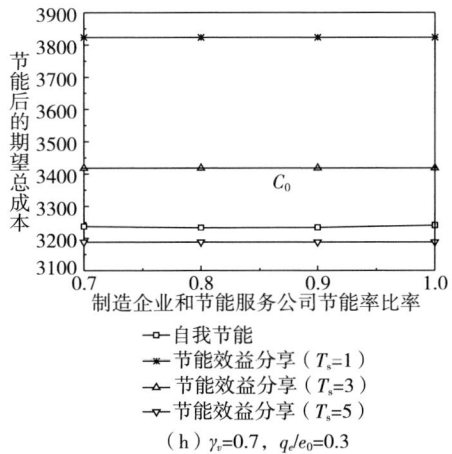

图3.1 自我节能和节能效益分享下期望总成本对比（续图）

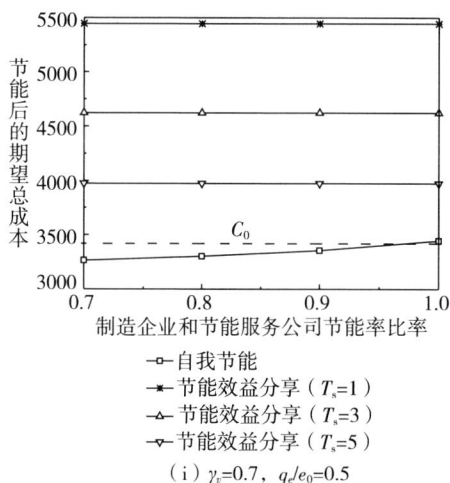

（i）$\gamma_v=0.7$, $q_e/e_0=0.5$

图 3.1 自我节能和节能效益分享下期望总成本对比（续图）

观察图 3.1（a）～图 3.1（d）和图 3.1（g），可知性质 3-5（1）；观察图 3.1（i）可知性质 3-5（2）；观察图 3.1（e）、图 3.1（f）和图 3.1（h）得到性质 3-5（3），整理得出性质 3-5。

性质 3-5 制造企业面临自我节能和节能效益分享。

（1）当节能服务公司与制造企业的节能投资成本系数比率和合同能源管理情形下的单位产品预计节能率较小时，无须考虑单位产品预计节能率之比和分享期的大小，制造企业选择节能效益分享节能方式更优。

（2）当节能服务公司与制造企业的节能投资成本系数比率和合同能源管理情形下的单位产品预计节能率较大时，无须考虑单位产品预计节能率之比和分享期的大小，制造企业选择自我节能方式更优。

（3）当节能服务公司与制造企业的节能投资成本系数比率和合同能源管理情形下的单位产品节能率处于中间值时，节能方式的选择需要权衡节能投资成本系数比率、单位产品预计节能率之比、合同能源管理情形下的预计节能率、分享期四个因素对节能后的期望总成本的影响。

当制造企业面临自我节能和节能效益分享两种节能方式时，性质 3-5 给出了如何选择最优节能方式的原则。由假设可知节能服务公司和制造企业的节能边际成本比率 $c_s/c_m=\gamma_v/\gamma_e$，性质 3-5 给出的管理暗示是，节能服务公司和制造企业的节能边际成本比率并不是影响制造企业选择最优节能方式的唯一决定因素，有时节能服务公司拥有一个相对较小的节能边际成本，制造企业选择节能效益分享型节能方式反而不可行，如图 3-1（i）所示的制造企业采用节能效益分享期望总成本均大于 C_0 的现象，此结论与 Sorrell（2007）的结论不同。下面说明性质 3-5 的理由，当出现性质 3-5（1）的条件时，约束条件式（3.8）对生产计划的影响很小，从而两种节能方式下具有相同的生产计划，由引理 3-3（1）可知节能效益分享型节能方式具有相对较小的生产成本，从而具有一个相对较小的节能后期望总成本；当出现性质 3-5（2）的条件时，约束条件式（3.8）对生产计划的影响很大，为了满足参与约束式（3.8），节能效益分享型节能方式产生了一个相对较差的生产计划，从而导致一个更大的节能后期望总成本。

其次比较节能效益分享和节能量保证两种节能方式。类似于前面的分析，主要对合同管理情形下的单位产品预计节能率进行敏感性分析。其他影响最优节能方式选择的可能关键因子为分享期或保证期 $T_s = T_g$、单位产品实际节能量的波动幅度 σ、单位产品预计节能量的保证系数 λ。为了增加结论的可靠性，令 $T_s = T_g$=1、4 和 7，σ=0.2 和 0.4，λ=0.8 和 0.9，分别表示取较小值和较大值，然后做数值实验，得出图 3.2。

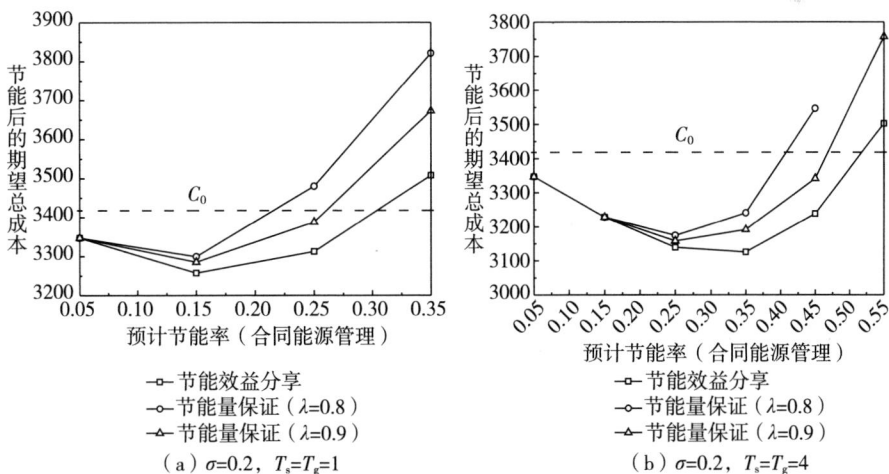

（a）σ=0.2，$T_s = T_g$=1　　　　（b）σ=0.2，$T_s = T_g$=4

图 3.2　节能效益分享和节能量保证下期望总成本对比

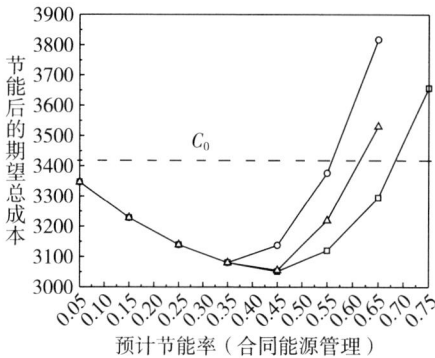

（c）$\sigma=0.2$，$T_s=T_g=7$

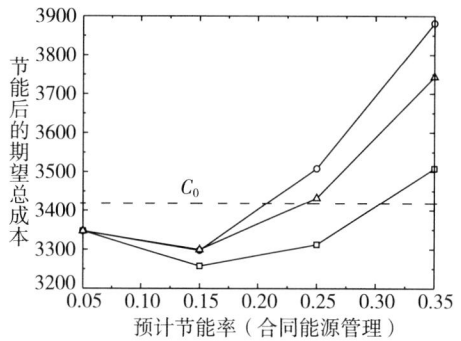

（d）$\sigma=0.4$，$T_s=T_g=1$

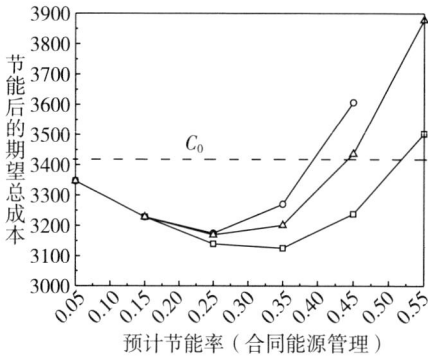

（e）$\sigma=0.4$，$T_s=T_g=4$

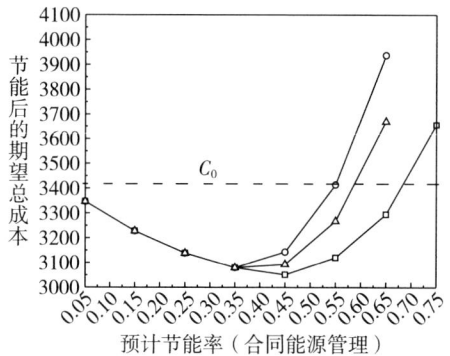

（f）$\sigma=0.4$，$T_s=T_g=7$

图3.2　节能效益分享和节能量保证下期望总成本对比（续图）

观察图3.2，得出性质3-6。

性质3-6　制造企业面临节能效益分享和节能量保证两种节能方式，假定分享期等于节能量保证期，则：

（1）当合同能源管理情形下的单位产品预计节能率较小时，制造企业的最优选择是节能效益分享或节能量保证，且选择两种节能方式无差异。

（2）当合同能源管理情形下的单位产品预计节能率增大到一个阈值之后，制造企业应选择节能效益分享。

性质3-6表明，采用合同能源管理时，单位产品的预计节能率是影响制造企业选择具体节能方式的关键因子。下文说明性质 3-6 成立的理由。在合同能源管理情形下的单位产品预计节能率较小时，制造企业选择两种节能方式无差异，这是因为当预计节能率较小时，导致约束式（3.8）、约束式（3.14）~式（3.15）对生产计划的影响相同，根据引理 3-3，从而制造企业选择两种节能方式无差异，当单位产品预计节能率继续增大时，原因类似于性质 3-5 的说明。

类似于性质 3-5 的理由，可直接写出性质 3-7。

性质 3-7 制造企业面临自我节能和节能量保证两种节能方式。

（1）当节能服务公司与制造企业的节能投资成本系数比率和合同能源管理情形下的单位产品预计节能率较小时，制造企业应选择节能量保证。

（2）当节能服务公司与制造企业的节能投资成本系数比率和合同能源管理情形下的单位产品预计节能率较大时，制造企业应选择自我节能。

第四节　模型拓展

与工业有关的节能政策很多，具体总结在附录一，其中财税政策主要包括能源税（Price 等，2005）等。本小节将基本模型拓展到能源税情形，分析其对制造企业最优节能方式选择的影响。

一、能源税情形下动态批量生产决策模型

为了抑制能源使用需求，许多国家对能源使用征收能源税，如常见的燃油税、碳税（荷兰）和气候变化税（英国），此情形用下标 T 来表示。假设政府对每单位使用能源征收 τ 元，k_0、h_0 分别表示每次生产准备成本和每单位产品每周期库存成本的初始能效，其中 C_{0T} 表示节能之前相应能源税下的最优总成本，设征税后自我节能、节能效益分享和节能量保证情形下的动态生产决策模型分别表示为 TBM、TSM、TGM。与基本模型对比，约束条件除了将 C_0 替换为 C_{0T}，其他均不变，另外三种节能方式情形下优化模型的决策变量也不变，为了简洁，仅写出模型的目标函数，且省略目标函数的决策变量。即：

TBM：

$$C_{mbT} = E\left\{\sum_{t=1}^{T}[(k_t+\tau k_0)\delta(y_{bt})+(c_{bt}+\tau(e_0-q_m-\theta_m))y_{bt}+(h_t+\tau h_0)I_{bt}]\right\}+V_m \quad (3.20)$$

TSM：

$$C_{msT} =$$

$$E\left\{\sum_{t=1}^{T_s}[(k_t+\tau k_0)\delta(y_{st})+(c_{1st}+\tau(e_0-q_e-\theta_e))y_{st}+(h_t+\tau h_0)I_{st}]+\right.$$
$$\left.\sum_{t=T_s+1}^{T}[(k_t+\tau k_0)\delta(y_{st})+(c_{2st}+\tau(e_0-q_e-\theta_e))y_{st}+(h_t+\tau h_0)I_{st}]\right\}$$ （3.21）

TGM：

$$C_{mgT}=E\left(\begin{array}{l}\sum\limits_{t=1}^{T}[(k_t+\tau k_0)\delta(y_{gt})+(c_{gt}+\tau(e_0-q_e-\theta_e))y_{gt}+(h_t+\tau h_0)I_{gt}]+V_e+F,\\ \lambda q_e\leqslant q_e+\theta_e,\\ \sum\limits_{t=1}^{T_g}[(k_t+\tau k_0)\delta(y_{gt})+(c_{1gt}+\tau(e_0-q_e-\theta_e))y_{gt}+(h_t+\tau h_0)I_{gt}]+\\ \sum\limits_{t=T_g+1}^{T}[(k_t+\tau k_0)\delta(y_{gt})+(c_{2gt}+\tau(e_0-q_e-\theta_e))y_{gt}+(h_t+\tau h_0)I_{gt}]+V_e+F,\\ \lambda q_e>q_e+\theta_e\end{array}\right)$$ （3.22）

二、能源税对最优节能方式选择的影响

类似于基本模型，采用数值实验的方法分析能源税对制造企业最优节能方式选择的影响。参数设置如下：能源价格 $p_t=1$，假设 $\tau\leqslant p_t$，取 $q_e/e_0=0.1$ 和 0.4，$T_s=T_g=1$、3 和 5，其他参数 $\sigma=0.4$，$\lambda=0.9$，$\gamma_v=0.5$，$\gamma_e=0.8$，$k_0=0.3$，$h_0=0.01$。做数值实验，得图3.3。

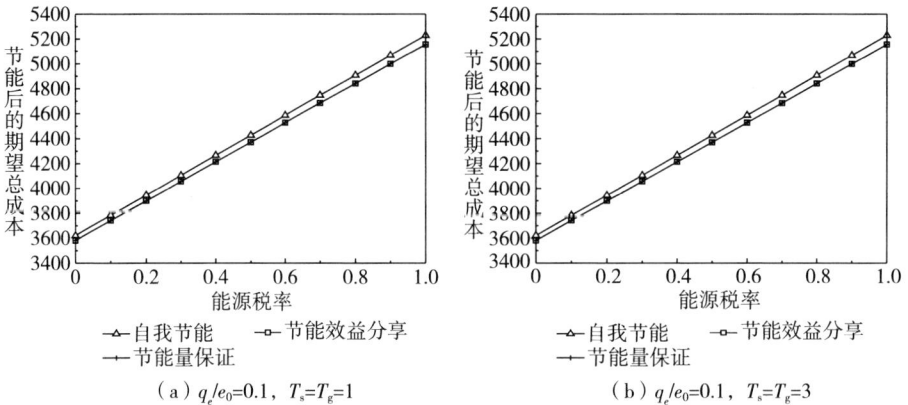

（a）$q_e/e_0=0.1$，$T_s=T_g=1$　　　　（b）$q_e/e_0=0.1$，$T_s=T_g=3$

图3.3　征收能源税时三种节能方式下期望总成本对比

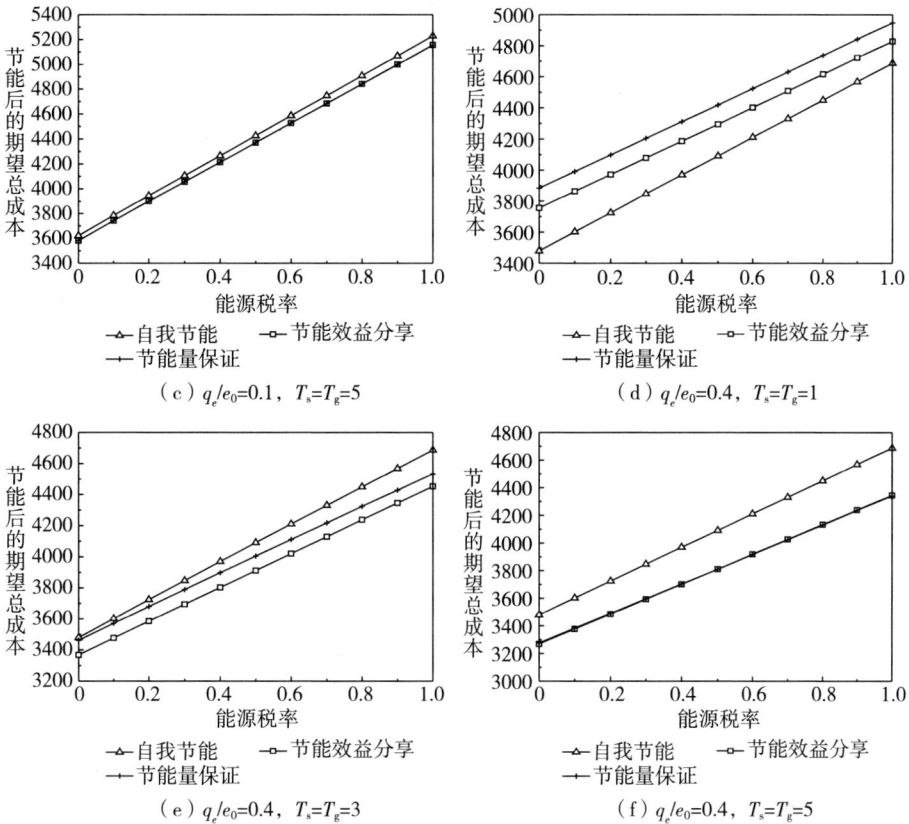

（c）$q_e/e_0=0.1$，$T_s=T_g=5$

（d）$q_e/e_0=0.4$，$T_s=T_g=1$

（e）$q_e/e_0=0.4$，$T_s=T_g=3$

（f）$q_e/e_0=0.4$，$T_s=T_g=5$

图 3.3　征收能源税时三种节能方式下期望总成本对比（续图）

观察图 3.3，比较每个图中能源税率为 0 和大于 0 两种情形下的制造企业最优节能方式选择，得出性质 3-8。

性质 3-8　能源税没有改变制造企业的最优节能方式选择。

出现性质 3-8 的原因在于，虽然政府对制造企业使用能源征收能源税增加了制造企业的生产准备成本、生产成本和库存成本，但由于征税所增加的成本相对于原有成本较小，且生产准备成本和库存成本均增加，从而征税往往不足以改变制造企业原有的生产计划，因为每期的生产成本不变，最优生产计划的制定主要考虑生产准备成本和库存成本的相对大小（Wagner 和 Whitin，1958）。

第五节 研究结论与管理启示

本节对研究结论与管理启示进行总结。

（1）给定节能方式下制造企业的最优动态批量生产策略。

给定节能方式下，制造企业最优动态批量生产策略满足"零库存"规则。当本期期初库存为 0 时，制造企业选择生产，且最优生产量为从本期开始的一期或多期需求量之和；当本期期初库存不为 0 时，制造企业选择不生产，即最优生产量为 0。

（2）非能源税政策下制造企业最优节能方式选择。

1）面临自我节能和节能效益分享两种节能方式时，当节能服务公司与制造企业的节能投资成本系数比率和合同能源管理情形下的单位产品预计节能率较小时，制造企业应选择后者；当两者增大到一个阈值之后，制造企业应选择前者。

2）制造企业面临节能效益分享和节能量保证两种节能方式，假定分享期等于节能量保证期，当合同能源管理情形下的单位产品预计节能率较小时，制造企业选择节能效益分享和节能量保证无差异；当合同能源管理情形下的单位产品预计节能率增大到一个阈值后，制造企业应选择节能效益分享。

3）当制造企业面临自我节能和节能量保证两种节能方式时，遵循与 1）相类似的选择原则。

以上研究结论表明，当制造企业选择最优节能方式时，需确定节能服务公司与制造企业的节能投资成本系数比率和合同能源管理情形下的单位产品预计节能率两个关键指标，并遵循以上三个原则进行最优节能方式选择。

我国正大力推行合同能源管理，特别是合同能源管理中的节能效益分享节能模式，如 2010 年的税收减免政策和 2011 年的财政刺激政策明确规定只支持节能效益分享节能方式，本章的研究结论对于政府激励制造企业选择合同能源管理和节能效益分享也具有一定的管理启示，具体如下：

（1）当现实中节能服务公司与制造企业的节能投资成本系数比率和合同能源管理情形下的单位产品预计节能率较大时，此时政府应该实施积极的政策以降低制造企业节能的投资成本，从而促使制造企业从选择自我节能转向选择合同能源管理，反之，制造企业会自动选择合同能源管理，政府可弱化相关政策。

（2）若市场上大多数制造企业已偏向于选择合同能源管理，当制造企业的单位产品预计节能率较小时，政府应该实施积极的政策以增加制造企业选择节能效益分享进行节能所获得的收益，从而促使制造企业更加坚定地选择节能效益分享，反之，制造企业会自动选择节能效益分享，政府可弱化相关政策。

（3）能源税政策下制造企业最优节能方式选择。能源税没有改变制造企业的最优节能方式选择。前述结论表明，制造企业选择最优节能方式时，无须关注能源税这个因素。

第六节　小结

本章以动态经济批量模型为基础，构建了自我节能、节能效益分享和节能量保证三种节能方式下的动态批量生产决策模型，从微观层面研究了有限期时变需求情形下一家完全垄断制造企业如何进行最优节能方式选择。研究结果为制造企业管理人员在此情形下确定最优动态批量生产策略和如何选择最优节能方式提供了科学的决策依据，也为政府制定激励制造企业选择合同能源管理和节能效益分享的政策提供智力支持。然而，本章的研究结论依赖于一个重要的假设，即制造企业的单位产品节能量不可调整。现实中，一些制造企业的单位产品节能量上下调节的范围很大，即制造企业可以根据实际情况确定最优的单位产品节能量。因此，研究此背景下制造企业的最优节能方式选择是一个重要的现实问题。

第四章 单位产品节能量可调整情形下制造企业节能方式选择

第一节 引言

第三章假设单位产品节能量不可调整。在实际节能过程中，制造企业或节能服务公司往往通过调整单位产品的节能量最大化节能项目的经济性，如同一企业同时建设多个节能项目，企业往往需要调整单位产品的节能量，最终确定一个最优的单位产品节能量。此时，制造企业的管理人员面临如下几个挑战：一是面临各种节能方式，在产品节能量可调整情形下，制造企业管理人员需科学确定最优节能方式，以避免出现选择失误损害企业利益；二是在给定节能方式下，若企业采取自我节能方式，如何设置合适的单位产品节能量，若企业采取合同能源管理节能方式，虽然无须考虑单位产品节能量的大小，但需设置合理的合同参数，以免降低节能项目的经济性；三是产品价格改变、需求和实际节能量发生不确定性是否需要调整最优决策的设置，以避免最优决策不适用于新环境。

从绪论中的相关研究来看，还需在以下方面进一步深化：一是尚未采用定量方法研究单位产品节能量可调整情形下制造企业如何选择最优的节能方式，可能会导致制造企业管理人员未选择到最优的节能方式，因此，亟须引入定量方法进行相关研究；二是无法科学确定最优单位产品节能量和设置最优合同参数，可能会导致未最大化节能项目的经济性，亟须建立科学确定最优单位产品节能量和设置最优合同参数的相关理论；三是尚未明晰产品价格改变、需求和节能量不确定性是否会对最优节能方式选择等产生影响，可能会导致最优决策调整未跟上变化的环境，亟须分析产品价格改变、需求和节能量不确定性对最优决策的影响。

鉴于此，本章尝试回答以下三个问题：①给定节能方式下，制造企业和节能服务公司的最优决策分别是什么。②制造企业如何做最优节能方式选择。③产品价格改变、需求不确定、实际节能量不确定对制造企业的最优决策影响如何。为回答以上三个研究问题，首先，仅考虑自我节能和节能效益分享，假设制造企业和节能服务公司在节能项目上存在投资成本差异，即两家企业具有不同的投资成本系数，建立自我节能情形优化模型和节能效益分享情形斯坦科尔伯格博弈模型，通过模型分析，研究给定节能方式下制造企业和节能服务公司的最优决策，以及制造企业最优节能方式选择。其次，依次将基本模型拓展到产品价格改变、需求不确定、实际节能量不确定三种情形，探讨产品价格改变、需求不确定、实际节能量不确定是否会影响制造企业的最优决策。

本章主要有三个方面的贡献：一是通过数学模型构建了单位产品节能量可调整情形下制造企业最优节能方式选择的理论；二是提供了给定节能方式下制造企业设置单位产品节能量及确定最优合同能源管理参数的决策依据；三是明晰了产品价格改变、需求不确定性和节能量不确定性对制造企业最优决策产生的影响。

本章余下内容结构如下：第二节对问题进行描述并建立相应的数学模型；模型分析放在第三节；第四节将基本模型分别拓展到产品价格改变、需求不确定性和实际节能量不确定三种情形并对模型进行分析；第五节归纳主要研究结论和管理启示；最后的总结放在第六节。

第二节　问题描述

类似于第三章，考虑完全垄断环境下一家制造企业（Manufacturer，用下标 m 表示）计划节能，其做两阶段决策。第一阶段，面临自我节能（Self-saving，用下标 b 表示）和节能效益分享（Shared savings，用下标 s 表示）两种节能方式，假设两种节能系统均具有一个单位的生命周期（可较易证明此假设对制造企业的最优节能方式选择没有影响），制造企业比较两种节能方式下的最优利润，做最优节能方式选择。第二阶段，假设制造企业生产一种产品，其市场需求函数：

$$d_i(p_i, \varepsilon) = a - bp_i + \varepsilon \tag{4.1}$$

其中，a，$b>0$，a 表示潜在市场容量，b 表示需求对产品价格 p_i 的敏感程度，ε 是一个定义在 $[\underline{\theta}, \overline{\theta}]$（$\overline{\theta} \geqslant \underline{\theta} \geqslant 0$）上的随机变量，其中 $F(x)$、$f(x)$ 分别表示随机变量 ε 的分布函数和密度函数，为了满足 $d_i(p_i, \varepsilon)>0$，$a-bp_i+\underline{\theta}>0$，下标 $i=b$、s 分别表示制造企业采取自我节能和节能效益分享节能方式；另外为了避免琐碎的讨论，假设节能之前制造企业的边际利润和市场需求为正，即 $p>c+r_0p_e$ 且 $a-bc-bp_er_0>0$，其中 c 表示单位产品的非能源成本，p_e 表示能源价格，r_0 表示节能之前制造企业单位产品的初始能效（如标准煤/单位）。

关于投资成本，类似于前一章的刻画，假设投资成本为单位产品预计节能率 r_i/r_0 的二次函数，其中 r_i 表示单位产品的节能量。自我节能情形，设投资成本为 $k(r_b/r_0)^2/2$（$k>0$），其中 k 是节能投资成本系数，合同能源管理情形，设 $k_s = \alpha k$（$0 < \alpha \leqslant 1$），其中 α 表示节能服务公司与制造企业节能投资成本系数的比率，即制造企业采取合同能源管理时，投资成本为 $\alpha k(r_s/r_0)^2/2$。为了保证 $0 \leqslant r_i < r_0$，即 r_i 存在内解，假设 k、αk 充分大，即表示投资成本不是非常低，这个假设与很多的已有文献一致，如 Gilbert 和 Cvsa（2003）、Ofek 等（2011）。

假设节能系统的运行成本主要包括能源成本（已包含在节能后的能源成本中），忽略其他的运行成本，如人力成本、维护成本等。同第三章，因节能项目的间接收益难以量化，仅考虑节能项目的直接收益。

下文对单位产品的实际节能量进行刻画。实践中，整个节能过程可分为方案设计、系统建设和系统运行三个阶段。在方案设计阶段，需做单位产品的预计节能量 r_i 的决策，正如第三章所述，系统正式运行后可能会产生运营风险（如节能设备故障、天气变化等），常导致单位产品实际节能量与预计节能量不一致。设单位产品实际节能量为 $r_i+\eta_i$，其中 η_i 是一个定义在 $[H_i, I_i]$（$I_i \geqslant H_i$，$I_i \geqslant 0$）上的随机变量，其中 $G_i(x)$ 和 $g_i(x)$ 分别表示随机变量 η_i 的分布函数和密度函数，其中 $r_i>\max(I_i, |H_i|)$ 表示单位产品实际节能量的最大波动小于单位产品的预计节能量，即表示节能项目不会完全失败，这种假设符合大多数的实际情况。

自我节能情形下，制造企业权衡节能投资成本和收益，做最优单位产品预计节能量的决策，最大化自身利润。节能效益分享情形下，假设制造企业和节能服务公司（Energy Service Company，用下标 e 表示）风险中性，信息完全对称，参与约束均为 0，两企业进行斯坦科尔伯格博弈。由于高能耗企业一般实力相对雄厚，如钢铁、水泥企业，因此制造企业作为领导者，首先做最优单位产品节能效益分享比例决策，最大化自身利润，节能服务公司作为追随者，做最优单位产品预计节能量的决策，最大化自身利润，具体的模型见本节第一和第二部分。

一、节能量内生情形下自我节能优化模型

自我节能情形，在节能方案设计阶段，制造企业常需要对企业中的能源成本进行审计，将能源成本从总成本中剥离，以此为基础考虑节能项目的经济性。类似于第三章，将单位产品的生产成本分解成不包括能源成本的生产成本和能源成本，在需求 $d_i(p_i, \varepsilon)$ 和单位产品实际节能量 $r_b + \eta_b$ 实现之前，制造企业做单位产品预计节能量 r_b 和产品价格 p_b 的决策，最大化制造企业期望利润。自我节能决策过程如图 4.1 所示。

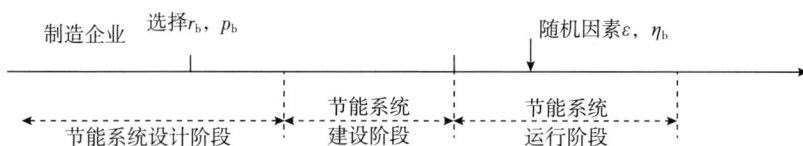

图 4.1　制造企业选择自我节能时的决策过程

又价格固定 $p_b = p$，$\varepsilon = \eta_b = 0$，故自我节能情形下的优化模型如下。

$$\text{Max } \Pi_{mb}(r_b) = \left[p - c - (r_0 - r_b) p_e \right] D - k(r_b/r_0)^2/2 \tag{4.2}$$

$$\text{s.t. } 0 \leqslant r_b < r_0 \tag{4.3}$$

目标期望利润函数式（4.2）的第一项表示制造企业的销售利润，第二项表示节能项目的投资成本；约束条件式（4.3）表示单位产品的预计节能量不超过单位产品的初始能效，即单位产品的能耗不可能为 0。

二、节能量可调整情形下节能效益分享博弈模型

节能效益分享情形，在节能合同谈判阶段，制造企业与节能服务公司进行斯坦克尔伯格博弈，类似于自我节能情形，在需求和单位产品实际节能量 $r_s + \eta_s$ 实现之前，制造企业首先确定产品价格 p_s 和制造企业单位节能效益分享比例 φ（$0 \leqslant \varphi \leqslant 1$），由于节能服务公司能观察到制造企业的定价决策，节能服务公司有动机在观察到制造企业的定价决策之后再做一个更有利的单位产品预计节能量 r_s 决策（Xiao 等，2014），各自最大化自身期望利润。假设制造企业和节能服务

公司约定分享期为 T_s 期，在分享期 T_s（$0 \le T_s \le 1$）内，制造企业和节能服务公司按照预先约定的单位产品节能效益分享比例分享单位产品的实际节能收益，因此分享期内单位产品的生产成本为 $c + [r_0 - \varphi(r_s + \eta_s)]p_e$；分享期 T_s 结束后，制造企业独享所有的节能效益，直到节能系统的生命周期结束。为了使问题简化，假设分享期 $T_s=1$，即表示节能服务公司与制造企业在节能系统的整个生命周期都进行节能效益分享。节能效益分享情形决策过程如图 4.2 所示。

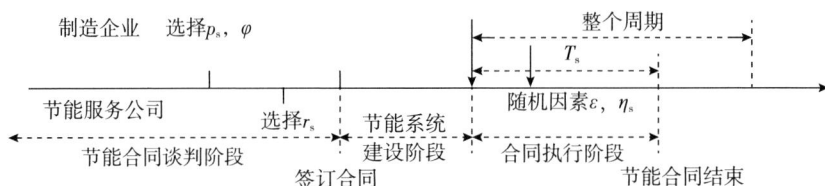

图 4.2　制造企业选择节能效益分享时两企业的决策过程

类似于自我节能方式有 $p_s = p$，$\varepsilon = \eta_s = 0$，令 $D = a - bp$。制造企业首先做单位产品节能效益分享比例 φ 的决策，最大化自身利润。模型如下。

$$\text{Max } \Pi_{ms}(\varphi) = [p - (c + (r_0 - \varphi r_s)p_e)]D \tag{4.4}$$

$$\text{s.t. } \Pi_{es}(r_s) \ge 0, \; 0 \le \varphi < 1 \tag{4.5}$$

目标利润函数式（4.4）等于边际利润乘以市场需求，约束条件式（4.5）分别表示节能服务公司的参与约束及单位产品节能效益分享比例的取值范围。

节能服务公司随后做单位产品预计节能量 r_s 决策，最大化自身利润。模型如下。

$$\text{Max } \Pi_{es}(r_s) = (1 - \varphi)r_s p_e D - \alpha k (r_s / r_0)^2 / 2 \tag{4.6}$$

$$\text{s.t. } 0 \le r_s < r_0 \tag{4.7}$$

目标利润函数式（4.6）等于分享来的节能收益减去节能投资成本，约束条件式（4.7）类似于约束条件式（4.3）。

第三节　模型分析

下文用逆向归纳法对基本模型进行求解。

求解自我节能情形下的优化模型，得出定理4-1。

定理4-1 自我节能情形，假设 $k > p_e Dr_0$，则制造企业最优单位产品预计节能量和最优利润分别为：

$$r_b^* = p_e Dr_0^2 / k, \quad \prod_{mb}(r_b^*) = (p - c - r_0 p_e)D + (p_e Dr_0)^2 / (2k)$$

其中，$k > p_e Dr_0$ 表示节能投资成本系数要大于阈值 $p_e Dr_0$，其保证存在内解 r_b^*，即 $r_b^* \in [0, r_0)$。定理4-1给出了自我节能情形下制造企业的最优单位产品预计节能量和最优利润。由定理4-1，对最优单位产品预计节能量和最优利润求导可得性质4-1。

性质4-1 自我节能情形，则：

（1）$\partial r_b^* / \partial p_e > 0$，$\partial r_b^* / \partial D > 0$，$\partial r_b^* / \partial r_0 > 0$ 和 $\partial r_b^* / \partial k < 0$；

（2）$\partial \prod_{mb}(r_b^*) / \partial p_e < 0$，$\partial \prod_{mb}(r_b^*) / \partial r_0 < 0$，$\partial \prod_{mb}(r_b^*) / \partial k < 0$ 和 $\partial \prod_{mb}(r_b^*) / \partial D > 0$。

性质4-1分别给出了最优单位产品预计节能量和最优利润与能源价格、市场需求、初始能效和节能投资成本系数的关系。性质4-1证实了一种直觉，即当制造企业具有能源价格越高、初始能效越高、生产数量越大或投资成本系数越小四个特征之一时，更应该提高节能效果。制造企业获得一个最优利润的原因在于：当能源价格或初始能效变大时，制造企业应提高最优单位产品预计节能量，增大的节能收益足以弥补生产成本和投资成本的增加，从而制造企业获得一个最优利润；当市场需求增大时，制造企业选择提高最优单位产品预计节能量，增大的销售收益和节能收益足以补偿生产成本和投资成本的增加；而节能投资成本系数变小时，更大的最优单位产品预计节能量引起节能收益的快速增大，其足以应付缓慢增加的节能投资成本。

用逆向归纳法求解节能效益分享情形博弈模型，得出定理4-2。

定理4-2 节能效益分享情形，假设 $\alpha k > (1 - \varphi) p_e Dr_0$，则：

（1）节能服务公司最优单位产品预计节能量和最优利润分别为：

$$r_s^* = p_e Dr_0^2 / (2\alpha k), \quad \prod_{es}(r_s^*) = (p_e r_0 D)^2 / (8\alpha k)$$

（2）制造企业最优节能效益分享比例 $\varphi^* = 1/2$，最优利润为：

$$\prod_{ms}(\varphi^*) = (p - c - r_0 p_e)D + (p_e r_0 D)^2 / (4\alpha k)$$

假设条件 $\alpha k > (1 - \varphi) p_e Dr_0$ 的理由类似于 $k > p_e Dr_0$。定理4-2给出了节能效益分享情形下制造企业和节能服务公司的最优决策和最优利润，由定理4-2可得性质 4-2。

性质 4-2 节能效益分享情形，则：

（1）$\partial r_s^* / \partial p_e > 0$，$\partial r_s^* / \partial D > 0$，$\partial r_s^* / \partial r_0 > 0$ 和 $\partial r_s^* / \partial(\alpha k) < 0$；

（2）最优节能效益分享比例为常数；

（3）$\partial \prod_{ms}(\varphi^*) / \partial p_e < 0$，$\partial \prod_{ms}(\varphi^*) / \partial r_0 < 0$，$\partial \prod_{ms}(\varphi^*) / \partial(\alpha k) < 0$，$\partial \prod_{ms}(\varphi^*) / \partial D > 0$。

性质 4-2 表明，节能效益分享情形，最优单位产品预计节能量和制造企业最优利润具有与性质 4-1 相类似的性质。不同的是，此时制造企业通过设定最优的节能效益分享比例，激励节能服务公司设置最优的单位产品预计节能量。有趣的是最优节能效益分享比例为常数 1/2，这证实了五—五开往往是"分成"问题的最优解决方案（Hurwicz 和 Shapiro，1978）。同时制造企业获取一个 2 倍于节能服务公司的最优节能效益，即制造企业获得了一个先动优势。

下面回到第一阶段，即制造企业的最优节能方式选择。根据定理 4-1 和定理 4-2 得到性质 4-3。

性质 4-3 制造企业面临自我节能和节能效益分享两种节能方式，则：

（1）若 $p_e D r_0 / (2k) < \alpha < 1/2$，则 $r_b^* < r_s^*$，$\prod_{ms}(\varphi^*) > \prod_{mb}(r_b^*)$；

（2）若 $\alpha = 1/2$，则 $r_b^* = r_s^*$，$\prod_{ms}(\varphi^*) = \prod_{mb}(r_b^*)$；

（3）若 $1/2 < \alpha \leqslant 1$，则 $r_b^* > r_s^*$，$\prod_{ms}(\varphi^*) < \prod_{mb}(r_b^*)$。

性质 4-3 比较了两种节能方式下最优单位产品预计节能量和最优利润，对于制造企业的节能方式选择可用图 4.3 表示。

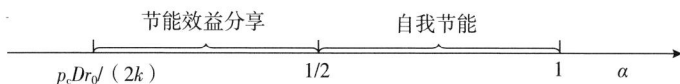

图 4.3 最优节能方式选择与节能投资成本系数比率的关系

从图 4.3 可以看出，节能服务公司与制造企业投资成本系数的比率是影响制造企业选择最优节能方式的关键因素。当节能服务公司与制造企业投资成本系数的比率较小时，如 $p_e D r_0 / (2k) < \alpha < 1/2$，制造企业的最优节能方式是节能效益分享，原因在于节能服务公司拥有一个较小的节能投资成本系数，通过提高单位产品预计节能量，从而产生更大的节能效益，虽然此时制造企业须与节能服务公司

分享节能效益，但制造企业仍能获得更多的利润，从而最优节能方式是节能效益分享。当 $\alpha = 1/2$ 时，制造企业选择两种节能方式无差异。反之，当节能服务公司与制造企业投资成本系数的比率较大时，如 $1/2 < \alpha < 1$，因为节能服务公司的投资成本优势并不明显，此时制造企业选择自我节能方式更优。

第四节　模型拓展

本节放松基本模型中的主要假设，将基本模型分别拓展到产品价格改变、需求不确定、实际节能量不确定三种情形，探讨其对前述研究结论的影响。

一、产品价格改变对最优决策的影响

用上标 E 表示产品价格改变的情形。设自我节能和节能效益分享情形时产品价格分别表示为 p_b^E、p_s^E，显然 $c < p_b^E < a/b$，$c < p_s^E < a/b$，其他假设类似于基本模型。

自我节能情形下，在单位产品实际节能量实现之前，制造企业同时做定价 p_b^E 和单位产品预计节能量 r_b^E 决策，最大化企业利润。制造企业的利润函数如下。

$$\prod_{mb}^{E}(p_b^E, r^E) = [p_b^E - c - (r_0 - r_b^E)p_e](a - bp_b^E) - k(r_b^E / r_0)^2 / 2 \qquad (4.8)$$

节能效益分享情形下，在单位产品实际节能量实现之前，制造企业首先做单位节能效益分享比例 φ^E 和定价 p_s^E 决策，最大化企业利润。制造企业的利润函数如下。

$$\prod_{ms}^{E}(\varphi^E, p_s^E) = (p_s^E - c - r_0 p_e + \varphi^E r_s^E p_e)(a - bp_s^E) \qquad (4.9)$$

随后节能服务公司做单位产品预计节能量 r_s^E 决策，最大化公司利润。利润函数如下。

$$\prod_{es}^{E}(r_s^E) = (1 - \varphi^E) r_s^E p_e (a - bp_s^E) - \alpha k(r_s^E / r_0)^2 / 2 \qquad (4.10)$$

求解自我节能情形下的优化模型，得到下面的定理4-3。

定理4-3　产品价格改变和自我节能情形下，假设 $k > p_e r_0 (a - bc)/2$，制造企业最优单位产品预计节能量和最优价格为：

$$r_b^{E*} = \frac{p_e r_0^2 (a - bc - bp_e r_0)}{2k - bp_e^2 r_0^2} \quad , \quad p_b^{E*} = \frac{k(a + bc + bp_e r_0) - abp_e^2 r_0^2}{b(2k - bp_e^2 r_0^2)}$$

制造企业最优利润为：

$$\prod\nolimits_{mb}^{E}(p_b^{E*}, r_b^{E*}) = k(a - bc - bp_e r_0)^2 / [2b(2k - bp_e^2 r_0^2)]$$

$k > p_e r_0 (a - bc)/2$ 保证了制造企业利润函数为联合凹函数且存在最优单位产品预计节能量的内解。定理 4-3 给出了产品价格改变情形制造企业采取自我节能方式时最优决策和最优利润。根据定理 4-3，对相应表达式求导可得性质 4-4。

性质 4-4 产品价格改变和自我节能情形，则：

（1）当 $k \leqslant (a - bc)^2 / (2b)$，则 $\partial r_b^{E*} / \partial p_e \geqslant 0$；

当 $k > (a - bc)^2 / (2b)$，若 $0 < p_e \leqslant p_{eb}^1$，则 $\partial r_b^{E*} / \partial p_e \geqslant 0$，

若 $p_{eb}^1 < p_e < (a - bc)/(br_0)$，则 $\partial r_b^{E*} / \partial p_e < 0$。

（2）当 $a \geqslant bc + 3bp_e r_0 / 2$，则 $\partial r_b^{E*} / \partial r_0 > 0$；

当 $a < bc + 3bp_e r_0 / 2$，若 $k \in (p_e r_0 (a - bc)/2, A_1]$，则 $\partial r_b^{E*} / \partial r_0 \geqslant 0$，

若 $k > A_1$，则 $\partial r_b^{E*} / \partial r_0 < 0$。

（3）$\partial r_b^{E*} / \partial a > 0$，$\partial r_b^{E*} / \partial k < 0$。

（4）$\partial \prod\nolimits_{mb}^{E}(p_b^{E*}, r_b^{E*}) / \partial p_e < 0$，$\partial \prod\nolimits_{mb}^{E}(p_b^{E*}, r_b^{E*}) / \partial r_0 < 0$，$\partial \prod\nolimits_{mb}^{E}(p_b^{E*}, r_b^{E*}) / \partial k < 0$，

$\partial \prod\nolimits_{mb}^{E}(p_b^{E*}, r_b^{E*}) / \partial a > 0$。

其中，$p_{eb}^1 = [2bk - \sqrt{2bk(2bk - (a - bc)^2)}] / [br_0(a - bc)]$，表示制造企业选择自我节能方式时较小的能源价格阈值，$A_1 = b^2 p_e^3 r_0^3 / [2(2bc + 3bp_e r_0 - 2a)]$。

性质 4-4 表明，最优利润与能源价格、初始能效、节能投资成本系数的关系与基本模型相同；然而最优单位产品预计节能量与能源价格、初始能效、节能投资成本系数的关系与基本模型有所不同。不同之处在于，当节能投资成本系数较大（$k > (a - bc)^2 / (2b)$）或潜在市场规模较小时（$a < bc + 3bp_e r_0 / 2$），最优单位产品预计节能量与能源价格（初始能效）关系不具有单调性。当节能投资成本系数较大（潜在市场规模较小）时，假定能源价格（初始能效）较小，制造企业设置一个较小的最优产品价格（当 $k > (a - bc)^2 / (2b)$ 时，对最优产品价格 p_b^{E*} 求导，易得 $\partial p_b^{E*} / \partial p_e > 0$、$\partial p_b^{E*} / \partial r_0 > 0$）和一个较大的最优单位产品预计节能量以保证获得一个较大的销售利润，这足以抑制增加的投资成本，使制造企业获得一个最优利润。当能源价格（初始能效）继续增大到一个阈值 p_{eb}^1（某个 r_{0b}^{thr}）之后，制造企业不得不设置一个较大的最优产品价格以保证一定的边际利润，但此时需求相应减少，制造企业为了获得最优利润，应设置一个较小的最优单位产品预计节能量，否则增加的投资成本会进一步损害制造企业的利润。

不同于基本模型，性质4-4揭示了与前面所证实直觉不同的结论，即当制造企业处在能源价格很高的环境（自身初始能效）很高时，设置一个更大的最优单位产品预计节能量并不总是有利的，其主要依赖于投资成本系数、潜在市场容量和能源价格（初始能效）三个因素。为了更加直观地显示性质4-4（2），令 $b = r_0 = 1$，$c = 0$，分别取 $a = 100$、$k = 10$（表示节能投资成本系数较小，潜在市场规模较大）和 $a = 10$、$k = 100$（表示节能投资成本系数较大，而潜在市场规模较小），将最优单位产品预计节能量与初始能效的关系显示在图4.4中。

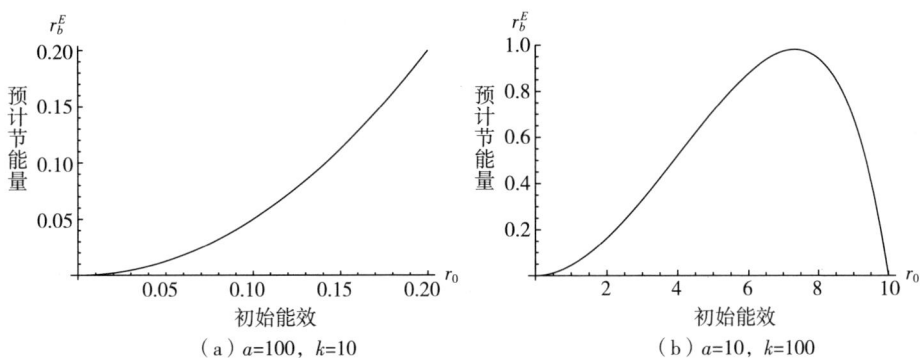

图 4.4　最优单位产品预计节能量与初始能效的关系

用逆向归纳法求解节能效益分享情形的博弈模型，得出定理4-4。

定理 4-4　产品价格改变和节能效益分享情形，假设 $\alpha k > (1 - 3\varphi^E + 3(\varphi^E)^2)bp_e^2 r_0^2$、$\alpha k > p_e r_0(a - bc)/4$、$\alpha k > (1 - \varphi^E)p_e(a - bp_s^E)r_0$，则：

（1）节能服务公司最优单位产品预计节能量和最优利润分别为：

$$r_s^{E*} = \frac{(a - bc - bp_e r_0)p_e r_0^2}{4\alpha k - bp_e^2 r_0^2}，\quad \prod{}_{es}^E(r_s^{E*}) = \frac{\alpha k(a - bc - bp_e r_0)^2 p_e^2 r_0^2}{(4\alpha k - bp_e^2 r_0^2)^2}$$

（2）制造企业最优单位节能效益分享比例 $\varphi^{E*} = 1/2$，最优价格和最优利润分别为：

$$p_s^{E*} = \frac{2\alpha k(a + bc + br_0 p_e) - abp_e^2 r_0^2}{4b\alpha k - b^2 p_e^2 r_0^2}，\quad \prod{}_{ms}^E\left(\frac{1}{2}, p_s^{E*}\right) = \frac{\alpha k(a - bc - bp_e r_0)^2}{b(4\alpha k - bp_e^2 r_0^2)}$$

定理4-4中的假设条件分别保证了制造企业利润函数为联合凹函数及存在最优单位产品预计节能量、最优价格的内解。定理4-4给出了价格内生情形两公司的最优决策和最优利润。由定理 4-4，类似于性质 4-4 的证明，对相应表达式求导可得性质 4-5。

性质 4-5 产品价格改变和节能效益分享情形，则：

（1）当 $ak \leqslant (a-bc)^2/(2b)$，$\partial r_s^{E*}/\partial p_e \geqslant 0$；

当 $ak > (a-bc)^2/(2b)$，若 $0 < p_e \leqslant p_{es}^1$，则 $\partial r_s^{E*}/\partial p_e \geqslant 0$，

若 $p_{es}^1 < p_e < (a-bc)/(br_0)$，则 $\partial r_s^{E*}/\partial p_e < 0$。

（2）当 $a \geqslant bc + 3bp_e r_0/2$ 时，$\partial r_s^{E*}/\partial r_0 > 0$；

当 $a < bc + 3bp_e r_0/2$，若 $\alpha k \in (p_e r_0(a-bc)/4, A_1/2)$，则 $\partial r_s^{E*}/\partial r_0 > 0$，

若 $\alpha k \geqslant A_1/2$，则 $\partial r_s^{E*}/\partial r_0 \leqslant 0$。

（3）$\partial r_s^{E*}/\partial a > 0$，$\partial r_s^{E*}/\partial k < 0$。

（4）$\partial \prod_{ms}^E (1/2, p_s^{E*})/\partial p_e < 0$，$\partial \prod_{ms}^E (1/2, p_s^{E*})/\partial r_0 < 0$，$\partial \prod_{ms}^E (1/2, p_s^{E*})/\partial(\alpha k) < 0$，$\partial \prod_{ms}^E (1/2, p_s^{E*})/\partial a > 0$。

其中，$p_{es}^1 = [2b\alpha k - \sqrt{2b\alpha k(2b\alpha k - (a-bc)^2)}]/[br_0(a-bc)]$，表示制造企业选择节能效益分享节能方式时较小的能源价格阈值。性质 4-5 表明，节能效益分享情形下，最优单位产品预计节能量和制造企业的最优利润与能源价格、初始能效和节能投资成本系数的关系与自我节能情形一致。

下面回到最优节能方式选择阶段。比较两种节能方式下单位产品最优预计节能量和制造企业的最优利润，得到下面的性质 4-6。

性质 4-6 产品价格改变情形下，假设 α 满足定理 4-4 的条件，制造企业面临自我节能和节能效益分享两种节能方式，则：

（1）若 $0 < \alpha < 1/2$，则 $p_b^{E*} > p_s^{E*}$，$r_b^{E*} < r_s^{E*}$，$\prod_{mb}^E (p_b^{E*}, r_b^{E*}) < \prod_{ms}^E (1/2, p_s^{E*})$；

（2）若 $\alpha = 1/2$，则 $p_b^{E*} = p_s^{E*}$，$r_b^{E*} = r_s^{E*}$，$\prod_{mb}^E (p_b^{E*}, r_b^{E*}) = \prod_{ms}^E (1/2, p_s^{E*})$；

（3）若 $1/2 < \alpha \leqslant 1$，则 $p_b^{E*} < p_s^{E*}$，$r_b^{E*} > r_s^{E*}$，$\prod_{mb}^E (p_b^{E*}, r_b^{E*}) > \prod_{ms}^E (1/2, p_s^{E*})$。

性质 4-6 表明，与基本模型相比，产品价格改变不会改变制造企业选择最优节能方式的决策。性质 4-6 的管理暗示是，一种节能方式优于另一种节能方式时，制造企业往往设置了一个相对较大的最优单位产品预计节能量和一个相对较小的最优价格，从而获得一个更大的节能效益。

二、需求不确定性对最优决策的影响

用上标 Q 表示需求不确定情形，其他假设类似于基本模型，因此此时需求

函数 $d = D + \varepsilon$，为了简化计算，假设随机变量服务均匀分布，即 $\varepsilon \sim U[-\theta, \theta]$，$s$ 表示未销售产品的单位库存成本，另外假设不产生缺货成本。自我节能情形下，在市场需求实现之前，制造企业同时做生产量 q_b^Q 和单位产品预计节能量 r_b^Q 决策，最大化企业期望利润。制造企业的利润函数如下。

$$\prod_{mb}^{Q}(q_b^Q, r_b^Q) = E\{p \min\{d, q_b^Q\} - c q_b^Q - (r_0 - r_b) p_e q_b^Q + s(q_b^Q - d)^+ - k(r_b^Q / r_0)^2 / 2 \} \quad (4.11)$$

节能效益分享情形下，制造企业首先做生产量 q_s^Q 和节能效益分享比例 φ^Q 的决策，最大化企业期望利润。利润函数如下。

$$\prod_{ms}^{Q}(q_s^Q, \varphi^Q) = E\{p \min\{d, q_s^Q\} - c q_s^Q - r_0 p_e q_s^Q + \varphi^Q r_s^Q p_e q_s^Q + s(q_s^Q - d)^+ \} \quad (4.12)$$

节能服务公司随后做单位产品预计节能量 r_s^Q 决策，最大化公司利润。利润函数如下。

$$\prod_{es}^{Q}(r_s^Q) = (1 - \varphi^Q) r_s^Q p_e q_s^Q - \alpha k (r_s^Q / r_0)^2 / 2 \quad (4.13)$$

在求解模型之前，类似于 Petruzzi 和 Dada（1999），做以下替换。

令 $z_i = q_i^Q - D$，$\Lambda(z_i) = \int_{-\theta}^{z_i}(z_i - \varepsilon) f(\varepsilon) d\varepsilon$，$\Theta(z_i) = \int_{z_i}^{\theta}(\varepsilon - z_i) f(\varepsilon) d\varepsilon$。

自我节能情形，求解相应模型得定理 4-5。

定理 4-5　需求不确定和自我节能情形，假设 $k > p_e^2 r_0^2 / [(p-s) f(z_b)]$ 且 $k > p_e (D + z_b) r_0$，则制造企业最优单位产品预计节能量和最优生产量分别为：

$r_b^{Q*} = p_e r_0^2 [(p-s)D + \theta B_1] / B_2$，　$q_b^* = \theta (2D p_e^2 r_0^2 + k B_1) / B_2 + D$，

制造企业最优利润为：

$$\prod_{mb}^{Q}(z_b^*, r_b^{Q*}) = [(p-s)(D^2 + \theta^2) p_e^2 r_0^2 + 2D(p-s)\delta_1 + 2k\theta\delta_2] / (2B_2)，$$

其中，$B_1 = p + s - 2(c + r_0 p_e)$，$B_2 = (p-s)k - 2\theta p_e^2 r_0^2$，$\delta_1 = k(p - c - p_e r_0) - \theta p_e^2 r_0^2$，$\delta_2 = c^2 - (p - p_e r_0)(p_e r_0 - s) - c(p + s - 2 p_e r_0)$。

定理 4-5 中的两个假设条件分别保证了制造企业利润函数的联合凹性和存在最优单位产品预计节能量的内解。定理 4-5 给出了需求不确定和自我节能情形下的制造企业的最优决策和最优利润。由定理 4-5，类似于性质 4-6 的证明，对相应表达式求导得出性质 4-7。

性质 4-7　需求不确定和自我节能情形，假设 $s = c = 0$，则：

（1）当 $p \geqslant 2 p_e r_0$，则 $\partial r_b^{Q*} / \partial \theta > 0$；

当 $p < 2 p_e r_0$，若 $p_e r_0 (D + \theta) < k < B_3$，则 $\partial r_b^{Q*} / \partial \theta > 0$，

若 $k \geqslant B_3$，则 $\partial r_b^{Q*} / \partial \theta \leqslant 0$。

（2）当 $k \leqslant (D+\theta)^2 / (2\theta)$ 时，则 $\partial r_b^{Q*} / \partial p_e \geqslant 0$；

当 $k > (D+\theta)^2 / (2\theta)$，假设 k 存在，若 $0 < p_e \leqslant p_{eb}^{Q1}$ 或 $p_e \geqslant p_{eb}^{Q2}$ 时，则 $\partial r_b^{Q*} / \partial p_e \geqslant 0$，

若 $p_{eb}^{Q1} < p_e < p_{eb}^{Q2}$，则 $\partial r_b^{Q*} / \partial p_e < 0$。

（3）当 $a \geqslant 3\theta p_e r_0 / p - (\theta - bp)$ 时，则 $\partial r_b^{Q*} / \partial r_0 > 0$；

当 $a < 3\theta p_e r_0 / p - (\theta - bp)$ 时，假设 k 存在，若 $p_e r_0 (D+\theta) < k < B_3$，则 $\partial r_b^{Q*} / \partial r_0 > 0$，

若 $k \geqslant B_3$，则 $\partial r_b^{Q*} / \partial r_0 \leqslant 0$。

（4） $\partial r_b^{Q*} / \partial a > 0$， $\partial r_b^{Q*} / \partial k < 0$。

（5） $\partial \prod_{mb}^Q (z_b^*, r_b^{Q*}) / \partial \theta < 0$， $\partial \prod_{mb}^Q (z_b^*, r_b^{Q*}) / \partial p_e < 0$， $\partial \prod_{mb}^Q (z_b^*, r_b^{Q*}) / \partial r_0 < 0$， $\partial \prod_{mb}^Q (z_b^*, r_b^{Q*}) / \partial a > 0$。

其中， $p_{eb}^{Q1} = [2\theta k - \sqrt{2\theta k (2\theta k - (D+\theta)^2)}] / [2\theta r_0 (D+\theta)]$ 表示制造企业选择自我节能方式时较小的能源价格阈值， $p_{eb}^{Q2} = [2\theta k + \sqrt{2\theta k (2\theta k - (D+\theta)^2)}] / [2\theta r_0 (D+\theta)]$ 另外一个较大的能源价格阈值， $B_3 = 2\theta^2 p_e^3 r_0^3 / [3p\theta p_e r_0 - p^2 (D+\theta)]$。

性质4-7给出了自我节能情形下最优单位产品预计节能量和最优利润与能源价格、初始能效、市场潜在容量和节能投资成本系数的关系，显然，关系与基本模型稍有不同，类似于制造企业可定价情形。下面主要关注需求不确定对制造企业最优单位产品和最优利润的影响。设 ε 的方差为 σ，则 $\sigma = \theta^2 / 3$。因此 θ 反映了需求不确定的大小，且 θ 和 σ 具有相同的单调性。性质4-7表明：当产品价格较高时（ $p \geqslant 2p_e r_0$ ），制造企业选择较大的最优单位产品预计节能量和最优生产数量（易证 $\partial q_b^{Q*} / \partial \theta > 0$ ），此时的销售利润足以补偿增加的期望库存成本和投资成本，因此制造企业可获得最优利润；当产品价格较小时（ $p < 2p_e r_0$ ），若投资成本系数相对于确定性需求 D 较小（ $k < B_3$ ），因为确定性需求相对较大，制造企业选择较大的生产数量（ $\partial q_b^{Q*} / \partial \theta > 0$ ），类似于前面的原因，因此制造企业设置一个较大的最优单位产品节能量，否则（ $k \geqslant B_3$ ），此时因为确定性需求相对较小，制造企业选择降低或维持生产数量（ $\partial q_b^{Q*} / \partial \theta \leqslant 0$ ），其销售利润不足以补偿相对快速增加的投资成本，因此，制造企业设置一个较小的最优单位产品节能量。性质4-7揭示了一个重要的管理启示，即当需求的不确定性增大时，与直觉相反，一味降低最优单位产品预计节能量并不一定有利，选择提高或者降低最优单位产品预计节能量，依赖于产品价格、投资成本系数和确定性需求三个因素。

对于需求不确定对制造企业最优利润的影响，性质 4-7 揭示了需求不确定的增大总是损害制造企业的最优利润。

求解节能效益分享情形下的博弈模型，得出定理 4-6。

定理 4-6 需求不确定和节能效益分享情形，假设 $\alpha k > (1-\varphi^Q) p_e (z_s + D) r_0$、$\alpha k > 2 p_e^2 r_0^2 [1 - 3\varphi^Q + 3(\varphi^Q)^2] / [(p-s) f(z_s)]$，则节能服务公司的最优单位产品预计节能量为：

$$r_s^{Q*} = p_e r_0^2 [(p-s) D + \theta B_1] / 2 B_4$$

制造企业的最优生产量和最优利润分别为：

$$q_s^* = \theta (D p_e^2 r_0^2 + \alpha k B_1) / B_4 + D$$

$$\prod_{ms}^Q (z_s^*, \varphi^{Q*}) = [(p-s)(D^2 + \theta^2) p_e^2 r_0^2 + 2D(p-s)\delta_3 + 4\alpha k \theta \delta_2] / (4 B_4)$$

其中，系数 $B_4 = (p-s)\alpha k - \theta p_e^2 r_0^2$，$\delta_3 = 2\alpha k(p - c - p_e r_0) - \theta p_e^2 r_0^2$。

定理 4-6 假设的理由类似于定理 4-5。将 αk 视为一个整体，类似于性质 4-7 的证明，得到下面的性质 4-8。

性质 4-8 需求不确定和节能效益分享情形，假设 $s = c = 0$，则：

（1）当 $p \geq 2 p_e r_0$ 时，则 $\partial r_s^{Q*} / \partial \theta > 0$；

当 $p < 2 p_e r_0$ 时，若 $p_e r_0 (D + \theta) / 2 < \alpha k < B_3 / 2$，则 $\partial r_s^{Q*} / \partial \theta > 0$，若 $\alpha k \geq B_3 / 2$，则 $\partial r_s^{Q*} / \partial \theta \leq 0$。

（2）当 $\alpha k \leq (D + \theta)^2 / (2\theta)$ 时，则 $\partial r_s^{Q*} / \partial p_e \geq 0$；

当 $k > (D + \theta)^2 / (2\theta)$，假设 αk 存在，若 $0 < p_e \leq p_{es}^{Q1}$ 或 $p_e \geq p_{es}^{Q2}$ 时，则 $\partial r_s^{Q*} / \partial p_e \geq 0$，

当 $p_{es}^{Q1} < p_e < p_{es}^{Q2}$，则 $\partial r_s^{Q*} / \partial p_e < 0$。

（3）当 $a \geq 3\theta p_e r_0 / p - (\theta - bp)$ 时，则 $\partial r_s^{Q*} / \partial r_0 > 0$；

当 $a < 3\theta p_e r_0 / p - (\theta - bp)$ 时，若 $p_e r_0 (D + \theta) / 2 < \alpha k < B_3 / 2$，则 $\partial r_s^{Q*} / \partial r_0 > 0$，若 $\alpha k \geq B_3 / 2$，则 $\partial r_s^{Q*} / \partial r_0 \leq 0$。

（4）$\partial r_b^{Q*} / \partial a > 0$，$\partial r_b^{Q*} / \partial k < 0$。

（5）$\partial \prod_{ms} (z_s^*, r_s^{Q*}) / \partial \theta < 0$，$\partial \prod_{ms} (z_s^*, r_s^{Q*}) / \partial p_e < 0$，$\partial \prod_{ms} (z_s^*, r_s^{Q*}) / \partial k < 0$，$\partial \prod_{ms} (z_s^*, r_s^{Q*}) / \partial a > 0$。

性质 4-8 表明，节能效益分享情形下，单位产品最优预计节能量和最优利润与能源价格、初始能效、市场潜在容量和节能投资成本系数的关系类似于自我节能情形。

根据定理 4-5 和定理 4-6，可得性质 4-9。

性质 4-9 需求不确定情形，假设 α 满足定理 4-6 的条件，制造企业面临自我节能和节能效益分享两种节能方式，则：

（1）若 $0 < \alpha < 1/2$，则 $q_s^* > q_b^*$，$r_s^{Q*} > r_b^{Q*}$，$\prod_{ms}^{Q}(z_s^*, 1/2) > \prod_{mb}^{Q}(z_b^*, r_b^{Q*})$；

（2）若 $\alpha = 1/2$，则 $q_s^* = q_b^*$，$r_s^{Q*} = r_b^{Q*}$，$\prod_{ms}^{Q}(z_s^*, 1/2) = \prod_{mb}^{Q}(z_b^*, r_b^{Q*})$；

（3）若 $1/2 < \alpha \leqslant 1$，则 $q_s^* < q_b^*$，$r_s^{Q*} < r_b^{Q*}$，$\prod_{ms}^{Q}(z_s^*, 1/2) < \prod_{mb}^{Q}(z_b^*, r_b^{Q*})$。

性质 4-9 表明，与基本模型相比，需求不确定不会对制造企业的最优节能方式选择产生影响，前一种节能方式优于后一种的原因在于，前者拥有一个更大的最优生产量和最优单位产品预计节能量，从而使制造企业获得更多的节能效益。

三、实际节能量不确定性对最优决策的影响

为了规避因实际节能量不确定性而产生的性能风险，制造企业引入第三者常见的节能方式——节能量保证（Guaranteed Savings，用下标 g 表示）。为了简化计算，假设 $\eta_s = \eta_g = \eta$ 且 $E(\eta_i) = 0$，因此，自我节能和节能效益分享两种情形取期望后与基本模型一致，相关结论仍然成立。下面建立节能量保证情形下的博弈模型。

在节能量保证情形下，整个项目依然分为合同谈判、项目建设和项目正式运行三个阶段。在合同谈判阶段，单位产品实际节能量 $r_g + \eta$ 实现之前，节能服务公司提出节能方案，制造企业考虑方案的经济性，首先做单位产品预计节能量 r_g 和单位保证系数服务价格 h（$h \geqslant 0$）决策，随后节能服务公司做预计节能量保证系数 λ（$0 \leqslant \lambda \leqslant 1$）决策，向制造企业保证 λr_g 的节能效果，为了简化问题，类似于其他两种节能方式，假设合同期（节能量保证期）T_g 为整个周期；在保证期内，节能服务公司向制造企业保证的节能效果，若保证节能量超过实际节能量（如 $\lambda r_g > r_g + \eta$），节能服务公司必须将实际节能量和保证节能量的差额效益补齐；在保证期末，制造企业向节能服务公司支付服务费用 $\rho a k (r_g / r_0)^2 / 2 + h\lambda$（$0 \leqslant \rho \leqslant 1$），服务费用由基本服务费用 $\rho a k (r_g / r_0)^2 / 2$ 和附加服务费用 $h\lambda$ 组成，基本服务费用（如工程前期咨询费，节能服务公司的合理利润）按 ρ 比例的项目投资额收取，其中，ρ 表示基本服务费用系数，假设 ρ 是外生的，不受两家企业控制，如法律规定，行规等，附加服务费用 $h\lambda$ 跟节能服

务公司的节能量保证系数有关，保证系数越大，附加服务费用越高（Bertoldi 和 Rezessy，2006），之后节能服务公司将整套节能系统转交给制造企业，制造企业独自运行节能系统。整个决策过程如图 4.5 所示。

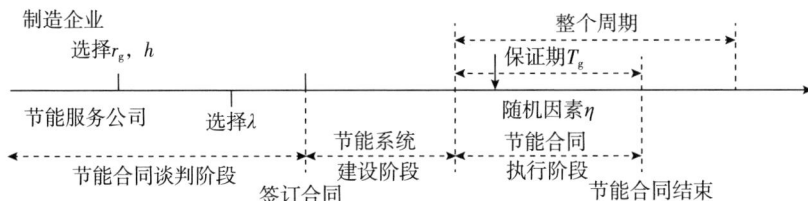

图 4.5　制造企业考虑节能量保证的决策过程

制造企业首先做单位产品预计节能量和单位保证系数服务价格决策，最大化制造企业期望利润。制造企业的利润函数如下：

$$\Pi_{mg}(r_g,h) = E\left\{[p-(c+(r_0-r_g-\eta)p_e)]D + (\lambda r_g - r_g - \eta)^+ p_e D - \left(\frac{\rho\alpha k r_g^2}{2r_0^2} + h\lambda\right) - \frac{\alpha k r_g^2}{2r_0^2}\right\} \quad (4.14)$$

利润函数式（4.14）由销售利润加上节能服务公司的补偿，减去服务费用和投资成本组成。

随后节能服务公司做预计节能量保证系数的决策，最大化期望利润。

$$\Pi_{eg}(\lambda) = (\rho\alpha k r_g^2/(2r_0^2) + h\lambda) - (\lambda r_g - r_g - \eta)^+ p_e D \quad (4.15)$$

利润函数式（4.15）由服务费用减去节能服务公司对制造企业的补偿组成。

在实际节能项目中，制造企业往往希望节能项目产生的节能效益能足够支付服务费用，因此，虽然制造企业做出单位产品预计节能量和单位保证系数价格两个决策的时间间隔很短，但制造企业往往在预计节能量决策之后再做单位保证系数服务价格决策。

为了简化计算，假设随机变量服从均匀分布，即 $\eta \sim U[-\beta,\beta]$（$\beta \geqslant 0$），用逆向归纳法求解上述博弈模型，可得定理 4-7。

定理 4-7　节能量保证情形，假设 $\alpha k > p_e D r_0/[(1+\rho)]$ 且 $p_e D r_g h \geqslant 2h$，制造企业单位保证系数最优服务价格、单位产品最优预计节能量分别为：

$$h^* = 0,\quad r_g^* = p_e D r_0^2/[\alpha k(1+\rho)],$$

制造企业的最优利润为：

$$\Pi_{mg}(r_g^*, h^*) = (p - c - r_0 p_e)D + (p_e D r_0)^2 / [2\alpha k(1+\rho)],$$

节能服务公司的最优节能量保证系数和最优利润分别为：

$$\lambda^* = 1 - \beta / r_g, \quad \Pi_{es}(\lambda^*) = \rho(p_e D r_0)^2 / [2\alpha k(1+\rho)^2]。$$

定理 4-7 中的两个假设分别保证最优单位产品预计节能量和单位保证系数服务价格的内解。$h^* = 0$ 表示制造企业没有动力刺激节能服务公司提供更高的节能量保证系数，提高单位保证系数价格会产生两方面的效果：一方面是增大了制造企业支付给节能服务公司的服务费用，对制造企业的利润产生损害；另一方面是增加了节能服务公司给予制造企业的违约补偿，对制造企业的利润产生积极影响，显然前者起支配作用。对于节能量保证情形下制造企业最优预计节能量和最优利润与初始能效、能源价格、市场需求和节能投资成本系数的关系与基本模型相同。

下面分析制造企业节能方式选择。根据定理 4-1、定理 4-2 和定理 4-7，得到性质 4-10。

性质 4-10 假设 α 满足定理 4-2 和定理 4-7 的条件，制造企业面临自我节能、节能效益分享和节能量保证三种节能方式，则：

（1）若 $0 < \alpha < 1/(1+\rho)$，则 $\Pi_{mg}(r_g^*, h^*) > \max\{\Pi_{mb}(r_b^*), \Pi_{ms}(\varphi^*)\}$；

（2）若 $\alpha = 1/(1+\rho)$，则 $\Pi_{mg}(r_g^*, h^*) = \Pi_{mb}(r_b^*) > \Pi_{ms}(\varphi^*)$；

（3）若 $1/(1+\rho) < \alpha \leq 1$，则 $\Pi_{mb}(r_b^*) > \max\{\Pi_{mg}(r_g^*, h^*), \Pi_{ms}(\varphi^*)\}$。

性质 4-10 可以用图 4.6 表示。

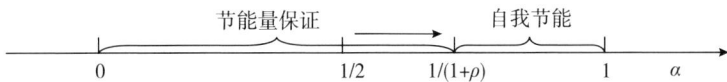

图 4.6　制造企业考虑节能量保证时的最优节能方式选择

从图 4.6 可以看出，当节能服务公司和制造企业的投资成本系数比率较小时，制造企业选择节能量保证节能方式最优，当节能投资成本系数比值超过阈值 $1/(1+\rho)$ 之后，制造企业选择自我节能方式最优；同时基本服务费用系数是最优节能方式选择区域大小的决定性因素，基本服务费用系数 ρ 越大，制造企业选择节能量保证节能方式的区域越小。与基本模型相比，引入节能量保证促使制造企业选择最优节能方式的行为产生了两方面的变化：一方面，在节能投资成本系数比值较小时，制造企业由选择节能效益分享节能方式转向选择节能量保证节能方式，从而获得一个更大的节能后期望利润，不同于以往从行业类别（Hopper等，2005）、市场的成熟度（Goldman等，2005）视角，直接从利润最大化视角解释了节能量保证节能方式在合同能源管理合同中占主导地位的现象；另一方面，因为节能效益分享节能方式和节能量保证节能方式均属于合同能源管理，引入第三种节能方式扩大了制造企业使用合同能源管理的范围。

第五节　研究结论与管理启示

本节对主要研究结论和管理启示进行归纳。具体如下：

（1）当产品价格不变、市场需求、实际节能量确定时，面临自我节能和节能效益分享两种节能方式，节能服务公司与制造企业投资成本系数的比率是影响制造企业选择最优节能方式的关键因素，当投资成本系数比率较小时，制造企业应选择节能效益分享，反之，当投资成本系数比率较大时，制造企业选择自我节能方式更优。前述结论表明，在此情形下，制造企业应确定节能服务公司与制造企业投资成本系数的比率，并依前面结论进行最优节能方式选择。

（2）产品价格改变和需求不确定性对制造企业的最优节能方式选择不会产生影响。前述结论表明，当制造企业对产品进行重新定价或面临需求不确定性环境时，仍遵循（1）中的结论进行最优节能方式的选择。

（3）当实际节能量不确定时，制造企业引入了第三种节能方式（节能量保证）后，产生了两方面的变化：一是在节能投资成本系数比率较小时，制造企业由选择节能效益分享转向选择节能量保证；二是扩大了制造企业使用合同能源管理的范围。前述结论表明，当制造企业面临实际节能量不确定时，可引入节能量保证节能方式。此时，制造企业选择最优节能方式仍要重点确定节能服务公司与制造企业投资成本系数的比率，但需注意的是，当节能投资成本系数比率较小时，制造企业应选择节能量保证节能方式。

第六节　小结

　　本章通过建立自我节能和节能效益分享两种节能方式下的数学模型，探讨了单位产品节能量可调整情形下制造企业最优节能方式选择问题，进一步通过数学模型分析了产品价格改变、需求不确定和单位产品节能量不确定对制造企业最优节能方式选择的影响。研究结论为制造企业管理人员确定此情形下的最优节能方式提供了决策依据，也为企业管理人员明晰产品价格改变、需求不确定和单位产品节能量不确定对最优节能方式选择的影响提供了理论指导。然而，本章的研究结论依赖于一个重要的假设，即没有考虑节能的间接受益。在现实中，虽然节能的间接收益难以计算，但诸多的节能项目中节能的间接收益往往大于节能的直接收益。因此，研究此背景下制造企业的节能方式选择是一个非常重要的问题。

第五章 节能间接收益情形下制造企业节能方式选择

第一节 引言

前两章有一个重要的假设，即没有考虑节能的间接收益。现实中，节能不仅给制造企业带来降低能源成本这一直接收益，而且会给制造企业带来提高生产率、增加企业声誉等一系列间接收益（Pye 等，2000；Worrell 等，2003；Larsen 等，2012）。诸多节能项目表明，企业能效提高所带来的间接收益往往超过节约能源成本这个直接收益（Pye 等，2000）。在此背景下，制造企业的管理人员面临如下挑战：一是考虑节能间接收益时如何科学确定最优节能方式，以避免节能方式选择失误给企业带来损失。二是在考虑节能间接收益时，给定节能方式下提高单位产品节能量是否总是对企业有利。三是节能间接收益对企业选择最优节能方式是否会产生影响。从相关研究来看，还需进一步深化：一是虽然学者提到并证实了节能所带来的间接收益往往超过节能的直接收益，但并未应用定量方法构建节能间接收益情形下制造企业最优节能方式选择理论，亟须引入定量方法研究相关理论；二是在给定节能方式下，未明确考虑节能间接收益时是否应该提高单位产品节能量，亟须揭示节能间接收益情形下单位产品节能量的设置方法；三是未分析节能影响生产成本中的非能源成本、节能信息缺乏是否会对制造企业的最优节能方式选择产生影响，亟须明晰两者与最优节能方式选择的关系。基于此动机，本章研究如下科学问题：①在节能间接收益情形下，一家完全垄断制造企业如何选择最优节能方式？②在给定节能方式下，制造企业和节能服务公司如何设定最优的单位产品节能量？③节能影响生产成本中的非能源成本、节能信息缺乏对制造企业的最优节能方式选择是否会产生影响？为回答以上三个研究问题，本章在定量刻画节能间接收益前提下，分别建立了自我节能优化模型和节能效益分享博弈模型，通过模型分析，探讨节能间接收益情形下一家完全垄断制造企业最优节能方式选择及给定节能方式下最优单位产品节能量的设置问题。其次，分别讨论了节能影响生产成本中的非能源成本、节能信息缺乏对最优节能方式选择的影响。

本章主要贡献如下：一是构建了节能间接收益情形下制造企业最优节能方式选择理论，并提出一个制造企业最优节能方式选择的分析框架；二是提供了节能间接收益时给定节能方式下最优单位产品节能量的设置方法；三是揭示了节能影响生产成本中的非能源成本、节能信息缺乏对最优节能方式选择不存在影响。

本章余下内容如下：第二节对问题进行描述并建立自我节能和节能效益分享两种节能方式情形下的数学模型；模型分析放在第三节；第四节进行数值分析；第五节对模型假设进行了一些讨论并提出了一个关于制造企业最优节能方式选择的分析框架；第六节对本章的研究结论和管理启示进行总结；最后一节对本章进行小结。

第二节　问题描述

类似于前两章，考虑完全垄断环境下一家制造企业（Manufacturer，用下标 m 表示）计划节能，且不能忽略节能间接收益，制造企业做两阶段决策。第一阶段，面临自我节能（Self-saving，用下标 b 表示）和节能效益分享（Shared savings，用下标 s 表示）两种节能方式，假设两种节能系统均具有一个单位的生命周期，比较两种节能方式下的最优利润，制造企业做最优节能方式选择。第二阶段，假设制造企业生产一种产品且其市场需求为确定性需求 $D(D>0)$；另外为了避免琐碎的讨论，假设节能之前制造企业的边际利润为正，即 $p>c+r_0 p_e$，其中 c 表示单位产品的非能源成本，p_e 表示能源价格，r_0 表示节能之前制造企业单位产品初始能效（如标准煤／单位）；自我节能情形下，制造企业权衡投资成本和收益，做单位产品节能量的决策，最大化自身利润；节能效益分享情形下，类似于本书第四章的假设，制造企业和节能服务公司（Energy service company，用下标 e 表示）风险中性，信息完全对称，参与约束均为 0，两企业进行斯坦科尔伯格博弈，且制造企业作为领导者，首先做单位节能效益分享比例决策，最大化自身利润，节能服务公司作为追随者，做单位产品预计节能量的决策，最大化自身利润。

　　投资成本假设类似于第四章，下面仅对节能间接收益进行刻画。

　　企业节能效果越好，得到的节能间接收益往往越多。实际中常用单位产品节能率来衡量节能的有效程度，类似于 Xiao 和 Gaimon（2013），假设节能间接收益为 $f_0(r_i/r_0)^{f_i}$，其中 r_i（$0 \leqslant r_i < r_0$）表示单位产品的节能量，r_i/r_0 表示单位产品的节能率，$r_i < r_0$ 表示单位产品的节能量要小于初始能效，即在现实中，不管节能系统如何先进，生产产品总不可避免地要耗费一些能源，如照明、动力等；$f_0 \geqslant 0$ 表示将节能效果转换为节能间接收益的一个转换系数，其大小反映了制造企业从节能间接收益获利的程度，称之为节能效果转换系数，其中 $f_0 = 0$ 表示制造企业没有从节能间接效益获利，如企业不考虑节能间接效益或节能间接效益太小而忽略不计，用下标 no 表示；$f_i \in [0, 1]$ 表示节能间接收益的回报系数，$f_i = 0$ 表示回报系数极小且节能间接收益与节能效果无关，用下标 sma 表示，$f_i \in [0, 1]$ 表示边际间接收益递减，$f_i = 1$ 表示回报系数较大且节能间接收益与节能效果成正比，如企业多个节能项目同时进行或一个节能项目在集团企业的多个分公司同时执行，用下标 big 表示；$i = b, s$ 分别表示制造企业选择自我节能和节能效益分享节能方式。此假设与诸多涉及生产外包文献 Gray 等（2009）、Xiao 和 Gaimon（2013）的研究不同，相关文献一般假设企业通过内部生产能获得一个生产经验，从而产生学习效应，反之，由于生产外包企业进行，则失去积累生产经验的机会。这里的实际背景有所不同，无论制造企业选择哪种节能方式，节能项目一般都在内部进行，制造企业均能获得学习机会，虽然制造企业选择自我节能可能会积累更多的节能经验，但制造企业选择节能效益分享节能方式也可能获得节能服务公司相对先进的节能技术或设备的优势，据此没有规定 f_b 和 f_s 的相对大小。模型的主要假设、参数和决策变量分别总结在表 5.1 和表 5.2 所示。

表 5.1 模型的主要假设

假设 1	制造企业处于完全垄断地位
假设 2	需求为确定性需求；产品零售价格不变
假设 3	制造企业和节能服务公司均追求利润最大化
假设 4	制造企业和节能服务公司风险中性，信息完全对称
假设 5	制造企业和节能服务公司进行斯坦科尔伯格博弈且制造企业作为领导者

表 5.2 模型参数和决策变量

决策变量	
r_b	节能间接收益回报系数一般情形，制造企业选择自我节能方式时的单位产品节能量
r_s	节能间接收益回报系数一般情形，制造企业选择节能效益分享节能方式时的单位产品节能量
φ	节能间接收益回报系数一般情形，制造企业选择节能效益分享节能方式时的节能效益分享比例
$r_{i,j}$	j 情形，制造企业选择 i 节能方式时的单位产品节能量
φ_j	j 情形，制造企业选择节能效益分享节能方式时的节能效益分享比例
模型参数	
p	产品的零售价格
c	单位生产成本中的非能源成本
r_0	单位产品的初始能效
p_e	能源价格
D	市场需求
f_0	节能间接收益转换系数
f_i	节能间接收益回报系数
k	投资成本系数
T_s	节能效益分享期
t	节能之前制造企业的总能源成本
A	节能之前制造企业的利润

续表

模型参数	
ε	节能间接收益转换系数的干扰因素
$\Pi_{mb}(r_b)$	制造企业选择自我节能方式时的利润
$\Pi_{ms}(\varphi)$	制造企业选择节能效益分享节能方式时的利润
$\Pi_{es}(r_s)$	制造企业选择节能效益分享节能方式时节能服务公司的利润

注：下标 $i=b, s$ 分别表示制造企业选择自我节能方式和节能效益分享，$j=no, sma, big$ 分别表示不考虑节能间接收益（$f_0=0$）、节能间接收益回报系数较小（$f_i=0$）、节能间接回报系数较大三种情形（$f_i=1$）。

下文将分别建立自我节能和节能效益分享情形下的数学模型。

一、节能间接收益情形下自我节能优化模型

自我节能情形，制造企业常需要对企业中的能源成本进行审计，将能源成本从总成本中剥离，以此为基础考虑节能项目的经济性。如西门子的能源管理方法基于识别、评估和实现三个步骤，在识别阶段，对企业进行能源审计，以发现潜在的节能点，文献中也常使用这种方法（Xiao 和 Gaimon，2013）。因此，如前文所述，将单位产品的生产成本分解成能源成本和不包括能源成本的生产成本（称之为非能源成本），制造企业做单位产品节能量 r_b 决策，最大化利润。故节能间接收益情形下自我节能优化模型如下：

$$\text{Max } \Pi_{mb}(r_b) = [p - c - (r_0 - r_b)p_e]D + f_0(r_b/r_0)^{f_b} - k(r_b/r_0)^2/2 \qquad (5.1)$$

$$\text{s.t. } 0 \leqslant r_b < r_0 \qquad (5.2)$$

目标利润函数式（5.1）的第一项表示制造企业的销售利润，第二项表示节能间接收益，第三项表示投资成本；约束条件式（5.2）表示单位产品节能量不超过初始能效。

二、节能间接收益情形下节能效益分享博弈模型

类似于第四章，节能效益分享情形，制造企业首先确定单位节能效益分享比例 φ（$0 \leqslant \varphi \leqslant 1$），节能服务公司随后做单位产品节能量 r_s 决策，各自最大化自身利润。假设制造企业和节能服务公司约定分享期为 T_s 期，在分享期 T_s（$0 \leqslant T_s \leqslant 1$）内，制造企业和节能服务公司按照单位节能效益分享比例分享实

际节能收益，因此分享期内单位产品生产成本为 $c+(r_0-\varphi r_s)p_e$，分享期 T_s 结束后，制造企业独享节能效益，直到周期末。为了使问题简化，假设分享期 $T_s=1$，即制造企业和节能服务公司在节能系统整个生命周期内均分享节能效益（容易证明，当分享期变短，节能服务公司可以调高节能效益分享比例获得同样的最优利润，反之亦然，即假设对制造企业的最优节能方式选择决策没有影响）。另外，假设节能服务公司无法获得节能间接收益，理由是诸多间接收益无法在节能合同中具体量化，如减少的劳动力成本、维修费用、提高的产品质量和改善的工作环境等。

制造企业首先做节能效益分享比例 φ 的决策，最大化自身利润。模型如下：

$$\text{Max } \Pi_{ms}(\varphi)=\left[p-(c+(r_0-\varphi r_s)p_e)\right]D+f_0(r_s/r_0)^{f_s} \tag{5.3}$$

$$\text{s.t. } \Pi_{es}(r_s)\geqslant 0,\ 0\leqslant \varphi<1 \tag{5.4}$$

目标利润函数式（5.3）等于边际利润乘以市场需求，加上节能间接收益，与目标函数式（5.1）的区别是此时制造企业无须投入节能成本，约束条件式（5.4）的意义分别表示节能服务公司的参与约束及单位节能效益分享比例取值范围。

节能服务公司随后做单位产品节能量 r_s 决策，最大化自身利润。模型如下：

$$\text{Max } \Pi_{es}(r_s)=(1-\varphi)r_sP_eD-\alpha k(r_s/r_0)^2/2 \tag{5.5}$$

$$\text{s.t. } 0\leqslant r_s<r_0 \tag{5.6}$$

目标利润函数式（5.5）等于分享来的能源节约收益减去节能投资成本，约束条件式（5.6）类似于约束条件式（5.2）。

第三节　模型分析

首先分析给定节能方式下各公司的最优决策，其次分析制造企业的最优节能方式选择。

一、制造企业和节能服务公司的最优决策

首先求解节能间接收益情形下自我节能优化模型，得出定理 5-1。

定理 5-1　自我节能情形，假设最优单位产品节能量 $r_{b,no}^* < r_0$，则其满足条件：

$$p_e D - k r_{b,no}^* / r_0^2 + f_0 f_b r_0^{-f_b} r_{b,no}^{*(f_b-1)} = 0$$

制造企业的最优利润为 $\prod_{mb}(r_{b,no}^*)$。

定理 5-1 给出了自我节能情形下制造企业的最优单位产品预计节能量和最优利润。令 $A = (p - c - r_0 p_e)D$，$f_0 = f_b = 0$、$f_b = 1$，由定理 5-1 得到下面的推论 5-1~推论 5-3。

推论 5-1　自我节能情形，若 $f_0 = 0$ 且 $k > p_e D r_0$，则制造企业的最优单位产品节能量和最优利润分别为：

$$r_{b,no}^* = p_e D r_0^2 / k，\quad \prod_{mb}(r_{b,no}^*) = A + (p_e D r_0)^2 / (2k)$$

$k > p_e D r_0$ 保证存在内解 $r_{b,no}^*$，即 $r_{b,no}^* \in (0, r_0)$。

推论 5-2　自我节能情形，若 $f_b = 0$ 且 $k > p_e D r_0$，则制造企业的最优单位产品节能量和最优利润分别为：

$$r_{b,sma}^* = p_e D r_0^2 / k，\quad \prod_{mb}(r_{b,sma}^*) = A + (p_e D r_0)^2 / (2k) + f_0$$

$k > p_e D r_0$ 保证存在内解 $r_{b,sma}^*$。

推论 5-3　自我节能情形，若 $f_b = 1$ 且 $k > p_e D r_0 + f_0$，则制造企业的最优单位产品节能量和最优利润分别为：

$$r_{b,big}^* = (p_e D r_0 + f_0) r_0 / k，\quad \prod_{mb}(r_{b,big}^*) = A + (p_e D r_0 + f_0)^2 / (2k)$$

$k > p_e D r_0 + f_0$ 保证 $r_{b,big}^*$ 存在内解。由推论 5-1~推论 5-3 可得下面的性质 5-1。

性质 5-1　自我节能情形，则：

（1）$r_{b,no}^* = r_{b,sma}^* < r_{b,big}^*$；

（2）$\prod_{mb}(r_{b,no}^*) < \prod_{mb}(r_{b,sma}^*) < \prod_{mb}(r_{b,big}^*)$。

性质 5-1 表明，与不考虑间接效益相比，当制造企业考虑节能间接收益时，其可获得一个不低于前者的最优单位产品节能量，从而获得一个更高的节能效益，从理论上验证了文献 Pye 等（2000）；Worrell 等（2003）所提到的实证结果，即如果将节能间接收益计算在节能收益之内，将提高制造企业的节能动力。

而后，求解节能效益分享节能方式情形下的博弈模型，得到定理 5-2。

定理 5-2　节能效益分享情形，假设 $r_s^* < r_0$ 且 $0 \leqslant \varphi^* < 1$，则最优单位产品节能量 r_s^* 和最优节能效益分享比例 φ^* 满足下列条件：

（1）$(1-2\varphi^*)(p_e r_0 D)^2/\alpha k - f_0 f_s r_0^{-fs}[p_e D r_0^2/\alpha k]^{fs}(1-\varphi^*)^{(fs-1)}=0$；

（2）$r_s^* = (1-\varphi^*)p_e D r_0^2/(\alpha k)$。

制造企业和节能服务公司的最优利润分别为 $\prod_{ms}(\varphi^*)$ 和 $\prod_{es}(r_s^*)$。

定理5-2给出了节能效益分享情形下最优单位产品预计节能量、最优节能效益分享比例和最优利润。令 $f_0=f_s=0$、$f_s=1$，由定理5-2得到下面的推论5-4~推论5-6。

推论5-4 节能效益分享情形，若 $f_0=0$ 且 $\alpha k>(1-\varphi_{ini})p_e D r_0$，则：

（1）节能服务公司单位产品最优预计节能量和最优利润分别为：

$$r_{s,no}^* = p_e D r_0^2/(2\alpha k)，\quad \prod_{es}(r_{s,no}^*) = (p_e r_0 D)^2/(8\alpha k)$$

（2）制造企业最优节能效益分享比例 $\varphi_{no}^*=1/2$，最优利润为：

$$\prod_{ms}(\varphi_{no}^*) = A + (p_e r_0 D)^2/(4\alpha k)$$

$\alpha k>(1-\varphi_{ini})p_e D r_0$ 保证存在内解 $r_{s,no}^*$。

推论5-5 节能效益分享情形，若 $f_s=0$ 且 $\alpha k>(1-\varphi_{sma})p_e D r_0$，则：

（1）节能服务公司单位产品最优预计节能量和最优利润分别为：

$$r_{s,sma}^* = p_e D r_0^2/(2\alpha k)，\quad \prod_{es}(r_{s,sma}^*) = (p_e r_0 D)^2/(8\alpha k)$$

（2）制造企业最优节能效益分享比例 $\varphi_{sma}^*=1/2$，最优利润为：

$$\prod_{ms}(\varphi_{sma}^*) = A + (p_e r_0 D)^2/(4\alpha k) + f_0$$

$\alpha k>(1-\varphi_{sma})p_e D r_0$ 保证存在内解 $r_{s,sma}^*$。

推论5-6 节能效益分享情形，若 $f_s=1$、$\alpha k>(1-\varphi_{big})p_e D r_0$ 且 $p_e D r_0 \geq f_0$，则：

（1）节能服务公司单位产品最优预计节能量和最优利润分别为：

$$r_{s,big}^* = (p_e D r_0 + f_0)r_0/(2\alpha k)，\quad \prod_{es}(r_{s,big}^*) = (p_e D r_0 + f_0)^2/(8\alpha k)$$

（2）制造企业最优节能效益分享比例和最优利润分别为：

$$\varphi_{big}^* = 1/2 - f_0/(2p_e D r_0)，\quad \prod_{ms}(\varphi_{big}^*) = A + (p_e D r_0 + f_0)^2/(4\alpha k)$$

$\alpha k>(1-\varphi_{big})p_e D r_0$ 保证存在内解 $r_{s,big}^*$、$p_e D r_0 \geq f_0$ 保证最优节能效益分享比例不为负数。由推论5-4~推论5-6可得下面的性质5-2。

性质5-2 节能效益分享情形，则：

（1）$r_{s,no}^* = r_{s,sma}^* < r_{s,big}^*$；

（2）$\varphi_{no}^* = \varphi_{sma}^* > \varphi_{big}^*$；

（3）$\prod_{ms}(\varphi_{no}^*) < \prod_{ms}(\varphi_{sma}^*) < \prod_{ms}(\varphi_{big}^*)$；

（4）$\prod_{es}(r_{s,no}^{*}) = \prod_{es}(r_{s,sma}^{*}) < \prod_{es}(r_{s,big}^{*})$。

性质 5–2 表明，与不考虑间接效益相比，当考虑节能间接收益时，制造企业通过给予节能服务公司不低于前者或更大的最优节能效益分享比例，刺激节能服务公司提高最优单位产品节能量，从而使两家企业均获得一个更大的节能效益，性质 5–2 揭示了一个重要的管理暗示，即考虑间接效益使得两家企业都受益，不仅可以提高制造企业的节能动力，而且可以提高节能服务公司的节能动力。

总结两种节能方式下两家企业的最优决策和制造企业的最优利润，如表 5.3 所示。

表 5.3　两种节能方式情形下企业最优决策和最优利润（$f_0 > 0$ 且 $f_i = 0$ 或 1）

			自我节能（b）	节能效益分享（s）
不考虑节能间接收益（$f_0 = 0$，用下标 no 表示）		$r_{i,no}^{*}$	$p_e Dr_0^2 / k$	$(p_e Dr_0^2)/(2\alpha k)$
		φ_{no}^{*}	—	$1/2$
		$\prod_{mi}(r_{i,no}^{*})$	$A + (p_e Dr_0)^2/(2k)$	$A + (p_e r_0 D)^2/(4\alpha k)$
		可行条件	$k > p_e Dr_0$	$\alpha k > (1 - \varphi_{no}^{*})p_e Dr_0$
考虑节能间接收益（$f_0 > 0$）	间接收益回报系数较小（$f_i = 0$，用下标 sma 表示）	$r_{i,sma}^{*}$	$p_e Dr_0^2 / k$	$p_e Dr_0^2 /(2\alpha k)$
		φ_{sma}^{*}	—	$1/2$
		$\prod_{mi}(r_{i,sma}^{*})$	$A + (p_e Dr_0)^2/(2k) + f_0$	$A + (p_e r_0 D)^2/(4\alpha k) + f_0$
		可行条件	$k > p_e Dr_0$	$\alpha k > (1 - \varphi_{sma}^{*})p_e Dr_0$
	间接收益回报系数较大（$f_i = 1$，用下标 big 表示）	$r_{i,big}^{*}$	$(p_e Dr_0 + f_0)r_0 / k$	$(p_e Dr_0 + f_0)r_0 /(2\alpha k)$
		φ_{big}^{*}	—	$1/2 - f_0/(2p_e Dr_0)$
		$\prod_{mi}(r_{i,big}^{*})$	$A + (p_e Dr_0 + f_0)^2/(2k)$	$A + (p_e Dr_0 + f_0)^2/(4\alpha k)$
		可行条件	$k > p_e Dr_0 + f_0$	$\alpha k > (1 - \varphi_{big}^{*})p_e Dr_0, \ p_e Dr_0 \geqslant f_0$

注：$A = (p - c - r_0 p_e)D$；$r_{i,j}^{*}$ 表示最优单位产品节能量，φ_j^{*} 表示最优节能效益分享比例，$\prod_{mi}(r_{i,j}^{*})$ 表示制造企业的最优利润；下标 $i = b, s$ 分别表示制造企业选择自我节能方式和节能效益分享节能方式，$j = no, sma, big$ 分别表示不考虑节能间接收益（$f_0 = 0$）、考虑节能间接收益且节能间接收益回报系数较小（$f_0 > 0$ 且 $f_i = 0$）、考虑节能间接收益且节能间接回报系数较大（$f_0 > 0$ 且 $f_i = 1$）三种情形。

二、制造企业的最优节能方式选择

回到第一阶段，即制造企业的最优节能方式选择。因为以不考虑节能间接收益为基准，根据第四章的结论，直接写出不考虑节能间接收益（$f_0 = 0$）情形下的节能方式选择理论，即性质5-3。

性质5-3 制造企业面临自我节能和节能效益分享两种节能方式，若 $f_0 = 0$，则：

（1）若 $t/(2k) < \alpha < 1/2$，则 $r_{s,no}^* > r_{b,no}^*$，$\prod_{ms}(\varphi_{no}^*) > \prod_{mb}(r_{b,no}^*)$；

（2）若 $\alpha = 1/2$，则 $r_{s,no}^* = r_{b,no}^*$，$\prod_{ms}(\varphi_{no}^*) = \prod_{mb}(r_{b,no}^*)$；

（3）若 $1/2 < \alpha \leq 1$，则 $r_{s,no}^* < r_{b,no}^*$，$\prod_{ms}(\varphi_{no}^*) < \prod_{mb}(r_{b,no}^*)$。

性质5-3比较了制造企业不考虑节能间接收益，两种节能方式下的最优单位产品节能量和最优利润。对于制造企业的最优节能方式选择可用图5.1表示。

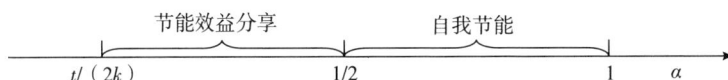

图5.1 节能方式选择决策与节能投资成本系数比率的关系（$f_0 = 0$）

从图5.1可以看出，当投资成本系数的比率较小时，制造企业的最优节能方式是节能效益分享；反之，此时制造企业选择自我节能方式更优。具体的原因可以参考第四章的解释。性质5-3证实了一种直觉，即节能服务公司与制造企业投资成本系数的比率是影响制造企业选择节能方式的关键因素。

下面讨论节能间接收益（$f_0 > 0$）情形下制造企业节能方式选择。因为一般情形下制造企业的利润函数比较复杂，难以直接得出最优节能方式选择的管理暗示。因此首先考虑节能间接收益回报系数为极端（$f_i = 0$ 或 1）情形时的制造企业最优节能方式选择，其次对间接收益回报系数为一般情况（$f_b \neq f_s \in (0,1)$）进行讨论。

（1）$f_b = f_s$（0 或 1）情形。

此时制造企业选择两种节能方式具有相同的间接收益回报系数，即 $f_b = f_s = 0$ 或 1，易得下面的性质5-4。

性质5-4 制造企业面临自我节能和节能效益分享两种节能方式，若 $f_0 > 0$ 且 $f_b = f_s$（0 或 1），则制造企业最优节能方式选择与不考虑节能间接效益情形一致。

性质 5–4 表明，当制造企业考虑节能间接效益，若两种节能方式情形节能间接收益回报系数相同，则不会改变制造企业的最优节能方式选择，原因在于相同的节能间接收益回报系数，导致对制造企业最优利润的贡献也相等。

（2）$f_b > f_s$（$f_b = 1$，$f_s = 0$）情形。

此时制造企业考虑节能间接收益且自我节能方式下的收益回报系数大于节能效益分享情形下的收益回报系数，容易得下面的性质 5–5 和性质 5–6。

性质 5–5　制造企业面临自我节能和节能效益分享两种节能方式，若 $f_0 > 0$ 且 $f_b > f_s$（$f_b = 1$，$f_s = 0$），则：

①若 $t/(2k) < \alpha < t/[2(t+f_0)]$，则 $r_{s,sma}^* > r_{b,big}^*$；

②若 $\alpha = t/[2(t+f_0)]$，则 $r_{s,sma}^* = r_{b,big}^*$；

③若 $t/[2(t+f_0)] < \alpha \leqslant 1$，则 $r_{s,sma}^* < r_{b,big}^*$。

性质 5–5 表明，当自我节能方式下的收益回报系数大于节能效益分享情形下的收益回报系数时，相应节能方式下的单位产品节能量大小取决于两种节能方式下的投资成本系数比率。

性质 5–6　制造企业面临自我节能和节能效益分享两种节能方式，若 $f_0 > 0$ 且 $f_b > f_s$（$f_b = 1$，$f_s = 0$），则：

①假设 $t \leqslant \sqrt{2}f_0$，当 $k > t + f_0$ 且 $t/(2k) < \alpha \leqslant 1$，$\Pi_{ms}(\varphi_{sma}^*) > \Pi_{mb}(r_{b,big}^*)$；

②假设 $t > \sqrt{2}f_0$，则：

（i）当 $k > [2(t+f_0)^2 - t^2]/(4f_0)$ 且 $t/(2k) < \alpha \leqslant 1$，$\Pi_{ms}(\varphi_{sma}^*) > \Pi_{mb}(r_{b,big}^*)$；

（ii）当 $t + f_0 < k \leqslant [2(t+f_0)^2 - t^2]/(4f_0)$，则：

（a）若 $t/(2k) < \alpha < t^2/[2(t+f_0)^2 - 4kf_0]$，则 $\Pi_{ms}(\varphi_{sma}^*) > \Pi_{mb}(r_{b,big}^*)$；

（b）若 $\alpha = t^2/[2(t+f_0)^2 - 4kf_0]$，则 $\Pi_{ms}(\varphi_{sma}^*) = \Pi_{mb}(r_{b,big}^*)$；

（c）若 $t^2/[2(t+f_0)^2 - 4kf_0] < \alpha \leqslant 1$，则 $\Pi_{ms}(\varphi_{sma}^*) < \Pi_{mb}(r_{b,big}^*)$。

性质 5–6 比较了考虑节能间接收益且自我节能情形下的回报系数大于节能效益分享情形下的回报系数时制造企业的最优利润。性质 5–6（a）表明，当制造企业总能源成本相对于节能间接收益回报系数小于一个阈值（$\sqrt{2}f_0$）时，此时对制造企业最优利润起支配作用的是节能间接收益，因为自我节能情形下的回报系数大于节能效益分享情形下的回报系数，故后者所获得节能间接收益要多，从而制造企业选择节能效益分享节能方式总是有利的。当制造企业总能源成本达到一定规模时，如性质 5–6（b）所示，此时对制造企业最优利润起支配作用的是节能间接收益和节能直接利润（节能直接收益减去投资成本）。当投资成本系数较大时，制造企业选择节能效益分享节能方式均具有很大的成本优势，从而能同时获得更大的节能直接利润和节能间接收益，从而制造企业的最优选择是节能效益分享节能方式。当制造企业投资成本系数处于中间值时，制造企业选择节能效益分享具有的成本优势对制造企业节能直接利润的影响取决于节能服务公司和制造企业的投资成本系数比率。当投资成本系数比率较小时，制造企业选择节能效益分享仍然具有很大的成本优势，从而制造企业选择节能效益分享，反之，选择节能效益分享成本优势不明显，因此，制造企业转而选择自我节能。制造企业最优节能方式选择（性质5-6（ⅱ））表示在图5.2中。

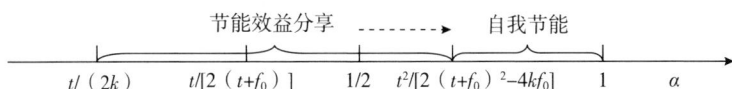

图5.2 节能方式选择与节能投资成本系数比值的关系

注：$(f_0>0, f_b=1, f_s=0, t>\sqrt{2}f_0, t+f_0<k \leqslant [2(t+f_0)^2-t^2]/(4f_0))$

对比图5.1和图5.2，发现最优节能方式选择发生了以下三方面的变化：第一，制造企业节能方式选择不仅依赖于制造企业和节能服务公司的投资成本系数比率，而且取决于制造企业总能源成本、投资成本系数和节能间接收益回报系数三个因素。第二，因为自我节能情形下节能间接收益相对较小，缩小了自我节能的选择范围（图5.2中虚线箭头部分），如阈值由1/2右移到$[2(t+f_0)^2-t^2]/(4f_0)(t/[2(t+f_0)]<1/2, [2(t+f_0)^2-t^2]/(4f_0)>1/2)$。第三，最优单位产品节能量对制造企业最优利润的影响具有非单调性，当两企业投资成本系数比率α处在一定范围时$((t+f_0)/(2t)<\alpha<t^2/[2(t+f_0)^2-4kf_0])$，虽然自我节能情形最优单位产品节能量要大于节能效益分享情形最优单位产品节能量，但此时自我节能情形最优利润反而要小，理由是自我节能情形获得了一个相对较小的节能间接收益。

（3）$f_b<f_s（f_b=0, f_s=1）$情形。

此时制造企业考虑节能间接收益且自我节能方式情形间接收益回报系数小于节能效益分享情形间接收益回报系数，容易得下面的性质5-7和性质5-8。

性质5-7 制造企业面临自我节能和节能效益分享两种节能方式，若 $f_0>0$ 且 $f_b<f_s$（$f_b=0$，$f_s=1$），则：

①若 $(t+f_0)/(2k)<\alpha<(t+f_0)/(2t)$，则 $r_{s,big}^*>r_{b,sma}^*$；

②若 $\alpha=(t+f_0)/(2t)$，则 $r_{s,big}^*=r_{b,sma}^*$；

③若 $(t+f_0)/(2t)<\alpha\leq1$，则 $r_{s,big}^*<r_{b,sma}^*$。

性质5-7表明，当自我节能方式下的收益回报系数小于节能效益分享情形下的收益回报系数时，相应节能方式下的单位产品节能量大小取决于两种节能方式下的投资成本系数比率。

性质5-8 制造企业面临自我节能和节能效益分享两种节能方式，若 $f_0>0$ 且 $f_b<f_s$（$f_b=0$，$f_s=1$），则：

①假设 $t=f_0$，当 $(t+f_0)/(2k)<\alpha\leq1$，$\Pi_{ms}(\varphi_{big}^*)<\Pi_{mb}(r_{b,sma}^*)$；

②假设 $t>f_0$，则：

（ⅰ）当 $t<k\leq t^2/(t-f_0)$ 且 $(t+f_0)/(2k)<\alpha\leq1$ 时，$\Pi_{ms}(\varphi_{big}^*)<\Pi_{mb}(r_{b,sma}^*)$；

（ⅱ）当 $k>t^2/(t-f_0)$ 时，则：

（a）若 $(t+f_0)/(2k)<\alpha<(t+f_0)^2/[2(t^2+2kf_0)]$，则 $\Pi_{ms}(\varphi_{big}^*)>\Pi_{mb}(r_{b,sma}^*)$；

（b）若 $\alpha=(t+f_0)^2/[2(t^2+2kf_0)]$，则 $\Pi_{ms}(\varphi_{big}^*)=\Pi_{mb}(r_{b,sma}^*)$；

（c）若 $(t+f_0)^2/[2(t^2+2kf_0)]<\alpha\leq1$，则 $\Pi_{ms}(\varphi_{big}^*)<\Pi_{mb}(r_{b,sma}^*)$。

性质5-8分别对比了两种节能方式下制造企业的最优利润。性质5-8（①）表明，当制造企业的能源成本与节能间接收益转换系数相等时，制造企业选择自我节能总是有利的，理由是此时对制造企业最优利润起支配作用的是节能间接收益，而自我节能情形所获得的节能间接收益要大，从而促使制造企业总是选择自我节能。当制造企业的能源成本大于节能间接收益转换系数时，此时对制造企业最优利润起支配作用的是节能直接利润（节能直接收益减去投资成本）和节能间接收益；如性质5-8（②）所示，当投资成本系数较小时，制造企业选择节能服务公司所具有的成本优势不明显，从而对制造企业节能直接利润影响不大，从而起支配作用的是节能间接收益，类似于前面的原因，制造企业选择自我节能；当制造企业的投资成本系数较大时，制造企业的最优节能方式选择需考虑节能服务公司和制造企业的投资成本系数比率，即当投资成本系数比率较小时，制造企业选择自我节能，反之，制造企业选择自我节能方式，理由类似于性质5-6。对于性质5-8（ⅱ），如图5.3所示。

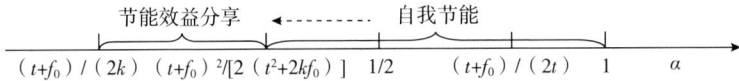

图 5.3　节能方式选择决策与节能投资成本系数比率的关系

注：$(f_0>0,\ f_b=0,\ f_s=1,\ t>f_0,\ k>t^2/(t-f_0))$

对比图 5.1 和图 5.3，类似于性质 5-6，揭示了制造企业在最优节能方式选择方面发生了与性质 5-6 相类似的三方面变化，不同的是，此时扩大了自我节能的选择范围，由 1/2 扩大为 $(t+f_0)^2/[2(t^2+2kf_0)]$，至于原因，类似于性质 5-6。

（4）一般情形（$f_b\neq f_s\in(0,1)$）。

前三种情况考虑节能间接收益回报系数为极端情形，下面对一般情形进行讨论。将表 5.3 中的 r_b^*、r_s^* 和 φ^* 分别代入式（5.1）和式（5.3），从而分别得到制造企业在自我节能和节能效益分享节能方式下的最优利润，直接写出性质 5-9。

性质 5-9　制造企业面临自我节能和节能效益分享两种节能方式，则：

①若 $\prod_{ms}(\varphi^*)>\prod_{mb}(r_b^*)$，则制造企业选择节能效益分享节能方式；

②若 $\prod_{ms}(\varphi^*)=\prod_{mb}(r_b^*)$，则制造企业选择节能效益分享节能方式；

③若 $\prod_{ms}(\varphi^*)<\prod_{mb}(r_b^*)$，则制造企业选择自我节能方式。

根据极端情形的分析，当两种节能方式情形节能间接收益回报系数相同时，由于节能间接收益对制造企业最优利润的影响相同，制造企业的最优利润仅取决于制造企业和节能服务公司的投资成本系数比率，因此，相关主要结论与 $f_b=f_s=0$ 或 1 情形相同。当两种节能方式情形节能间接收益回报系数不同时，根据极端情形的分析，对制造企业最优利润有支配作用的是节能直接利润和节能间接收益；如果对制造企业最优利润起支配作用节能间接收益，因为 $0\leqslant r_i^*/r_0<1$，$f_b\neq f_s\in(0,1)$，故节能间接收益仍与节能间接收益回报系数成正比，相关主要结论与极端情形相同；如果对制造企业最优利润起支配作用的是节能直接利润，对制造企业节能直接利润的影响取决于制造企业投资成本的大小、节能服务公司和制造企业的投资成本系数比率两个因素，因此主要结论与极端情形也一致。

第四节　数值分析

本节通过 4 个数值例子验证前面所提出的性质。对于数值例子共同的参数，设置如下：$p_e = r_0 = c = 1$，$p = 5$，$D = 100$。

例 5-1　为了验证性质 5-1 和性质 5-2，考虑到节能间接效益转换系数 f_0 的大小反映了制造企业从节能间接收益获利的程度，因此，对其进行敏感性分析。另外，设 $k = 500$，$0 \leqslant f_0 \leqslant 50$，$\alpha = 0.3$ 或 $\alpha = 0.7$ 分别表示节能服务公司和制造企业的投资成本系数较小和较大情形，$f_i = 0$ 或 $f_i = 1$ 表示节能间接效益回报系数为特殊情形，$f_i = 1/4$ 或 $f_i = 3/4$ 表示节能间接效益回报系数为一般情形，从而得到最优单位产品节能量 $r_{i,j}^{opt}$ 和制造企业最优利润 $G_{i,j}^{opt}$ 与节能间接效益转换系数 f_0 的关系，如图 5.4 和图 5.5 所示。

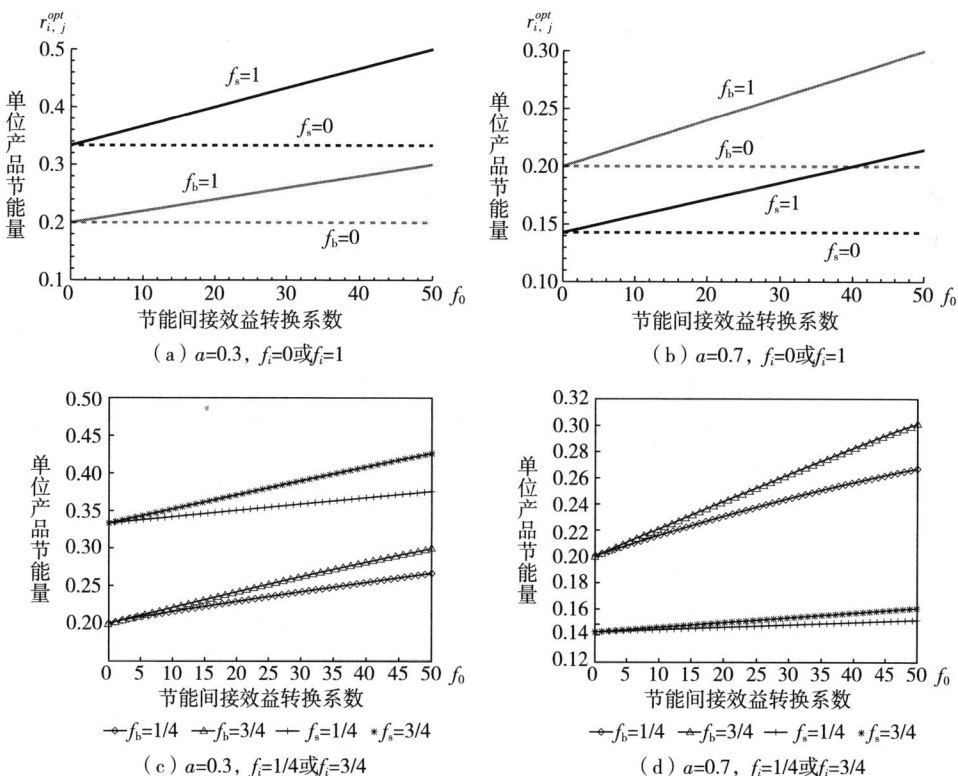

（a）$a = 0.3$，$f_i = 0$ 或 $f_i = 1$

（b）$a = 0.7$，$f_i = 0$ 或 $f_i = 1$

（c）$a = 0.3$，$f_i = 1/4$ 或 $f_i = 3/4$

（d）$a = 0.7$，$f_i = 1/4$ 或 $f_i = 3/4$

图 5.4　最优单位产品节能量与节能间接效益转换系数的关系

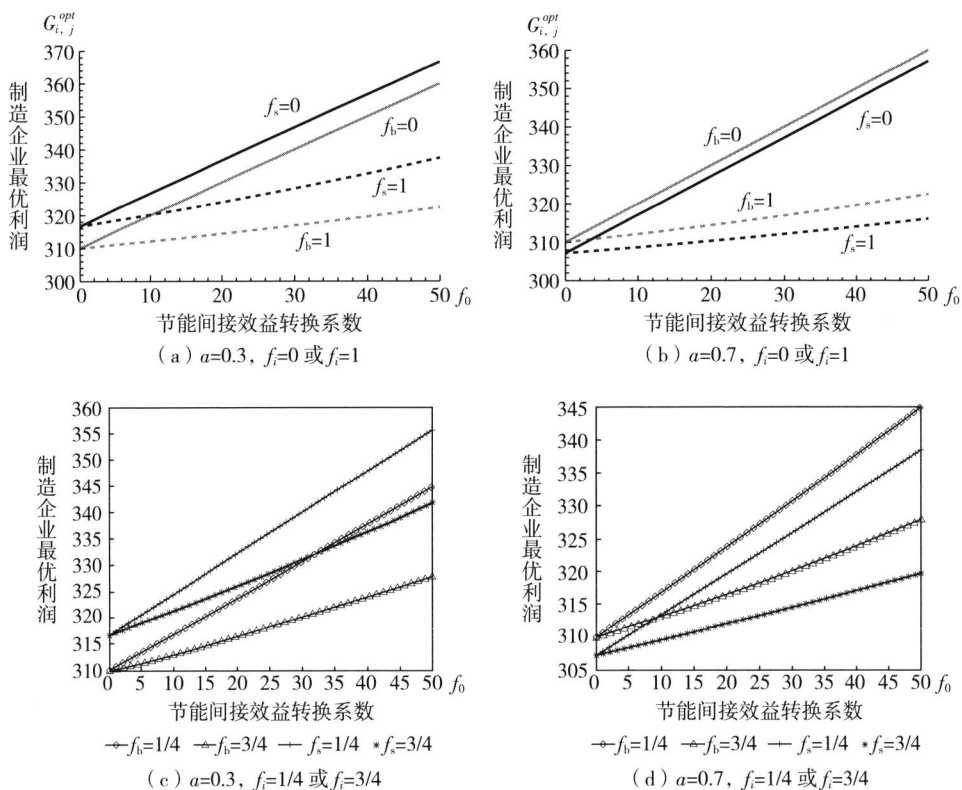

图 5.5　制造企业最优利润与节能间接效益转换系数的关系

观察图 5.4 和图 5.5 可知，

（1）随着节能间接效益转换系数的增大，与不考虑节能间接效益相比，最优单位产品节能量和制造企业的最优利润均增大且增大幅度明显，即节能间接效益对最优单位产品节能量和制造企业的最优利润均产生积极的影响且影响程度均非常明显，验证了性质 5-1 和性质 5-2 的结论。

（2）对比制造企业分别选择自我节能和节能效益分享时的最优单位产品节能量和制造企业的最优利润，发现节能服务公司和制造企业的投资成本的系数比率成为影响两种节能方式下的最优单位产品节能量和制造企业最优利润相对大小的关键因素，这也验证了性质 5-3 至性质 5-7 的结论。

（3）对比给定节能方式下不同节能间接效益回报系数情形下的最优单位产品节能量和制造企业最优利润，节能间接效益回报系数对最优单位产品节能量产生积极的影响，相反，对制造企业的最优利润则产生消极的影响，这也验证了性质5-4至性质5-7的分析过程，即制造企业拥有较大的节能间接效益回报系数对其最优利润具有损害作用，因为同等条件下更大的节能间接效益回报系数意味制造企业获得的节能间接效益越少。

例5-2　为了验证性质5-6，当 $t \leqslant \sqrt{2}f_0$，设 $f_0 = 80$，当 $t > \sqrt{2}f_0$，设 $f_0 = 20$，从而得到制造企业最优利润之差（$\pi_{\mathrm{b,big}}^{*} - \pi_{\mathrm{s,small}}^{*}$）、最优节能方式选择与节能服务公司和制造企业的节能投资成本系数比率 α、制造企业投资成本系数 k 的关系，如图5.6所示。

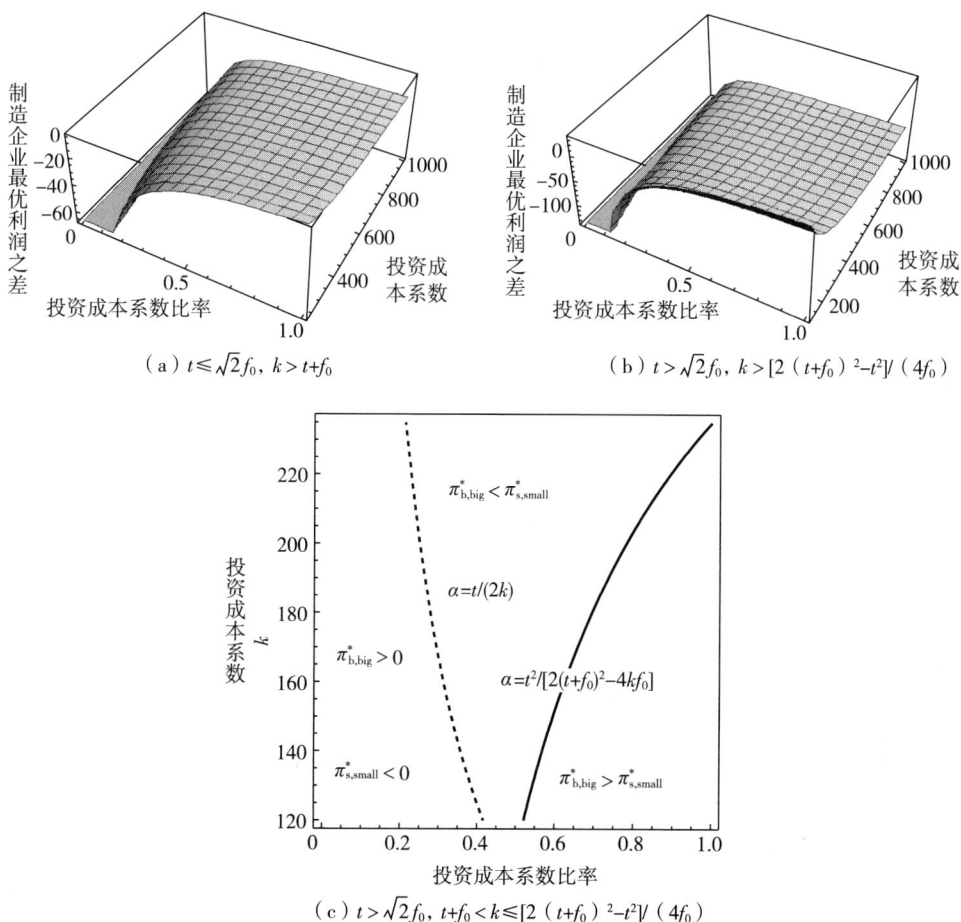

（a）$t \leqslant \sqrt{2}f_0$，$k > t + f_0$

（b）$t > \sqrt{2}f_0$，$k > [2\,(t+f_0)^2 - t^2]/(4f_0)$

（c）$t > \sqrt{2}f_0$，$t + f_0 < k \leqslant [2\,(t+f_0)^2 - t^2]/(4f_0)$

图5.6　节能方式选择与投资成本系数 α 比率及投资成本系数 k 的关系（$f_b = 1$，$f_s = 0$）

观察图5.6（a）可知性质5-6（①）成立，观察图5.6（b）~ 图5-6（c），可知性质5-6（②）成立，从而验证了性质5-6。

例5-3 为了验证性质5-8，当 $t=f_0$，设 $f_0=100$，当 $t>f_0$，设 $f_0=50$，从而得到最优节能方式选择与节能服务公司和制造企业的节能投资成本系数比率 α、制造企业投资成本系数 k 的关系，如图5.7所示。

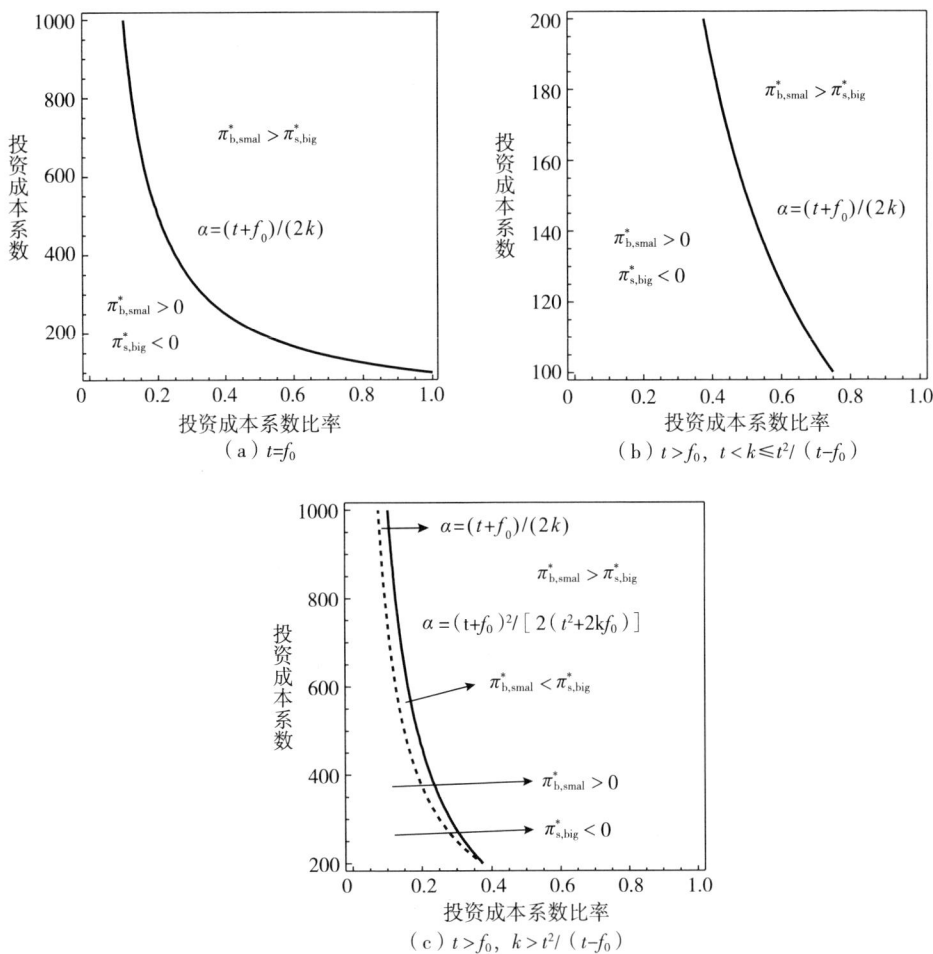

（a）$t=f_0$

（b）$t>f_0$，$t<k \leqslant t^2/(t-f_0)$

（c）$t>f_0$，$k>t^2/(t-f_0)$

图 5.7 节能方式选择与投资成本系数比率 α 及投资成本系数 k 的关系（$f_b=0$，$f_s=1$）

观察图5.7（a）可知性质5-8（①）成立，观察图5.7（b）~ 图5.7（c），可知性质5-8（②）成立，从而验证了性质5-8。

例 5-4 为了验证性质 5-9，分 $f_b > f_s$，$f_b = f_s$，$f_b < f_s$ 三种情形来设置参数。

（1）当 $f_b > f_s$，设 $f_b = 3/4$，$f_s = 1/4$，（a）$f_0 = 200$，$k = 500$ 表示 t 较小情形；（b）$f_0 = 20$，$k = 700$ 表示 t 和 k 较大情形；（c）$f_0 = 20$，$k = 200$ 表示 t 较大而 k 较小情形，从而得到图 5.8。

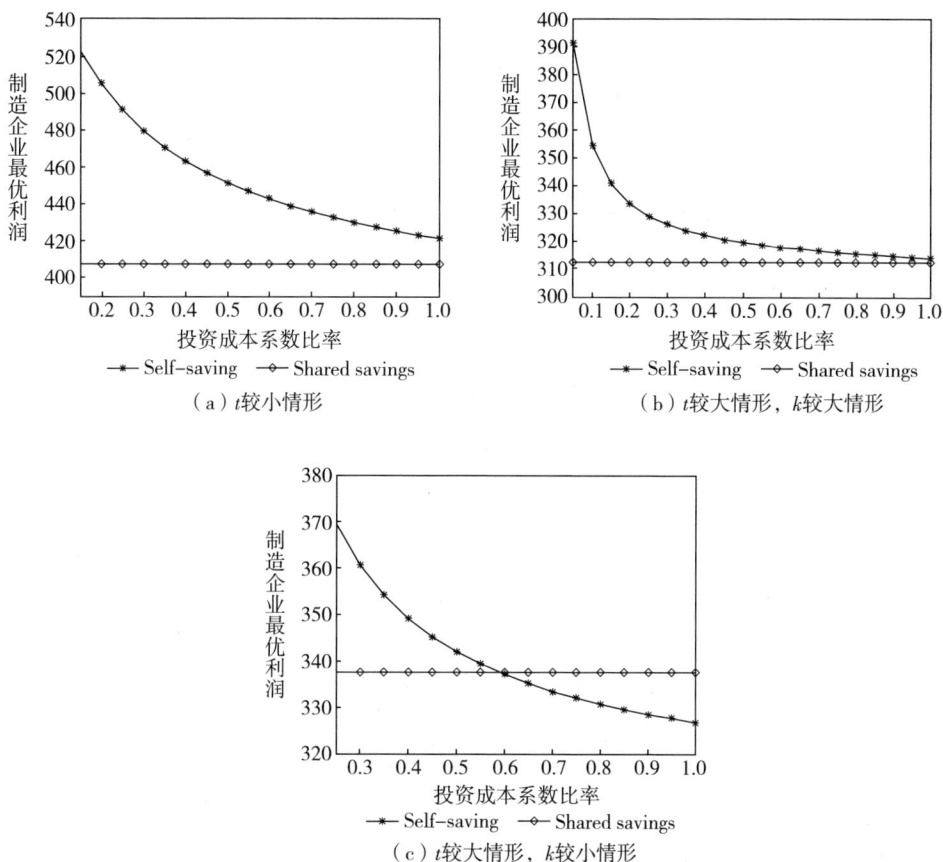

（a）t 较小情形

（b）t 较大情形，k 较大情形

（c）t 较大情形，k 较小情形

图 5.8　节能方式选择与投资成本系数比率 α 及投资成本系数 k 的关系（$f_b > f_s$）

观察图 5.8，可知性质 5-4 的结论可以推广到节能间接效益回报系数为一般情形。

（2）当 $f_b = f_s$，设 $f_b = f_s = 1/4$ 或 $f_b = f_s = 3/4$，$f_0 = 50$，$k = 500$，从而得到最优节能方式选择与节能服务公司和制造企业的节能投资成本系数比率 α 的关系，如图 5.9 所示。

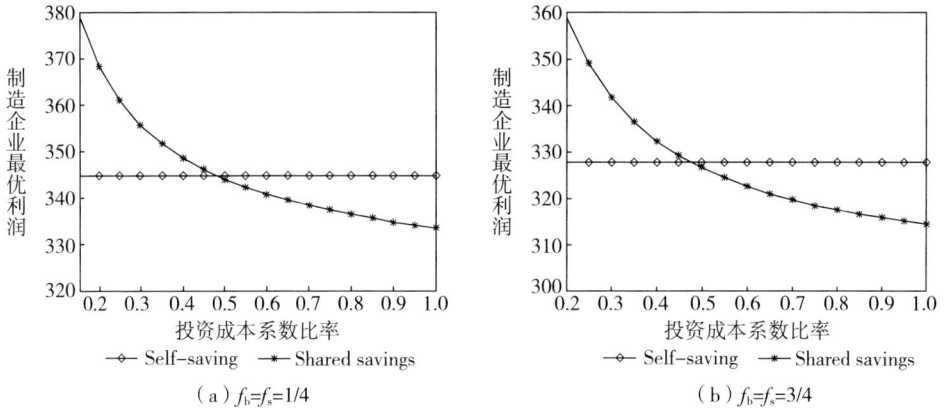

图 5.9　节能方式选择决策与节能投资成本系数比率 α 的关系（$f_b = f_s$）

观察图 5.9 可知，可知性质 5-6 的结论可以推广到节能间接效益回报系数为一般情形。

（3）当 $f_b < f_s$，设 $f_b = 1/4$，$f_s = 3/4$，则：

①$f_0 = 200$，$k = 500$ 表示 t 较小情形；

②$f_0 = 20$，$k = 150$ 表示 t 较大而 k 较小情形；

③$f_0 = 20$，$k = 700$，从而得到最优节能方式选择与节能服务公司和制造企业的节能投资成本系数比率 α 的关系，如图 5.10 所示。

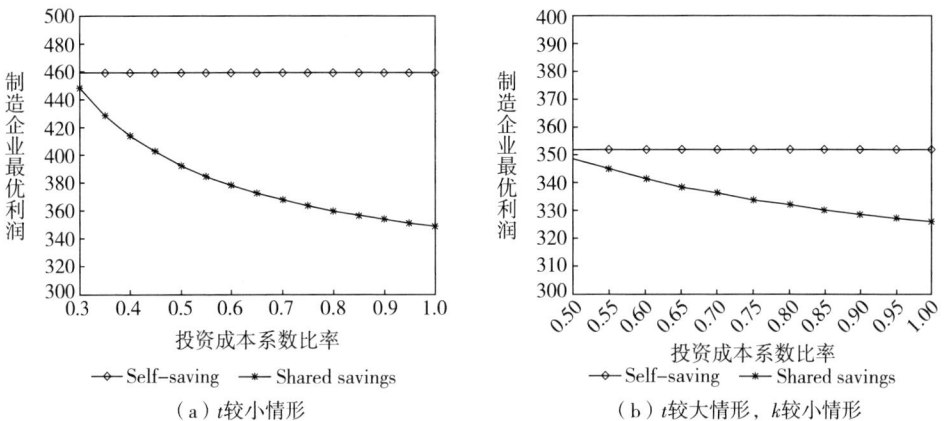

图 5.10　节能方式选择与投资成本系数比率 α 及投资成本系数 k 的关系（$f_b < f_s$）

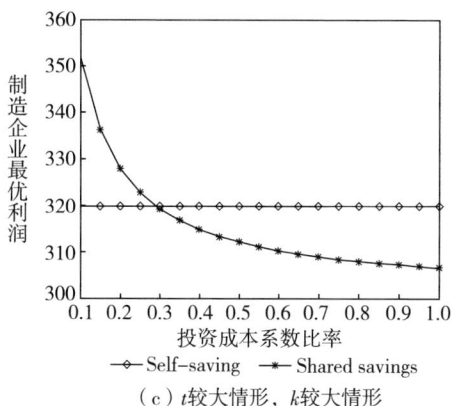

（c）t较大情形，k较大情形

图 5.10 节能方式选择与投资成本系数比率 α 及投资成本系数 k 的关系（$f_b < f_s$）（续图）

观察图 5.10 可知，可知性质 5-8 的结论可以推广到节能间接效益回报系数为一般情形。

综上所述，验证了性质 5-9。

第五节 讨论与应用

本节首先对模型的两个假设进行讨论，然后基于前面的性质提出了一个制造企业最优节能方式选择的分析框架。

一、讨论

1. 节能直接影响生产成本中的非能源成本

在模型的构建中，将生产成本分为能源成本和非能源成本。节能除了降低生产成本中的能源成本，也可能会对生产成本中的非能源成本产生影响，如实现中常用变频设备来降低生产准备成本。与 Pye 等（2000）、Worrell 等（2003）和 Larsen 等（2012）的文献一致，也将节能收益分为降低能源成本和节能间接收益（如减少浪费、减少排放、降低维护和运作成本、提高生产和产品质量和改善工人环境等）两大类。即使节能会对生产成本中的非能源成本产生影响，因为本章假设需求为确定性需求，因此生产量等于需求，即生产成本的变化不过改变企业的生产决策，这种影响所造成的节能收益变化也很容易估算（等于单位产品的非能源成本变化幅度乘以生产量）。如果节能对生产成本中的非能源成本是消极影响，则降低了节能间接收益，反之，则增加了节能间接收益。因此，可以将这部分节能收益整合到节能间接收益里面，从而不会对本章的结论造成影响。

2. 节能间接收益信息缺乏

在模型的构建中，假设关于节能间接收益的信息是充足的，而实际中节能间接收益信息可能缺乏，从而导致关于节能间接收益的参数存在不确定性，如节能效果转换系数 f_0。下面开始讨论节能效果转换系数 f_0 不确定性对研究结论的影响。设转换系数 $f_0' = f_0 + \varepsilon$，ε 是定义在 $[-x, x]$（$x \geq 0$）范围内的随机变量，均值为 0，方差为 σ^2，其表示节能效果转换系数的干扰因子。由于随机变量 ε 在节能项目运行之后才能实现，而节能方式选择必须在节能项目运行之前（如节能诊断阶段）做出，因此，制造企业仅能通过比较两种节能方式下的最优期望利润来做出最优节能方式选择。即在自我节能方式下，将式（5.1）中的转换系数 f_0 用 f_0' 代替，从而得到制造企业的利润函数。对此利润函数取期望值，因为 $E(f_0') = f_0$，取期望值后的利润函数与式（5.1）等价，即制造企业的期望利润不包含方差 σ^2，因此，节能效果转换系数的不确定性没有改变自我节能情形下制造企业的最优决策和最优利润。同理，可得节能效果转换系数的不确定性也不会改变节能效益分享节能方式下制造企业的最优决策和最优利润。总之，因为研究结果取决于节能间接收益参数的期望值，节能间接收益信息缺乏对本章的研究结果不会造成影响。

而更准确地计算节能间接收益，依赖于规范的计算思路。关于如何计算节能间接收益，可以借鉴 Mills 等（1996）和 Worrell 等（2003）整合节能间接收益的思路，即将计算节能间接收益分为识别和描述节能间接收益、尽可能地量化节能间接收益两个主要步骤。在识别和描述节能间接收益过程中，首先要罗列出所有与节能相关的重要影响，其次将这些影响进行分类并尽可能具体地描述它们（Worrell 等，2003）。在尽可能的量化节能间接收益过程中，以节能之前为基准，通过对比有无节能前后情形，对前面所描述的影响尽可能地用货币度量，可参考 Mills 等（1996）的研究。

二、应用

为了更方便地应用本章的研究结论，提出了一个制造企业最优节能方式选择的分析框架。整个框架分为判断条件是否符合模型的主要假设、估计模型所需参数、根据相应性质选择制造企业的最优节能方式和根据最优节能方式确定制造企业的最优决策4个步骤，即如图5.11所示。

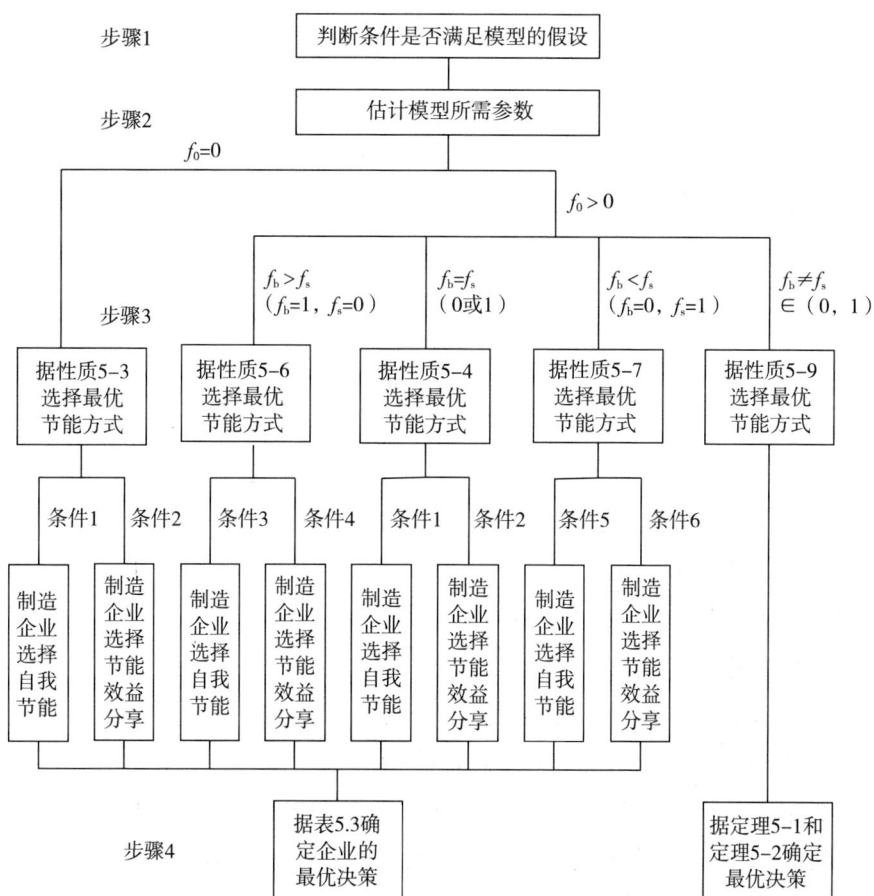

图5.11　制造企业节能方式选择决策的分析框架

在判断条件是否符合模型的假设过程中，验证表5.1中5个主要的模型假设。在估计模型所需参数过程中，主要估计模型参数中的前8个参数（见表5.2）。在选择制造企业最优节能方式的过程中，按照不考虑节能间接收益

（$f_0=0$）和考虑节能间接收益（$f_0>0$）两种情况进行，关于考虑节能间接收益情形，又分为 $f_b>f_s$（$f_b=1$，$f_s=0$）、$f_b=f_s$（0 或 1）、$f_b<f_s$（$f_b=0$，$f_s=1$）和一般情形（$f_b \neq f_s \in (0,1)$）四种情况进行，依次按照性质 5-3、性质 5-4、性质 5-6、性质 5-7 和性质 5-9 进行判断。在具体每种情况中，为了分析的方便，罗列出了选择最优节能方式的条件，即条件 1（$1/2 < \alpha \leqslant 1$）、条件 2（$t/(2k) < \alpha < 1/2$）、条件 3（$t > \sqrt{2}f_0$，$t+f_0 < k \leqslant [2(t+f_0)^2-t^2]/(4f_0)$，$t^2/[2(t+f_0)^2-4kf_0] < \alpha \leqslant 1$）、条件 4（$t \leqslant \sqrt{2}f_0$ 或 $t > \sqrt{2}f_0$ 且 $k > [2(t+f_0)^2-t^2]/(4f_0)$ 或 $t > \sqrt{2}f_0$，$t+f_0 < k \leqslant [2(t+f_0)^2-t^2]/(4f_0)$ 且 $t/(2k) < \alpha < t^2/[2(t+f_0)^2-4kf_0]$）、条件 5（$t=f_0$ 或 $t>f_0$ 且 $t < k \leqslant t^2/(t-f_0)$ 或 $t>f_0$，$k>t^2/(t-f_0)$ 且 $(t+f_0)^2/[2(t^2+2kf_0)] < \alpha \leqslant 1$）和条件 6（$t>f_0$，$k>t^2/(t-f_0)$ 且 $(t+f_0)/(2k) < \alpha < (t+f_0)^2/[2(t^2+2kf_0)]$）。在确定给定节能方式下制造企业的最优决策过程中，基于前面选择的最优节能方式，根据表 5.3 可确定制造企业相应的最优决策。

第六节　研究结论与管理启示

本节罗列出主要结论和管理启示，具体如下：

（1）从理论上证实了文献 Pye 等（2000）、Worrell 等（2003）的实证结果，即考虑节能间接收益促使企业设置一个更大的最优单位产品节能量，增大了所有企业的最优利润，因此提高了所有企业的节能动力。

（2）在不考虑节能间接收益的情形下，发现最优单位产品节能量对制造企业最优利润的影响具有单调性。进一步结果表明，制造企业和节能服务公司的投资成本系数比率成为影响最优节能方式选择的重要的因素，当投资成本系数比率较小时，制造企业应该选择节能效益分享，反之，应该选择自我节能。

（3）在考虑节能间接收益情形，当自我节能和节能效益分享两种节能方式的节能间接收益回报系数相同时，主要结论与不考虑节能间接收益情形相同。

（4）在考虑节能间接收益情形，当自我节能情形下的回报系数大于（小于）节能效益分享情形下的回报系数时，发现最优单位产品节能量对制造企业最优利润的影响具有单调性这一结论不成立。进一步的结果表明，制造企业节能方式选择不仅依赖于制造企业总能源成本，而且依赖于节能间接收益回报系数、制造企业投资成本系数、制造企业和节能服务公司的投资成本系数比率三个因素，缩小（扩大）了自我节能的选择范围。

第七节　小结

本章针对实际中常见的自我节能和节能效益分享两种节能方式，考虑了节能间接收益，建立了相应模型并进行模型分析，得到了制造企业在各种节能方式下最优决策和最优节能方式选择，然后用数值例子验证了所提出的性质，并提出了一个制造企业最优节能方式选择的分析框架。研究结果对于企业管理人员在考虑节能间接收益如何选择最优节能方式具有重要的管理启示。然而，在模型中忽略了消费者环境意识对企业节能的影响。随着社会的进步，不断增强的消费者环保意识正成为中国众多制造企业进行节能的一个重要动因。因此，研究消费者具有环保意识下制造企业如何选择最优节能方式已成为一个重要的现实需求。

第六章　消费者具有环保意识情形下制造企业节能方式选择

第一节　引言

前面几章忽略了消费者环保意识对制造企业最优节能方式选择的影响。然而，伴随社会的进步和经济的发展，消费者的环保意识不断增强，其已成为众多制造企业进行节能的一个重要动因。在此新趋势下，制造企业管理者面临如下挑战：一是在此情形下如何科学选择最优节能方式；二是在给定节能方式下，考虑消费者环保意识时如何做最优决策，如定价、单位产品节能量、合同参数等；三是实际节能量不确定发生时相关决策是否会改变，又如何改变。从以往相关研究来看，还需在以下几个方面进行深化：一是缺乏消费者具有环保意识情形下制造企业科学确定最优节能方式的理论依据，亟须通过定量方法构建此情形下的最优节能方式选择理论；二是并未提供消费者环保意识下在给定节能方式下如何科学确定最优决策的方法，亟须提供最优决策的确定方法；三是未明确单位产品节能量不确定对前述研究结论是否会产生影响以及如何影响，亟须明晰单位产品节能量不确定与前述最优决策的关系。基于此动机，本章探讨如下问题：①当消费者具有环保意识时，制造企业如何选择最优的节能方式。②给定节能方式下，考虑消费者环境意识时如何确定产品价格、单位产品节能量、合同参数等最优决策。③单位产品节能量不确定性对制造企业最优节能方式选择及给定节能方式下的最优决策影响如何。为回答以上问题：首先，假设单位产品实际节能量不存在随机性，通过构建自我节能情形下的优化模型和节能效益分享情形下的博弈模型，研究了一家完全垄断制造企业在考虑消费者环境意识时的最优节能方式选择问题；其次，将基本模型拓展到单位产品实际节能量存在随机性情形，此时制造企业引入第三种节能方式—节能量保证，通过构建自我节能情形下的优化模型，节能效益分享和节能量保证情形下的博弈模型，研究单位产品实际节能量随机性对前述研究结论的影响。

本章的主要贡献在于：①构建了消费者具有环保意识情形下制造企业最优节能方式的选择理论；②提供了给定节能方式下考虑消费者环保意识时制造企业确定产品价格、单位产品节能量和合同参数最优决策的设置方法；③揭示了在单位产品实际节能量随机性情形下具有与确定性情形相类似的研究结论。

本章余下内容如下：第二节对问题进行描述并建立自我节能和节能效益分享两种节能方式情形下的数学模型；模型分析放在第三节；第四节将基本模型拓展到单位产品节能量不确定的情形；数值分析放在第五节；第六节总结研究结论和管理启示；本章最后一节为小结。

第二节　基本模型

仍与前几章类似，考虑一家完全垄断的制造企业（Manufacturer，用下标 m 表示）计划节能，其做两阶段的决策。第一阶段，面临自我节能（Self-saving，用下标 b 表示）和节能效益分享（Shared savings，用下标 s 表示）两种节能方式，假设两种节能系统均具有一个单位的生命周期，比较两种节能方式下的最优利润，制造企业选择最优的节能方式。第二阶段，在选定节能方式后，做出给定节能方式下的最优决策，如最优单位产品节能量和最优合同参数等。

为了建模的需要，下面分别给出模型所需要的符号以及模型的主要假设。

一、模型符号和模型假设

模型符号如表 6.1 所示。

表 6.1 基本模型中的符号

a：潜在市场容量	b：产品价格敏感性系数
τ：消费者对企业节能量的敏感系数，$\tau(\tau \geqslant 0)$ 越大，反映消费者对企业的节能量越敏感，即消费者环保意识越强	c：单位产品的非能源成本，即单位产品生产成本中不包含能源成本的部分
r_0：制造企业节能之前的单位产品初始能效（如标准煤/单位）	p_i：制造企业选择 i 节能方式时的产品价格
$d(p_i, r_i)$：制造企业选择 i 节能方式时的需求函数，其受产品价格及单位产品节能量的影响	r_i：制造企业选择 i 节能方式时的单位产品节能量，其中 $0 \leqslant r_i < r_0$ 表示制造企业极难将单位产品的耗能量降为 0
p_e：能源价格	V_i：制造企业选择 i 节能方式时，制造企业的节能投资成本
k：制造企业选择自我节能时的节能投资成本系数	αk：制造企业选择节能效益分享时的节能投资成本系数，其中 $\alpha(0 < \alpha \leqslant 1)$ 表示节能服务公司和制造企业的投资成本系数比率
φ：制造企业从单位产品节能效益中得到的分享比例，其中 $0 \leqslant \varphi \leqslant 1$	Π_{mi}：制造企业选择 i 节能方式时的利润
Π_{ei}：制造企业选择 i 节能方式时，节能服务公司的利润	

注：$i = b, s$ 分别表示制造企业选择自我节能和节能效益分享。

模型的主要假设如下：

假设 6-1 单位产品实际节能量不存在随机性。

在节能过程中，项目执行之前的预计节能量与项目实际执行过程中所测定的实际节能量可能一致，也可能不一致。根据 Goldman 等（2002）对 369 个节能项目的调查结果表明，13% 的节能项目实际节能量与预计节能量一致，57% 的节能项目实际节能量比预计节能量大，30% 的节能项目实际节能量比预计节能量要小。因此，在基本模型中，假定单位产品预计节能量与单位产品实际节能量一致，即单位产品实际节能量不存在随机性。在模型拓展中考虑单位产品预计节能量与单位产品实际节能量不一致的情况，即单位产品实际节能量存在不确定情形。

假设 6-2 制造企业在市场上仅生产一种产品且市场需求为：

$d(p_i, r_i) = a - bp_i + \tau r_i$。

上述的需求函数反映了单位产品节能量对制造企业的需求产生了一个积极作用，即制造企业的产品环境性能越好，在产品价格不变的前提下，市场需求越大。市场上的消费者对企业节能量的敏感系数 τ 越大，反映了消费者对环境性能好的产品越偏好，因此对制造企业的需求产生了放大效应。反之，若制造企业不积极进行节能，则会受到消费者环境意识的压力。假设 6-2 与大量涉及环保的运作管理文献一致，诸如文献 Hurwicz 和 Shapiro（1978）、Yalabik 和 Fairchild（2011）、Du 等（2016）。

假设 6-3 类似于前几章，制造企业选择自我节能时的投资成本为 $V_b = k(r_b/r_0)^2/2$，选择节能效益分享时的投资成本为 $V_s = \alpha k(r_s/r_0)^2/2$。

除以上三个主要假设，为了简化模型的分析，做出如下假设。

为了避免琐碎的讨论，假设潜在市场容量 a 较大且满足 $A = a - bc - br_0 p_e > (bp_e + \tau)r_0$。为了保证 $0 \le r_i < r_0$，即 r_i 存在内解，假设 $k > \dfrac{(bp_e + \tau)r_0[A + (bp_e + \tau)r_0]}{2b}$，

$\alpha k > \dfrac{(bp_e + \tau)r_0[A + (bp_e + \tau)r_0]}{4b}$，即表示投资成本不是非常的便宜。节能系统的运行成本包括能源成本（已包含在节能后的能源成本中）、人力成本、维护成本等，忽略除能源成本之外的其他运行成本。制造企业选择节能效益分享的情形下，假设制造企业和节能服务公司（Energy service company，用下标 e 表示）进行斯坦科尔伯格博弈，且风险中性、信息完全对称和参与约束均为 0。

下文开始建立自我节能和节能效益分享两种节能方式下的数学模型。

二、消费者具有环保意识下自我节能数学模型

自我节能情形，类似于前几章，制造企业对企业中的能源成本进行审计，将单位产品的生产成本分解成能源成本 c 和不包括能源成本的生产成本（$r_0 - r_b$）p_e（称为非能源成本）。制造企业对单位产品节能量 r_b 和产品价格 p_b 进行决策，最大化利润。其利润函数为：

$$\Pi_{mb}(r_b, p_b) = [p_b - c - (r_0 - r_b)p_e](a - bp_b + \tau r_b) - k(r_b/r_0)^2/2 \tag{6.1}$$

利润函数式（6.1）的第一项表示制造企业的销售利润，第二项表示节能项目的投资成本。

三、消费者具有环保意识下节能效益分享博弈模型

节能效益分享情形，类似于前几章，制造企业作为领导者，节能服务公司作为追随者，两家企业进行斯坦科尔伯格博弈。项目正式运行之后，分享期内单位产品生产成本为 $c+(r_0-\varphi r_s)p_e$；分享期结束之后，制造企业独享所有的节能效益，直到周期末。为了使问题简化，假设制造企业和节能服务公司的分享期为节能系统的整个生命周期，即两企业在节能项目运行之后始终分享所获得的节能效益。

制造企业做单位节能效益分享比例 φ（$0 \leqslant \varphi \leqslant 1$）和产品价格 p_s 决策，最大化利润。其利润函数为：

$$\Pi_{ms}(\varphi, p_s) = [p_s - (c + (r_0 - \varphi r_s)p_e)](a - bp_s + \tau r_s) \tag{6.2}$$

利润函数式（6.2）等于边际利润乘以市场需求，与目标函数式（6.1）的区别是此时制造企业无须投入节能投资成本。

节能服务公司做单位产品节能量 r_s 决策，最大化利润。其利润函数为：

$$\Pi_{es}(r_s) = (1 - \varphi)r_s p_e(a - bp_s + \tau r_s) - \alpha k(r_s/r_0)^2/2 \tag{6.3}$$

目标利润函数式（6.3）等于节能服务公司从节能项目分享来的节能收益减去节能投资成本。

制造企业和节能服务公司在节能过程中进行博弈，博弈顺序如下：

（1）制造企业首先进行单位产品节能效益分享比例决策；

（2）在制造企业的单位节能效益分享比例决策之后，节能服务公司进行单位产品节能量决策；

（3）在节能服务公司的单位产品节能量决策之后，制造企业进行产品价格决策；

（4）销售完成之后，两企业获得各自的利润。

第三节　模型分析

下文对上述模型进行分析。

一、制造企业和节能服务公司的最优决策

在给定单位产品节能量的前提下，求解自我节能情形下的优化模型，从而得到制造企业的最优价格，即性质6-1。

性质6-1　自我节能情形下，给定单位产品节能量 r_b，制造企业的最优价格为：

$$p_b^*(r_b) = \frac{a + bc + bp_e r_0}{2b} + \frac{r_b}{2}\left(\frac{\tau}{b} - p_e\right)$$

（1）制造企业的最优价格是消费者环保意识的单调递增函数；

（2）制造企业的最优价格与单位产品节能量的单调性取决于两个因素的相对大小，一个是消费者的环保意识，另一个是能源价格。

性质6-1表明，如果制造企业选择自我节能，在给定单位产品节能量的前提下，随着消费者环保意识的增强，制造企业应该提高产品的最优价格。原因在于消费者对节能产品的偏好提升了消费者的购买意愿，为了增加边际效益，制造企业可以采取提高产品价格的手段。另外，当制造企业的单位产品节能量发生变化时，制造企业应小心决策产品的最优价格。当消费者的环保意识很高，为了增加边际效益，制造企业应选择提高产品的最优价格。当能源价格很高时，为了吸引消费者保住市场份额，制造企业应选择降低产品的最优价格。

进一步求解自我节能情形下的优化模型，得到下面的性质6-2。

性质6-2　自我节能情形下，假设 $k > \dfrac{(bp_e + \tau)r_0[A + (bp_e + \tau)r_0]}{2b}$，制造企业的最优单位产品节能量和最优利润分别为：

$$r_b^* = \frac{A(bp_e + \tau)r_0^2}{2bk - r_0^2(bp_e + \tau)^2}, \quad \Pi_{mb}^* = \frac{kA^2}{2[2bk - r_0^2(bp_e + \tau)^2]}$$

最优单位产品节能量和制造企业的最优利润均为消费者环保意识的单调递增函数。

性质6-2的结论与直觉是一致的，即在自我节能情形下，消费者环境意识的增强会导致制造企业设置一个更大的单位产品节能量，从而获得更多的利润。因此，从制造企业获利的角度来说，应努力培育消费者的环保意识。

应用逆向归纳法求解制造企业和节能服务公司的博弈模型，易得给定单位产

品节能量和单位节能效益分享比例情形下制造企业的最优价格，即性质 6-3。

性质 6-3 节能效益分享情形下，给定单位产品节能量 r_s 和单位节能效益分享比例 φ，制造企业的最优价格为：

$$p_s^*(r_s, \varphi) = \frac{a + bc + bp_e r_0}{2b} + \frac{r_s}{2}\left(\frac{\tau}{b} - \varphi p_e\right)$$

（1）制造企业的最优价格是消费者环保意识的单调递增函数；

（2）制造企业的最优价格与单位产品节能量的单调性取决于三个因素，其一是消费者的环保意识，其二是能源价格，其三是制造企业的节能效益分享比例。

性质 6-3 表明，如果制造企业选择节能效益分享，在给定单位产品节能量和单位节能效益分享比例情形下，制造企业最优价格与消费者环境意识的关系与自我节能情形相似；而制造企业最优价格与单位产品节能量的关系除了受消费者环境意识和能源价格的影响外，还需考虑单位节能效益分享比例的影响。

继续求解博弈模型，从而得到给定单位产品节能效益分享比例情形下，节能服务公司的单位产品节能量，即性质 6-4 和性质 6-5。

性质 6-4 节能效益分享情形下，假设 $\alpha k > \dfrac{(bp_e + \tau)r_0[A + (bp_e + \tau)r_0]}{4b}$，则节能服务公司的最优单位产品节能量和最优利润分别为：

$$r_s^* = \frac{r_0^2 A(bp_e + \tau)}{4b\alpha k - r_0^2(bp_e + \tau)^2}, \quad \Pi_{es}^* = \frac{r_0^2 A^2(bp_e + \tau)^2}{8b[4b\alpha k - r_0^2(bp_e + \tau)^2]}$$

（1）$dr_s^*/d\tau > 0$，$d\Pi_{es}^*/d\tau > 0$；

（2）$dr_s^*/d(\alpha k) < 0$，$d\Pi_{es}^*/d(\alpha k) < 0$。

性质 6-4 表明，在节能效益分享情形下，消费者环保意识的增强导致节能服务公司提高单位产品节能量，增加了节能服务公司的最优利润，即消费者环保意识的增强对节能服务公司有利。

性质 6-5 节能效益分享情形下，假设 $\alpha k > \dfrac{(bp_e + \tau)r_0[A + (bp_e + \tau)r_0]}{4b}$，制造企业的最优节能效益分享比例和最优利润分别为：

$$\varphi^* = \frac{1}{2} - \frac{\tau}{2bp_e}, \quad \Pi_{ms}^* = \frac{A^2[8b\alpha k - r_0^2(bp_e + \tau)^2]^2}{16b[4b\alpha k - r_0^2(bp_e + \tau)^2]^2}$$

（1）最优节能效益分享比例与消费者的环境意识负相关；

（2）最优节能效益分享比例不超过 1/2；

（3）最优利润与消费者的环保意识成正相关。

性质 6-5 表明，在节能效益分享情形下，消费者环保意识的增强导致制造企业通过降低节能效益分享比例的手段刺激节能服务公司设置一个更大的单位产品节能量，从而获得一个最优利润。有趣的是，制造企业的最优节能效益分享比例存在一个阈值，即制造企业保留节能效益的比例不应超过 1/2。Yalabik 和 Fairchild（2011）证实了五—五开往往是"分成"问题的最优解决方案，而此结论证实了前述结论不一定正确。性质 6-5 表明了消费者环保意识的增强对制造企业也有利。

二、制造企业的最优节能方式选择

下面回到第一阶段，分析制造企业的最优节能方式选择。比较自我节能和节能效益分享两种节能方式下制造企业的最优利润，从而得到定理 6-1。

定理 6-1 面临自我节能和节能效益分享，则存在阈值 α_{bs}，有：

（1）当 $\alpha_{bs} < \alpha \leqslant 1$，有 $\Pi_{mb}^* > \Pi_{ms}^*$，制造企业应选择自我节能；

（2）当 $\alpha = \alpha_{bs}$，有 $\Pi_{mb}^* = \Pi_{ms}^*$，制造企业选择自我节能或节能效益分享无差异；

（3）当 $\alpha < \alpha_{bs}$，有 $\Pi_{mb}^* < \Pi_{ms}^*$，制造企业应选择节能效益分享。

其中，$\alpha_{bs} = \dfrac{t}{8bk}\left(1 + \dfrac{\sqrt{2bk}}{\sqrt{2bk} - \sqrt{2bk - t}}\right)$，$t = r_0^2(bp_e + \tau)^2$。

定理 6-1 表明，当考虑消费者环境意识时，存在阈值 α_{bs}，制造企业可以根据阈值 α_{bs} 选择最优节能方式。当节能服务公司和制造企业的投资成本系数比率较大时，此时制造企业选择自我节能；反之，制造企业选择节能效益分享更有利。所不同的是，此时改变节能方式选择决策的阈值不是一个常数，而受消费者环境意识、制造企业的节能投资成本系数和能源价格等因素的影响。

由定理 6-1，得到下面的性质 6-6 和性质 6-7。

性质 6-6 面临自我节能和节能效益分享，则 α_{bs} 是关于消费者环境意识 τ 的增函数。

性质 6-6 表明，消费者环境意识的增大产生了两个方面的效果，其一是使改变制造企业最优节能方式选择的阈值 α_{bs} 往 1 靠近，其二是消费者环境意识扩大了制造企业选择自我节能的区域。

性质 6-7 面临自我节能和节能效益分享两种节能方式，则：

（1）阈值 α_{bs} 存在最大值 $\overline{\alpha_{bs}} = \alpha_{bs}(\dfrac{\sqrt{bk}}{r_0} - bp_e)$，使得当 $\overline{\alpha_{bs}} < \alpha \leqslant 1$，制造企业应选择自我节能，此时制造企业选择最优节能方式无须考虑消费者环保意识；

（2）阈值 α_{bs} 存在最小值 $\underline{\alpha_{bs}} = \alpha_{bs}(0)$，使得当 $\alpha < \underline{\alpha_{bs}}$，制造企业应选择节能效益分享，此时制造企业选择最优节能方式无须考虑消费者环保意识；

（3）当 $\underline{\alpha_{bs}} \leqslant \alpha \leqslant \overline{\alpha_{bs}}$，制造企业遵循定理 1 进行最优节能方式选择。

上述性质 6-7 表明，消费者环境意识不一定对制造企业的最优节能方式选择产生影响。当节能服务公司和制造企业的投资成本系数比率较大或较小时，此时制造企业选择最优节能方式无须考虑消费者的环境意识；而当投资成本系数比率处于中间值时，消费者环保意识对制造企业选择最优节能方式会产生影响，此时，制造企业选择最优节能方式应考虑消费者的环保意识。

比较两种节能方式下的最优单位产品节能量，从而得到性质 6-8。

性质 6-8 面临自我节能和节能效益分享，若制造企业追求更好的单位产品节能量，则：

（1）当 $1/2 < \alpha \leqslant 1$，有 $r_b^* > r_s^*$，制造企业应选择自我节能进行节能；

（2）当 $\alpha = 1/2$，有 $r_b^* = r_s^*$，制造企业选择自我节能或节能效益分享进行节能无差异；

（3）当 $\alpha < 1/2$，有 $r_b^* < r_s^*$，制造企业应选择节能效益分享进行节能。

性质 6-8 表明，若制造企业追求更好的单位产品节能量，节能服务公司和制造企业的投资成本系数比率是制造企业进行最优单位产品节能量选择的唯一影响因素，当 $1/2 < \alpha \leqslant 1$ 时，若制造企业欲获得一个更大的单位产品节能量，则制造企业应选择自我节能，反之，制造企业应选择节能效益分享进行节能，即消费者的环保意识等其他因素不会对制造企业选择最优单位产品节能量产生影响。

对比定理 6-1 和性质 6-8，发现在消费者具有环保意识情形下，较大的单位产品节能量并不一定会产生较大的最优利润。此结论表明，制造企业追求一个更大的单位产品节能量，在节能方式选择情形下，可能会对制造企业的最优利润造成损害。

第四节 模型拓展

正如基本模型所提到的，实际节能量往往与预计节能量不一致，即实际节能量存在不确定性。因此，将基本模型拓展到单位产品实际节能量存在不确定性的情形，用上标 u 表示。为规避因实际节能量不确定性而产生的性能风险，制造企业引入第三者常见的节能方式——节能量保证（Guaranteed Savings，用下标 g 表示）。

为了构建模型，做出假设 6-4。

假设 6-4 单位产品实际节能量为 $r_i^u + \eta_i$，其中 η_i 是一个定义在 $[-r_i^u, r_i^u]$ 上的随机变量，$G_i(\cdot)$、$g_i(\cdot)$ 分别表示随机变量 η_i 的分布函数和密度函数；另外，η_i 定义在 $[-r_i^u, r_i^u]$ 上表示单位产品实际节能量的最大波动总是小于单位产品的预计节能量，即表示节能项目不会完全失败，这种假设符合大多数实际；$E(\eta_i)=0$ 表示单位产品实际节能量的均值为单位产品预计节能量；下标 $i=b,s,g$ 分别表示制造企业分别选择自我节能、节能效益分享和节能量保证进行节能。

下文构建三种节能方式下的数学模型。

自我节能情形，制造企业的期望利润函数为：

$$\Pi_{mb}^u(r_b^u, p_b^u) = E[(p_b^u - c - (r_0 - r_b - \eta_b)p_e)(a - bp_b + \tau r_b^u)] - k(r_b^u/r_0)^2/2 \quad (6.4)$$

节能效益分享情形，制造企业和节能服务公司的期望利润函数分别为：

$$\Pi_{ms}^u(\varphi_s^u, p_s^u) = E[(p_s^u - (c + (r_0 - \varphi_s^u(r_s^u + \eta_s))p_e))(a - bp_s^u + \tau r_s^u)] \quad (6.5)$$

$$\Pi_{es}^u(r_s^u) = E[(1 - \varphi_s^u)(r_s^u + \eta_s)p_e(a - bp_s^u + \tau r_s^u)] - \alpha k(r_s^u/r_0)^2/2 \quad (6.6)$$

节能量保证情形，类似于第四章，整个节能项目依然分为合同谈判、项目建设和项目正式运行三个阶段。制造企业和节能服务公司的博弈过程如下：

首先，在合同谈判阶段，单位产品实际节能量实现之前，由于此时是制造企业负责节能项目的融资，因此，其必然会考虑节能项目的经济性，根据节能服务公司提出节能方案，首先做单位产品预计节能量决策。

其次，在单位产品实际节能量实现之前，节能服务公司做单位产品超额节能效益分享比例决策（制造企业为了能够回收节能投资成本，往往要求节能服务公司在一定时期内承诺一定的节能量 $\lambda r_g^u (0 \leq \lambda \leq 1)$，如承诺实现 90% 的单位产品预计节能量，此节能量称为单位产品承诺节能量，其中 λ 称为节能服务公司的承诺节能量系数；单位产品实际节能量超过单位产品承诺节能量，称为单位产品超额节能量，制造企业和节能服务公司对其产生的节能效益进行分享）。为了简化问题，类似于其他两种节能方式，假设合同期（节能量承诺期）为整个节能系统的生命周期。

再次，在单位产品实际节能量实现之前，根据单位产品实际节能量和单位产品超额节能效益分享比例决策，制造企业进行产品价格决策。

最后，完成项目建设进入项目正式运行阶段，实现单位产品实际节能量。在承诺期内，若单位产品实际节能量小于单位产品承诺节能量（如 $r_g^u + \eta_g < \lambda r_g^u$），节能服务公司必须将实际节能量和保证节能量的差额效益补齐；反之，若单位产品实际节能量超过单位产品承诺节能量（如 $r_g^u + \eta_g > \lambda r_g^u$），则制造企业和节能服务公司分享超额的节能效益，其中节能服务公司获取 φ_g^u 比例的超额节能效益。在承诺期结束后，节能服务公司将整套节能系统转交给制造企业，制造企业独自运行节能系统。最终制造企业和节能服务公司实现各自的利润。

因此，制造企业的期望利润函数为：

$$
\begin{aligned}
\Pi_{mg}^u(r_g^u, p_g^u) = & \int_{-(1-\lambda)r_g^u}^{H_g} [(p_g^u - c - r_0 p_e + (1-\varphi_g^u)(r_g^u + \eta_g - \lambda r_g^u)p_e + \lambda r_g^u p_e) \\
& (a - bp_g^u + \tau r_g^u)]g_g(\eta_g)d\eta_g + \int_{I_g}^{-(1-\lambda)r_g^u} [(p_g^u - c - r_0 p_e + \lambda r_g^u p_e) \\
& (a - bp_g^u + \tau r_g^u)]g_g(\eta_g)d\eta_g - \alpha k(r_g^u / r_0)^2 / 2
\end{aligned} \qquad (6.7)
$$

利润函数式（6.7）的第一部分表示单位产品实际节能量超过单位产品承诺节能量时制造企业所获得的期望利润，其中边际利润由产品价格减去节能之前的生产成本，再加上分享的单位产品超额节能效益和单位产品承诺节能量；第二部分表示单位产品实际节能量小于单位产品承诺节能量时制造企业所获得的期望利润，其中边际利润由产品价格减去节能之前的生产成本，再加上单位产品承诺节能量。

节能服务公司的利润函数为：

$$
\begin{aligned}
\Pi_{eg}^u(\varphi_g^u) = & \int_{-(1-\lambda)r_g^u}^{H_g} [(1-\varphi_g^u)(r_g^u + \eta_g)p_e(a - bp_g^u + \tau r_g^u)]g_g(\eta_g)d\eta_g - \\
& \int_{I_g}^{-(1-\lambda)r_g^u} [(\lambda r_g^u - r_g^u - \eta_g)p_e(a - bp_g^u + \tau r_g^u)]g_g(\eta_g)d\eta_g
\end{aligned} \qquad (6.8)
$$

利润函数式（6.8）的第一部分表示单位产品实际节能量超过单位产品承诺节能量时节能服务公司所获得的节能效益，第二部分表示单位产品实际节能量小于单位产品承诺节能量时节能服务公司向制造企业所补偿的节能效益差额。为了保证承诺节能量所产生的节能效益不小于制造企业为节能项目所付出的成本，假设节能服务公司向制造企业承诺节能量的系数 $\lambda \geq \alpha k (r_g^u / r_0)^2 / [2r_g^u p_e (a - bp_g^u + \tau r_g^u)]$。

一、制造企业和节能服务公司的最优决策

为了得出解析解，类似于 Hua 等（2006），假设随机变量 η_i 服从均匀分布，即 $\eta_i - U[-r_i^u, r_i^u]$，应用逆向归纳法求解节能量保证情形下的博弈模型。首先得到给定单位产品节能量 r_g^u 和超额节能效益分享比例 φ_g^u 情形下制造企业的最优价格，即性质 6-9。

性质 6-9 如果制造企业选择节能量保证，给定单位产品节能量 r_g^u 和超额节能效益分享比例 φ_g^u，制造企业的最优价格为：

$$p_g^{u*}(r_g^u, \varphi_g^u) = \frac{a + bc + bp_e r_0}{2b} + \frac{r_g^u}{8}\left[\frac{4\tau}{b} - p_e(4 + \lambda^2 - \varphi_g^u(2 - \lambda)^2)\right]$$

（1）$dp_g^{u*}(r_g^u, \varphi_g^u) / d\tau > 0$；

（3）$dp_g^{u*}(r_g^u, \varphi_g^u) / d\lambda < 0$；

（3）最优价格与单位产品节能量的关系除了受消费者环境意识影响之外，还与节能服务公司的承诺节能量系数和超额节能效益分享比例有关。

性质 6-9 表明，如果制造企业选择节能量保证，在给定单位产品节能量和超额节能效益分享比例情形下，最优价格与消费者环保意识的关系与自我节能情形、节能效益分享情形一致。而最优价格与节能服务公司的单位产品承诺节能量系数负相关，即随着节能服务公司的单位产品承诺节能量的增大，制造企业应该设置一个较低的最优价格。此外，最优价格与单位产品节能量的关系受消费者环境意识和能源价格影响外，还受节能服务公司的单位产品承诺节能量和超额节能效益分享比例这两个因素的影响。

进一步求解博弈模型得性质 6-10 和定理 6-2。

性质 6-10 如果制造企业选择节能量保证，给定单位产品节能量 r_g^u，假设 $\lambda \geq 1/2$，节能服务公司的最优超额节能效益分享比例为：

$$\varphi_g^{u*}(r_g^u) = 1$$

性质 6-10 表明，在给定单位产品节能量情形下，节能服务公司的最优超额节能效益分享比例与消费者环境意识、单位产品承诺节能量、单位产品预计节能量无关，即节能服务公司的最优决策为占有整个的超额节能效益。

定理 6-2 节能量保证情形下，当 $\alpha k > \dfrac{(bp_e\lambda + \tau)}{2b}\left[(bp_e\lambda + \tau) + \dfrac{A}{r_0}\right]$ 时，制造企业的最优单位产品预计节能量为：

$$r_g^{u*} = \frac{A(bp_e\lambda + \tau)}{2b\alpha k - (bp_e\lambda + \tau)^2}$$

制造企业和节能服务公司的最优利润分别为：

$$\Pi_{mg}^{u*} = \frac{\alpha kA^2}{4b\alpha k - 2(bp_e\lambda + \tau)^2} \quad , \quad \Pi_{eg}^{u*} = \frac{A^2 bp_e\alpha k(1-\lambda)(bp_e\lambda + \tau)}{[2b\alpha k - (bp_e\lambda + \tau)^2]^2}$$

定理 6-2 给出了节能量保证情形下制造企业的最优单位产品预计节能量以及两家企业的最优利润。由定理 6-2 已得下面的性质 6-11 和性质 6-12。

性质 6-11 节能量保证情形下，

（1） $dr_g^{u*}/d\tau > 0$ ；

（2） $dr_g^{u*}/d\lambda > 0$ ；

（3） $dr_g^{u*}/d(\alpha k) < 0$ 。

性质 6-11 表明，最优单位产品预计节能量与消费者的环保意识和单位产品承诺节能量系数正相关，与节能投资成本系数负相关。即随着消费者环境意识或者单位产品承诺节能量的增大，制造企业应设置一个较大的最优单位产品预计节能量。最优单位产品预计节能量与节能投资成本系数的关系与直觉一致。

性质 6-12 节能量保证情形下，

（1） $d\Pi_{mg}^{u*}/d\tau > 0$ ， $d\Pi_{eg}^{u*}/d\tau > 0$ ；

（2） $d\Pi_{mg}^{u*}/d\lambda > 0$ ；

（3） $d\Pi_{mg}^{u*}/d(\alpha k) < 0$ ， $d\Pi_{eg}^{u*}/d(\alpha k) < 0$ 。

性质 6-12 表明，随着消费者环境意识的增大或节能投资成本系数的减少，两家企业的最优利润都会增大。而制造企业的最优利润与节能服务公司的单位产品承诺节能量系数正相关，即节能服务公司的单位产品承诺节能量的增大有利于制造企业。

如果制造企业选择自我节能或节能效益分享，因为 $E(\eta_i)=0$，所以单位产品实际节能量不确定情形下制造企业的最优决策和最优利润与基本模型一致，具体可见性质 6-1 到性质 6-5。

二、制造企业的最优节能方式选择

面临自我节能和节能效益分享，由于单位产品节能量不确定性情形下制造企业的最优利润与基本模型一致，因此制造企业最优节能方式选择与基本模型一致，即如定理 6-1、性质 6-6 和性质 6-7 所示。

面临自我节能和节能量保证，比较自我节能和节能量保证两种节能方式下制造企业的最优利润，得出定理 6-3。

定理 6-3　面临自我节能和节能量保证，存在阈值 α_{bg}，则：

（1）当 $\alpha > \alpha_{bg}$，有 $\Pi_{mg}^{u*} < \Pi_{mb}^{u*}$，制造企业应选择自我节能；

（2）当 $\alpha = \alpha_{bg}$，有 $\Pi_{mg}^{u*} = \Pi_{mb}^{u*}$，制造企业选择自我节能或节能量保证两种节能方式无差异；

（3）当 $\alpha < \alpha_{bg}$，有 $\Pi_{mg}^{u*} > \Pi_{mb}^{u*}$，制造企业应选择节能量保证。

其中，$\alpha_{bg} = \dfrac{(bp_e\lambda + \tau)^2}{r_0^2(bp_e + \tau)^2}$。

定理 6-3 也表明，当考虑消费者环境意识时，面临自我节能和节能量保证，类似于自我节能和节能效益，也存在阈值 α_{bg}，制造企业可以根据阈值 α_{bg} 在自我节能和节能量保证两种节能方式中选择最优节能方式。此时改变节能方式选择决策的阈值也不是一个常数，与自我节能和节能效益情形不同的是，阈值除了受消费者环境意识、制造企业的节能投资成本系数和能源价格等因素的影响外，还受单位产品承诺节能量的影响。

由定理 6-3 可得下面的性质 6-13。

性质 6-13　面临自我节能和节能量保证，则：

（1）α_{bg} 是关于消费者环境意识 τ 的增函数；

（2）α_{bg} 是关于单位产品承诺节能量系数 λ 的增函数。

性质 6-13 表明，与节能效益分享情形相似，消费者环境意识的增大产生了两个方面的效果：其一是改变制造企业节能方式选择决策的阈值 α_{bg} 往 1 靠近；其二是消费者环境意识扩大了制造企业选择自我节能的区域。另外，节能服务公司增大单位产品承诺节能量系数也产生了同样的效果。

面临节能效益分享和节能量保证，比较节能效益分享和节能量保证两种节能方式下制造企业的最优利润，得出定理 6-4。

定理 6-4 面临节能效益分享和节能量保证，存在阈值 $\lambda_{sg}(\lambda_{sg} < 1)$，则

（1）当 $\lambda_{sg} \leqslant 1/2$ 时，制造企业应选择节能量保证；

（2）当 $1/2 < \lambda_{sg} < 1$ 时，

① 当 $\lambda < \lambda_{sg}$，有 $\Pi_{mg}^{u*} < \Pi_{ms}^{u*}$，制造企业应选择节能效益分享；

② 当 $\lambda = \lambda_{sg}$，有 $\Pi_{mg}^{u*} = \Pi_{ms}^{u*}$，制造企业选择节能量保证或节能效益分享两种节能方式无差异；

③ 当 $\lambda > \lambda_{sg}$，有 $\Pi_{mg}^{u*} > \Pi_{ms}^{u*}$，制造企业应选择节能量保证；

其中，$\lambda_{sg} = \dfrac{\sqrt{C_1} - \tau}{bp_e}$，$C_1 = 2b\alpha k\left[1 - \dfrac{4(4b\alpha k - t)^2}{(8b\alpha k - t)^2}\right]$。

定理 6-4 表明，面临节能效益分享和节能量保证，存在阈值 λ_{sg}，当阈值较小时，制造企业选择节能量保证最有利；若阈值处于中间值，则当节能服务公司的承诺节能量系数较小时，制造企业选择节能效益分享，随着节能服务公司的承诺节能量系数的增大，制造企业转而选择节能量保证进行节能。

第五节　数值实验

下面进行数值实验，主要针对节能量的敏感系数 τ 进行敏感性分析。设 $a = 100$，$b = c = p_e = r_0 = 1$，$k = 500$，$0 \leqslant \tau \leqslant 2$。

一、单位产品实际节能量不存在随机性情形

首先，分析节能量的敏感系数 τ 对最优单位产品节能量 r_i^{opt}（上标 opt 表示最优值）的影响，分别取 $\alpha = 0.3$、0.5、0.8，从而得到图 6.1。

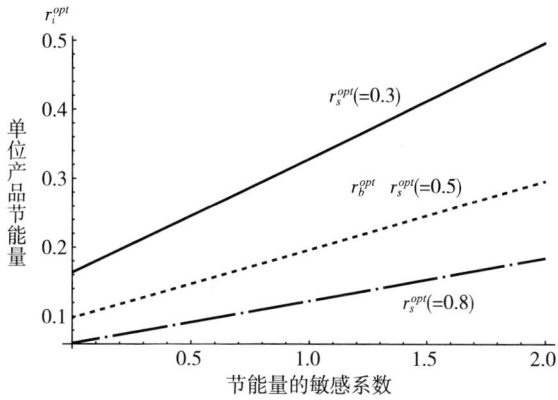

图 6.1 节能量的敏感系数 τ 对最优单位产品节能量 r_i^{opt} 的影响

从图 6.1 可以看出，在自我节能和节能效益分享两种节能方式下：

（1）随着消费者对企业节能量敏感系数的增大，最优单位产品节能量也增大，即消费者的环保意识对最优单位产品节能量起积极作用，即性质 6-2 和性质 6-4 成立。

（2）制造企业在两种节能方式下最优单位产品节能量的相对大小取决于节能服务公司和制造企业投资成本系数的比率，即性质 6-8 成立。

其次，分析节能量的敏感系数 τ 分别对最优利润 Π_{mi}^{opt} 和 Π_{es}^{opt} 的影响，分别取 $\alpha = 0.3, 0.5, 0.8$，从而得到图 6.2。

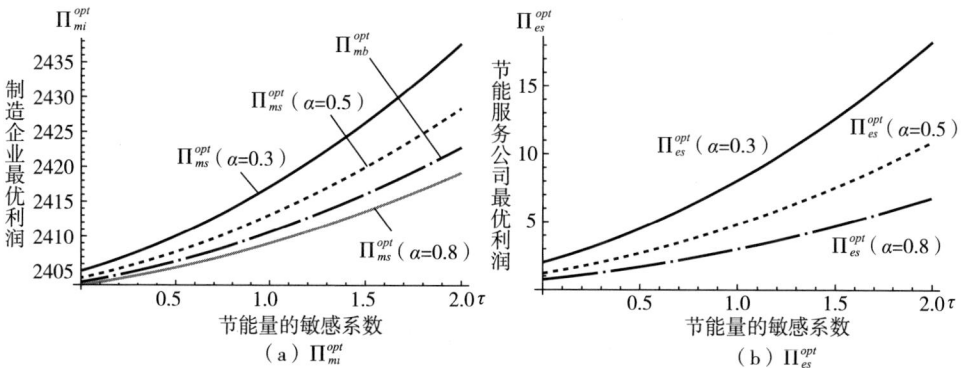

图 6.2 节能量的敏感系数 τ 对制造企业最优利润 Π_{mi}^{opt} 和 Π_{es}^{opt} 的影响

由图 6.2 可以发现，随着企业节能量的敏感系数的增大，制造企业和节能服务公司的最优利润均增大，即消费者的环保意识的增大对制造企业和节能服务公司都是有利的，即性质 6-4 和性质 6-5 成立。

最后，分析节能量的敏感系数 τ 对制造企业最优节能方式选择的影响。为了图形所体现的性质更加明显，不妨设 $k=600$，$0 \leqslant \tau \leqslant 10$，令 $\Delta\pi = \Pi_{mb}^{opt} - \Pi_{ms}^{opt}$，其表示制造企业在两种节能方式下的最优利润之差，从而得到图 6.3 和图 6.4。

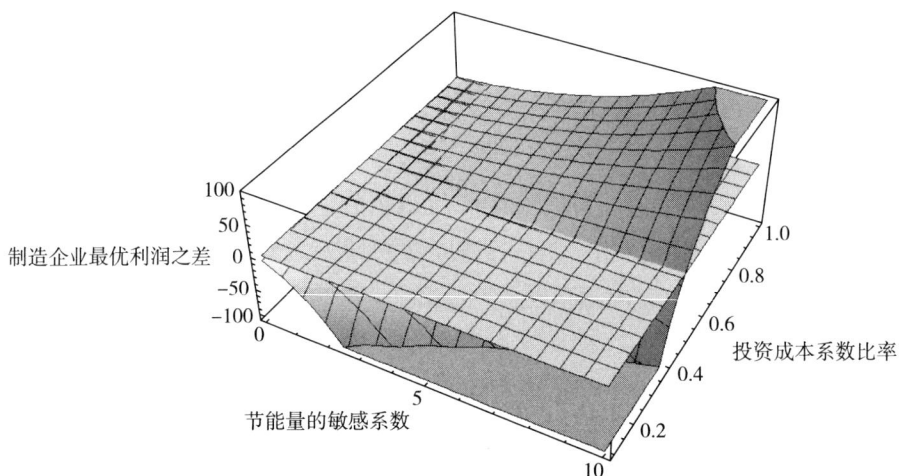

图 6.3　制造企业最优利润之差与节能量敏感系数 τ 和投资成本系数比率 α 的关系

观察图 6.3 中的曲面，存在阈值线 $\alpha_{bs} = \dfrac{t}{8bk}(1 + \dfrac{\sqrt{2bk}}{\sqrt{2bk} - \sqrt{2bk-t}})$，当 $\alpha < \alpha_{bs}$ 时，曲面在平面 $\Delta\pi=0$ 下面，即 $\Delta\pi < 0$；反之，当 $\alpha > \alpha_{bs}$，曲面在平面 $\Delta\pi=0$ 上面，即 $\Delta\pi > 0$；为了验证性质 6-6 和性质 6-7，继续用 Mathematica 软件画出平面 $\Delta\pi=0$，从而得到图 6.4。

观察图 6.4，定理 6-1 和性质 6-7 显而易见。另外，阈值线存在最大值 $\overline{\alpha_{bs}}$ 和最小值 $\underline{\alpha_{bs}}$，当 $\overline{\alpha_{bs}} < \alpha \leqslant 1$ 或 $\alpha < \underline{\alpha_{bs}}$ 时，制造企业的最优节能方式选择与消费者的环境意识无关，性质 6-7 其他部分也很容易验证。

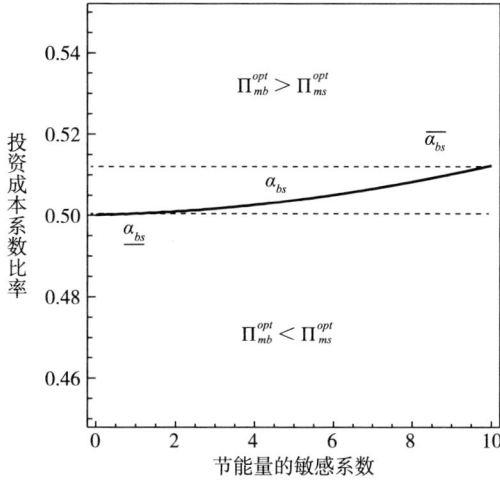

图6.4　面临自我节能和节能效益分享情形下最优节能方式选择（确定情形）

二、单位产品实际节能量存在不确定性情形

根据前文的分析，单位产品实际节能量不确定性情形下制造企业的最优决策、最优利润与基本模型一致。因此，如果制造企业选择自我节能或节能效益分享，在单位产品实际节能量不确定性情形下，企业节能量的敏感系数 τ 对最优单位产品节能量、制造企业的最优利润的影响与确定情形一致。

首先分析选择节能量保证情形下，节能量的敏感系数 τ 和节能服务公司单位产品承诺节能量系数 λ 对制造企业的最优单位产品节能量 $r_g^{u,opt}$、制造企业的最优利润 $\Pi_{mg}^{u,opt}$、节能服务公司的最优利润 $\Pi_{eg}^{u,opt}$ 影响。

节能量的敏感系数 τ 对制造企业的最优单位产品节能量 $r_g^{u,opt}$ 的影响，分别取 $\lambda=0.9$ 和 $\alpha=0.3, 0.5, 0.8$，$\alpha=0.3$ 和 $\lambda=0.7, 0.8, 0.9$，从而得到图6.5。

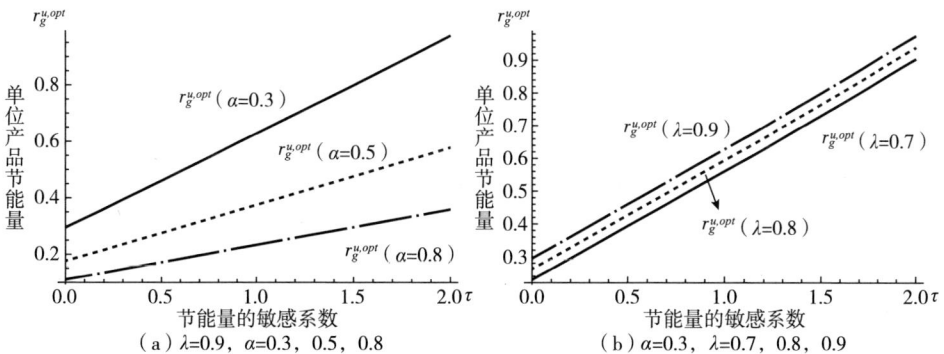

（a）$\lambda=0.9$，$\alpha=0.3, 0.5, 0.8$　　　（b）$\alpha=0.3$，$\lambda=0.7, 0.8, 0.9$

图6.5　节能量的敏感系数 τ 对最优单位产品节能量 $r_g^{u,opt}$ 的影响

从图 6.5 可以看出，在节能量保证节能方式下，随着消费者对企业节能量敏感系数的增大，最优单位产品节能量也增大，即消费者的环境意识对最优单位产品节能量起积极作用，即性质 6-11（1）成立。

节能服务公司单位产品承诺节能量系数 λ 对制造企业的最优单位产品节能量 $r_g^{u,opt}$ 的影响。为了保证制造企业能回收投资成本，有 $\lambda \geq \alpha k (r_g^u / r_0)^2 / [2r_g^u p_e (a - bp_g^u + \tau r_g^u)]$，即 $\lambda \geq \dfrac{\alpha\tau}{bp_e(2r_0^2 - \alpha)}$，又因为 $1/2 \leq \lambda \leq 1$，所以为了保证存在单位产品承诺节能量系数，有 $\dfrac{\alpha\tau}{bp_e(2r_0^2 - \alpha)} \leq 1$，其等价于 $\alpha \leq \dfrac{2bp_e r_0^2}{bp_e + \tau}$。设 $\tau = 1$，由前式可知 $\alpha \leq 1$，因此，跟前面一样，分别 $\alpha = 0.3, 0.5, 0.8$；因为 $\dfrac{\alpha\tau}{bp_e(2r_0^2 - \alpha)}$ 是 α 的增函数，假设 $0.2 \leq \alpha \leq 1$，有 $1/2 \leq \lambda \leq 1$，做数值实验，从而得到图 6.6。

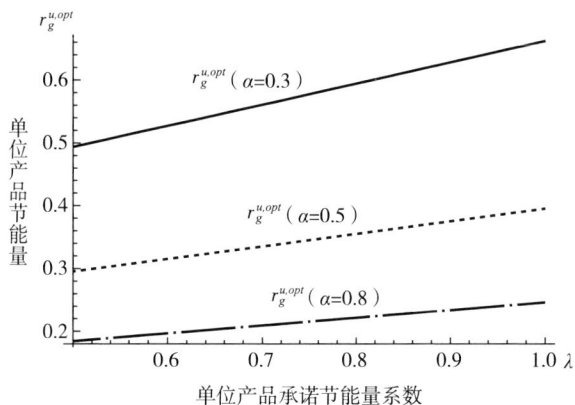

图 6.6　单位产品承诺节能量系数 λ 对最优单位产品节能量 $r_{eg}^{u,opt}$ 的影响

观察图 6.6，可知随着节能服务公司单位产品承诺节能量系数的增大，最优单位产品节能量也增大，即单位产品承诺节能量系数的增大对最优单位产品节能量起积极作用，即性质 6-11（2）成立。

节能量的敏感系数 τ 对制造企业最优利润 $\Pi_{mg}^{u,opt}$ 和节能服务公司最优利润 $\Pi_{eg}^{u,opt}$ 的影响，分别取 $\lambda = 0.9$ 和 $\alpha = 0.3, 0.5, 0.8$，$\alpha = 0.3$ 和 $\lambda = 0.7, 0.8, 0.9$，从而得到图 6.7。

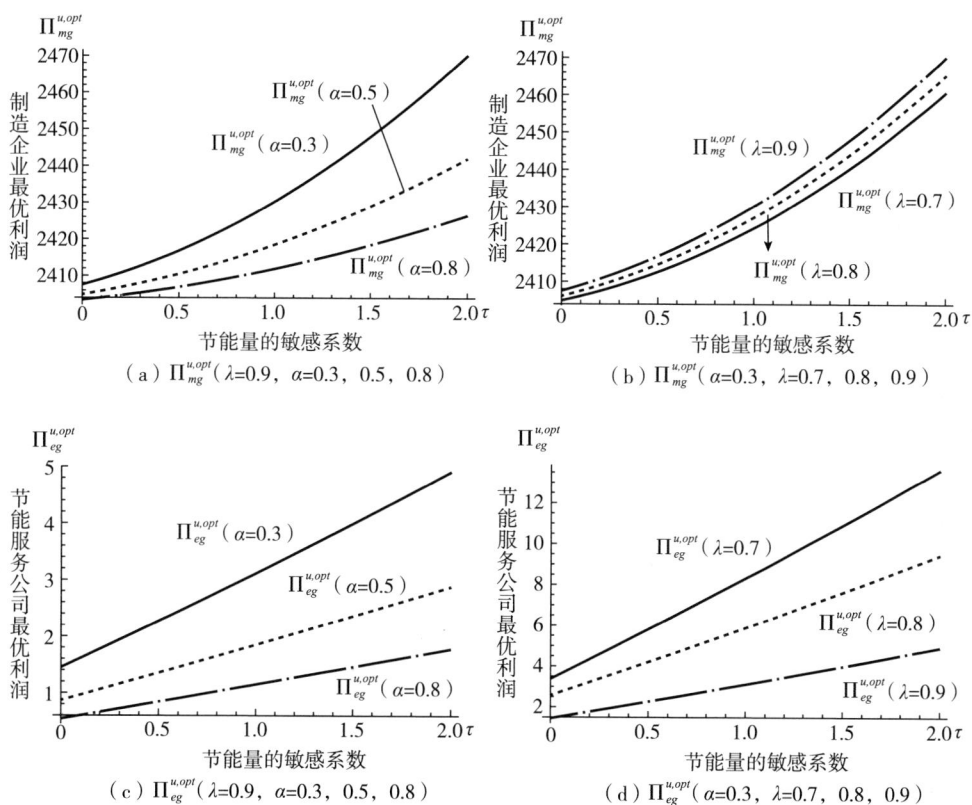

（a）$\Pi_{mg}^{u,opt}$（$\lambda=0.9$，$\alpha=0.3$，0.5，0.8）

（b）$\Pi_{mg}^{u,opt}$（$\alpha=0.3$，$\lambda=0.7$，0.8，0.9）

（c）$\Pi_{eg}^{u,opt}$（$\lambda=0.9$，$\alpha=0.3$，0.5，0.8）

（d）$\Pi_{eg}^{u,opt}$（$\alpha=0.3$，$\lambda=0.7$，0.8，0.9）

图 6.7　节能量的敏感系数 τ 对最优利润 $\Pi_{mg}^{u,opt}$ 和 $\Pi_{eg}^{u,opt}$ 的影响

由图 6.7 可以发现，在节能量保证节能方式下，随着企业节能量的敏感系数的增大，制造企业和节能服务公司的最优利润都增大，即消费者的环保意识对制造企业和节能服务公司的最优利润均起积极作用，即性质 6-12（1）成立。

节能服务公司单位产品承诺节能量系数 λ 对制造企业最优利润 $\Pi_{mg}^{u,opt}$ 和节能服务公司最优利润 $\Pi_{eg}^{u,opt}$ 的影响。类似于分析单位产品承诺节能量系数对最优单位产品节能量的影响，令 $0.2 \leqslant \alpha \leqslant 1$，$\alpha=0.3$、$0.5$、$0.8$，$\tau=1$，$1/2 \leqslant \lambda \leqslant 1$，做数值实验，从而得到图 6.8。

观察图 6.8，可知随着节能服务公司单位产品承诺节能量系数的增大，制造企业的最优利润也增大，即性质 6-12（2）成立。而节能服务公司单位产品承诺节能量系数对节能服务公司最优利润的影响是负面的，即节能服务公司提高单位产品承诺节能量系数，会对自身的利润造成损害。

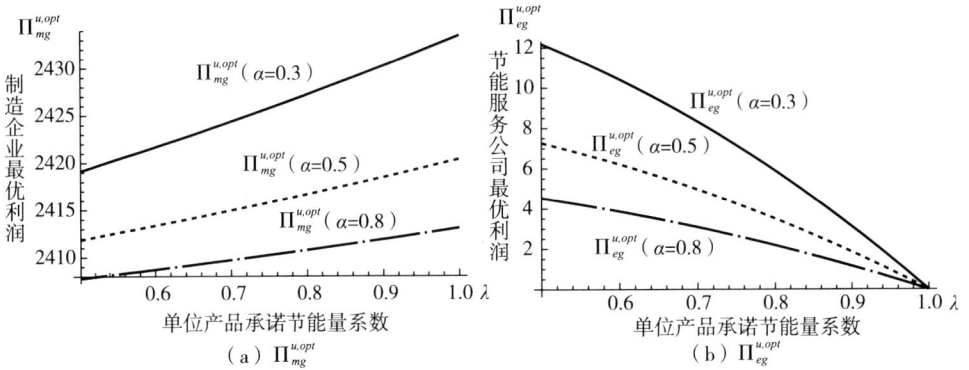

图 6.8 单位产品承诺节能量系数 λ 对最优利润 $\Pi_{mg}^{u,opt}$ 和 $\Pi_{eg}^{u,opt}$ 的影响

其次分析节能量的敏感系数 τ 和节能服务公司单位产品承诺节能量系数 λ 对制造企业最优节能方式选择的影响。

面临自我节能和节能效益分享，由于单位产品节能量不确定性情形下制造企业的最优利润与基本模型一致，因此单位产品节能量不确定性没有改变节能量的敏感系数 τ 对制造企业最优节能方式选择的影响，即如图 6.3 和图 6.4 所示。此时，不涉及节能服务公司单位产品承诺节能量系数对制造企业最优节能方式选择的影响。

面临自我节能和节能量保证，分析节能量的敏感系数 τ 对制造企业最优节能方式选择的影响。其他参数类似于自我节能和节能效益分享，令 $\Delta\pi_{gb} = \Pi_{mg}^{u,opt} - \Pi_{mb}^{opt}$，其表示制造企业在两种节能方式下的最优利润之差，从而得到图 6.9（a）。

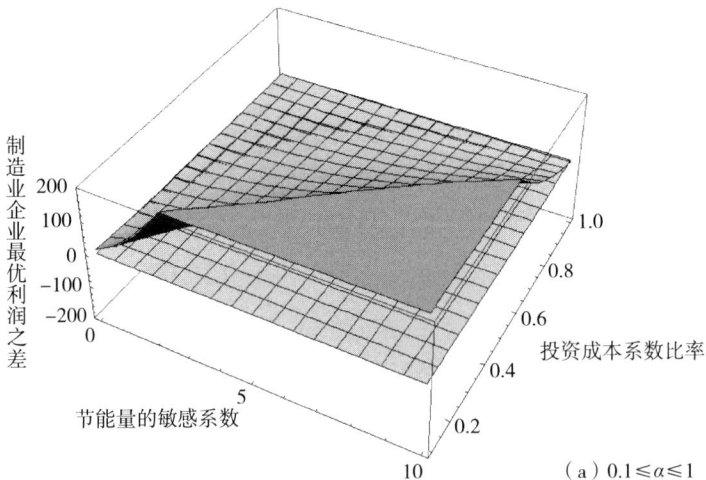

（a）$0.1 \leqslant \alpha \leqslant 1$

图 6.9 最优利润之差 $\Delta\pi_{gb}$ 与节能量的敏感系数 τ 和投资成本系数比率 α 的关系

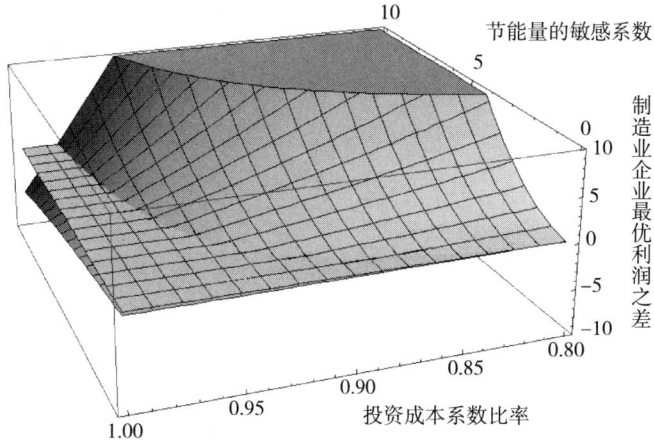

（b）$0.8 \leqslant \alpha \leqslant 1$

图 6.9 最优利润之差 $\Delta\pi_{gb}$ 与节能量的敏感系数 τ 和投资成本系数比率 α 的关系（续图）

为了便于观察，放大图 6.9（a）中 $0.8 \leqslant \alpha \leqslant 1$ 部分，从而得到图 6.9（b）。观察图 6.9（b）中的曲面，存在阈值线 $\alpha_{bg} = \dfrac{(bp_e\lambda + \tau)^2}{r_0^2(bp_e + \tau)^2}$，当 $\alpha < \alpha_{bg}$ 时，曲面在平面 $\Delta\pi_{gb} = 0$ 下面，即 $\Delta\pi_{gb} < 0$；反之，当 $\alpha > \alpha_{bg}$，曲面在平面 $\Delta\pi_{gb} = 0$ 上面，即 $\Delta\pi_{gb} > 0$；继续用 Mathematica 软件画出平面 $\Delta\pi_{gb} = 0$，从而得到图 6.10。

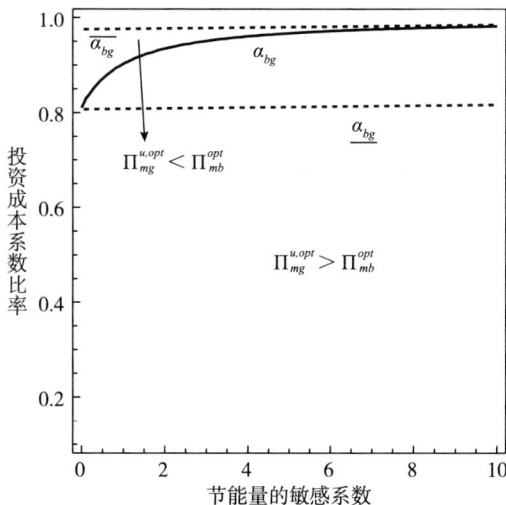

图 6.10 面临自我节能和节能量保证节能量最优节能方式选择（不确定情形）

观察图 6.9,定理 6-3 和性质 6-13(1)显而易见。另外,与自我节能和节能效益分享情形相似,阈值线存在最大值 $\overline{\alpha_{bg}}$ 和最小值 $\underline{\alpha_{bg}}$,当 $\overline{\alpha_{bg}} < \alpha \leqslant 1$ 或 $\alpha < \underline{\alpha_{bg}}$ 时,制造企业的最优节能方式选择与消费者的环境意识无关。

面临自我节能和节能量保证,分析单位产品承诺节能量系数 λ 对制造企业最优节能方式选择的影响。其他参数类似于自我节能和节能效益分享,令 $\tau = 1$,$1/2 \leqslant \lambda \leqslant 1$,从而得到图 6.11。

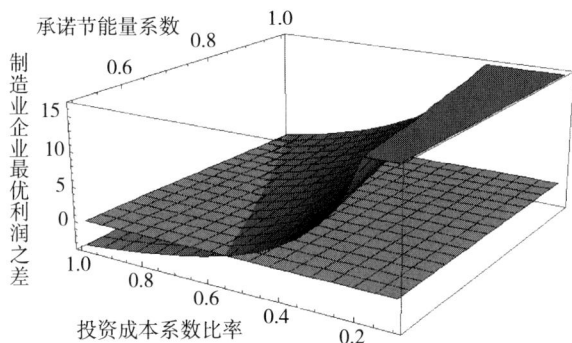

图 6.11　最优利润之差 $\Delta\pi_{gb}$ 与承诺节能量系数 λ 和投资成本系数比率 α 的关系

观察图 6.11 中的曲面,易得定理 6-3。继续用 Mathematica 软件画出平面 $\Delta\pi_{gb} = 0$,从而得到下面的图 6.12。

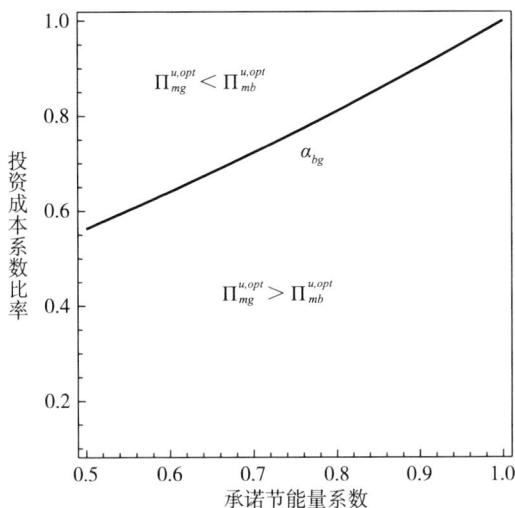

图 6.12　面临自我节能和节能量保证最优节能方式选择(不确定情形)

观察图 6.12，定理 6-3 和性质 6-13（2）显而易见，即 α_{bg} 是关于单位产品承诺节能量系数 λ 的增函数，单位产品承诺节能量系数的增大会产生与消费者环境意识增大类似的效果。

面临节能效益和节能量保证，分析单位产品承诺节能量系数 λ 对制造企业最优节能方式选择的影响。参数如前面情形一致，$\Delta\pi_{gs} = \Pi_{mg}^{opt} - \Pi_{ms}^{opt}$ 表示制造企业在两种节能方式下的最优利润之差，分别令 $\tau=1$ 和 $\tau=0.3$，从而得到图 6.13。

（a）$\tau=1$

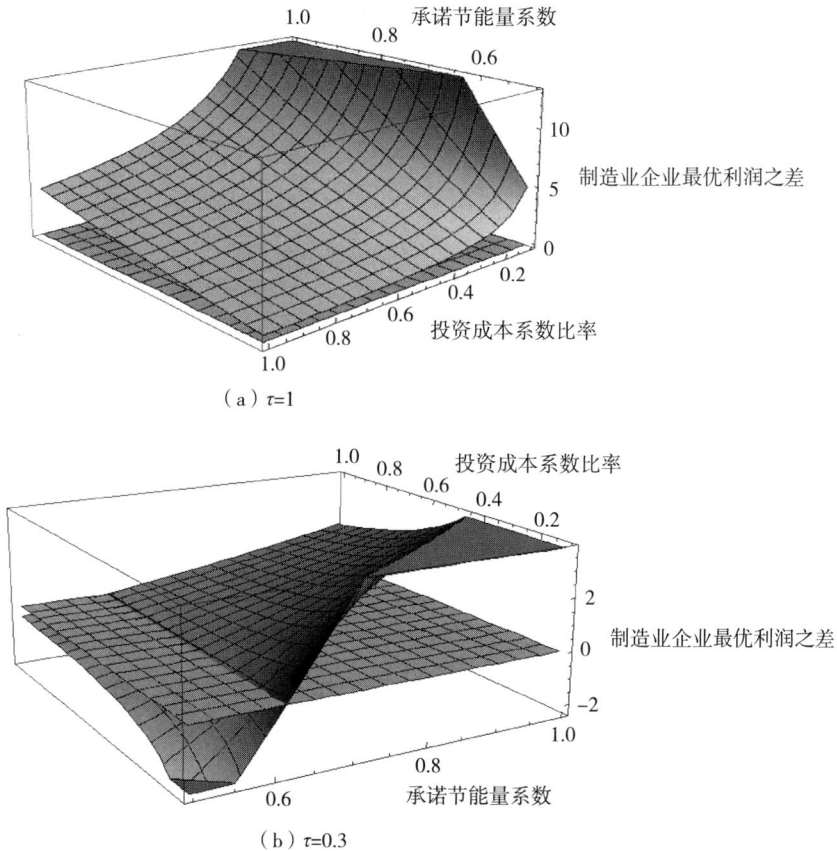

（b）$\tau=0.3$

图 6.13　最优利润之差 $\Delta\pi_{gs}$ 与单位产品承诺节能量系数 λ 和投资成本系数比率 α 的关系

观察图 6.13（a）中的曲面，当 $\tau=1$，$\lambda_{sg} < 1/2$，曲面 $\Delta\pi_{gs} = \Pi_{mg}^{opt} - \Pi_{ms}^{opt}$ 在平面 $\Delta\pi_{gs}=0$ 上面，即 $\Delta\pi_{gs}>0$，即制造企业应该选择节能量保证，验证了定理 6-4（1）。观察图 6-13（b）中的曲面，当 $\tau=0.3$，$1/2 < \lambda_{sg} < 1$，曲面 $\Delta\pi_{gs} = \Pi_{mg}^{opt} - \Pi_{ms}^{opt}$

在平面 $\Delta\pi_{gs}=0$ 上面，即 $\Delta\pi_{gs}>0$，即制造企业应该选择节能量保证，曲面 $\Delta\pi_{gs}=\Pi_{mg}^{opt}-\Pi_{ms}^{opt}$ 在平面 $\Delta\pi_{gs}=0$ 下面，即 $\Delta\pi_{gs}<0$，即制造企业应该选择节能效益分享，即如图 6.14 所示。

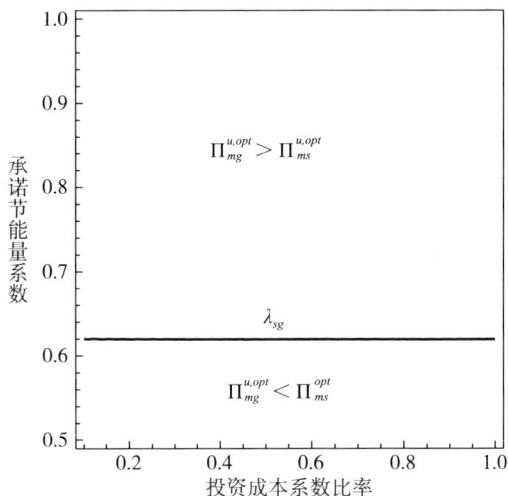

图 6.14　面临节能效益和节能量保证节能量最优节能方式选择（不确定情形）

观察图 6.14，定理 6-4（2）显而易见，即制造企业根据改变节能方式选择决策的阈值 λ_{sg} 进行最优节能方式选择。

第六节　研究结论与管理启示

本节罗列主要结论与管理启示，具体如下：

（1）在自我节能方式下，制造企业的最优单位产品节能量及制造企业的最优利润是消费者环保意识的单调递增函数。

（2）在节能效益分享情形下，最优单位产品节能量及制造企业的最优利润与消费者的环保意识的关系与自我节能情形相同；此外，最优节能效益分享比例是消费者环保意识的单调递减函数。

（3）若制造企业追求利润最大化，消费者的环保意识对制造企业的最优节能方式选择不一定产生影响。当节能服务公司和制造企业的投资成本系数比率较小或较大时，消费者的环保意识对制造企业的最优节能方式选择不产生影响；当节能服务公司和制造企业的投资成本系数比率处于中间值时，制造企业的最优节能方式选择决策由节能服务公司和制造企业的投资成本系数比率和消费者的环保意识两个因素决定。

（4）若制造企业追求单位产品节能量最大化，则节能服务公司和制造企业的投资成本系数比率是制造企业进行最优节能方式的唯一影响因素，即消费者的环保意识等其他因素不会对制造企业选择最优节能方式产生影响。当节能服务公司和制造企业的投资成本系数比率较大时，若制造企业欲获得一个更大的单位产品节能量，则制造企业应选择自我节能；反之，制造企业应选择节能效益分享进行节能。

（5）在单位产品节能量不确定情形下，具有与单位产品节能量确定情形相类似的研究结论。

第七节　小结

当今社会，企业不得不关注不断增强的消费者环保意识。在现实中，处在完全垄断环境中的一家制造企业，在消费者具有环保意识情形下，面临各种节能方式，如何选择最优节能方式及确定给定节能方式下的最优决策是企业管理人员关注的重要运营决策。本章通过建立数学模型的方法，首先假设单位产品节能量是确定的，从微观层面研究了这一运营决策。其次研究了单位产品节能量不确定情形的运营决策。研究结果为制造企业管理人员在消费者具有环保意识情形下如何选择最优节能方式及给定节能方式下做最优节能决策提供了重要的管理启示。现实中，制造企业和节能服务公司组成能源供应链。当今社会，供应链协调已成为诸多企业的共识。然而，前几章中均未考虑能源供应链协调对制造企业最优节能方式的影响。因此，研究此背景下制造企业的节能方式选择是一个非常重要的问题。

第七章 能源供应链协调情形下制造企业节能方式选择

第一节 引言

伴随社会的进步和经济的发展，企业之间的竞争已经转变为供应链之间的竞争。当制造企业采用节能效益分享时，制造企业和节能服务公司组成能源供应链，如果不对能源供应链进行协调，可能会造成整个供应链的无效率，即产生双边效应（Spengler，1950；Tayur 和 Magazine，1999）。为了抑制这种双边效应，各种合同被设计用来协调供应链（具体见第二章）。通过具体的合同，协调后制造企业和节能服务公司获得了与协调前不同的利润，从而协调可能是影响制造企业选择最优节能方式的一个重要因素。在此背景下，制造企业管理人员面临如下挑战：一是节能量确定时能源供应链是否需要协调及如何协调。二是在供应链不协调和协调两种情形下如何科学选择最优节能方式及确定给定节能方式下的最优决策。三是若节能量可调整时是否需要改变相关决策。从相关研究来看，还存在以下不足：一是极少对能源供应链进行协调分析，亟需提出能源供应链的协调方法。二是未能构建节能量确定时供应链不协调和协调情形下的制造企业最优节能方式选择理论，亟需应用定量方法构建相关理论。三是未能明晰单位产品节能量可调整对前述研究结论的影响如何。

基于此动机，本章致力于研究以下问题：一是当单位产品节能量不可调整时能源供应链是否需要协调以及如何协调。二是此时供应链不协调和协调情形下制造企业如何选择最优节能方式。三是单位产品节能量可调整对前述研究结论的影响如何。为回答以上三个研究问题：首先，假设单位产品节能量不可调整，分别建立不协调情形下两种节能方式的数学模型并对模型进行分析，探讨不协调情形下制造企业如何做最优节能方式选择及给定节能方式下的最优决策，尝试提出供应链的协调方法之后，研究协调情形下制造企业的节能方式选择问题；其次，放松单位产品节能量不可调整这个假设，分析单位产品节能量可调整对前述研究结论的影响。

本章余下内容如下：第二节对问题进行描述并建立了单位产品节能量可调整情形下的数学模型；基本模型分析放在第三节；第四节将单位产品节能量不可调整情形下的数学模型拓展到单位产品节能量可调整情形，并对模型进行分析；第五节应用数值例子对理论分析结果进行验证；主要结论和管理启示放在第六节；第七节对本章进行小结。

第二节　问题描述

考虑完全垄断环境下一家制造企业（Manufacturer，用下标 m 表示）生产一种产品且计划节能，假设单位产品节能量不可调整，制造企业做两阶段决策，如图 7.1 所示。

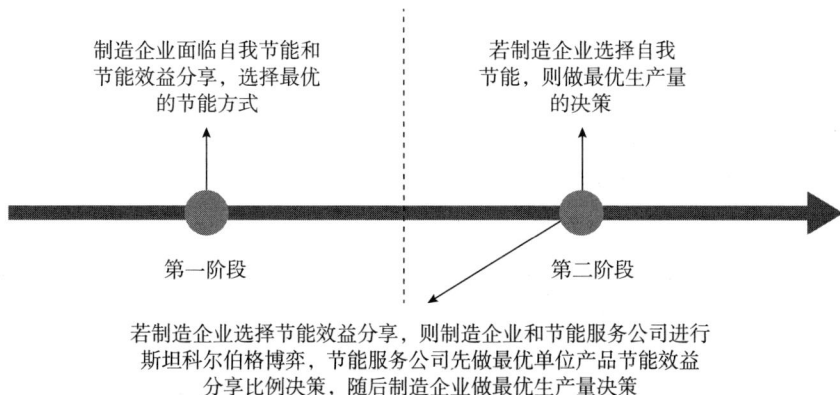

制造企业面临自我节能和
节能效益分享，选择最优
的节能方式

若制造企业选择自我
节能，则做最优生产量
的决策

第一阶段

第二阶段

若制造企业选择节能效益分享，则制造企业和节能服务公司进行
斯坦科尔伯格博弈，节能服务公司先做最优单位产品节能效益
分享比例决策，随后制造企业做最优生产量决策

图 7.1　制造企业的两阶段决策过程

第一阶段，面临自我节能（Self-saving，用下标 b 表示）和节能效益分享（Shared savings，用下标 s 表示）两种节能方式，制造企业可以选择前者，也可以将节能服务外包给一家节能服务公司，即选择后者，制造企业通过比较两种节能方式情形下的最优利润，做最优节能方式选择。第二阶段，面临确定性的市场需求，如果制造企业选择自我节能，则做最优生产量的决策，最大化自身利润；如果制造企业选择节能效益分享，则制造企业和节能服务公司（Energy service company，用下标 e 表示）进行斯坦科尔伯格博弈，节能服务公司首先做最优单位节能效益分享比例决策，随后制造企业作为追随者，做最优生产量决策，各自最大化自身利润。

在建立两种节能方式情形下的数学模型之前，首先给出模型的记号及主要假设。模型的记号如表 7.1 所示。

表 7.1　单位产品节能量不可调整情形下模型参数与决策变量

模型参数	
k_i	制造企业选择 i 节能方式时的节能边际成本
r_i	制造企业选择 i 节能方式时的单位产品节能量
p_i	产品价格
a	潜在市场容量，其中 $a>0$
δ	需求对产品价格的敏感程度，其中 $\delta>0$
c	单位产品的非能源生产成本
r_0	制造企业节能之前的初始能效，如标准煤／单位
p_e	能源价格
T_s	节能效益分享期，其中 $0 \leqslant T_s \leqslant 1$
λ	收益共享契约机制下制造企业的收益共享系数 λ，其中 $0 \leqslant \lambda \leqslant 1$
$\Pi_{mb}(q_b)$	制造企业选择自我节能时的利润
$\Pi_{ms}(q_s)$	不协调情形下制造企业选择节能效益分享时的利润
$\Pi_{es}(\theta)$	不协调情形下节能服务公司的利润
$\pi^c(q^c)$	集中控制情形下整个渠道的利润
$\Pi_{ms}^{co}(\lambda)$	收益共享契约协调机制下制造企业的利润
$\Pi_{es}^{co}(\lambda)$	收益共享契约协调机制下节能服务公司的利润

决策变量	
q_i	制造企业的生产数量
θ	节能效益分享比例，其中 $0 < \theta \leqslant 1$
q^c	协调情形下整个渠道的生产数量

注：下标 $i=m$，e 分别表示制造企业和节能服务公司，下标 $i=b$，s 分别表示制造企业选择自我节能和节能效益分享，上标"c"表示单位产品节能量外生和协调情形，上标"co"表示采用收益共享契约对两家企业进行协调情形。

模型的主要假设如下：

假设 7-1　两种节能方式下的节能系统均包含一种节能技术，自我节能时节能边际成本为 k_b，单位产品节能量为 r_b，节能效益分享时节能边际成本为 k_s，单位产品节能量为 r_s，且 $k_s > k_b$，$r_s > r_b$。

假设 7-1 类似于诸多的环境技术选择文献（Krass，2013；Gong 和 Zhou，2013），即节能服务公司拥有一种比制造企业更先进的节能技术，从而产生更好的节能效果，但同时需要更高的节能边际成本。

假设 7-2　逆需求函数 $p_i(q_i) = (a - q_i)/\delta$。

上述的逆需求函数表示如果制造企业生产量为 q_i 且全部投入市场，此时市场以价格 p_i 出清。

假设 7-3　节能服务公司与制造企业仅分享节能项目的直接效益。

节能效益仅考虑降低能源成本这个直接效益，不考虑节能给制造企业带来减排等间接效益（Pye，2000；Worrell 等，2003），但考虑到诸多间接效益往往难以量化，如制造过程中发生了化学反应，导致难以衡量减排效益，因此节能服务公司与制造企业仅分享直接效益。

为了避免琐碎的讨论，做出如下假设。节能之前制造企业的边际利润和市场需求为正，即 $p_i > c + r_0 p_e$ 且 $a - \delta c - \delta p_e r_0 > 0$。$k_b < k_s < p_e$ 表示节能边际成本要小于单位能源成本价格 p_e，即制造企业节约单位能源，可获利 $p_e - k_i > 0$，此时 k_i 为有效节能边际成本，否则，制造企业失去节能动力。制造企业和节能服务公司信息完全对称，参与约束均为 0；另外为了简化分析，假设两种节能系统均具有一个单位的生命周期。

一、单位产品节能产品不可调整情形下自我节能优化模型

自我节能情形，类似于前几章，制造企业将单位生产成本分解成不包括能源成本的生产成本 c 和能源成本 $(r_0 - r_b)p_e$，制造企业做生产量 q_b 决策，最大化利润。其利润函数为：

$$\prod_{mb}(q_b) = [(a - q_b)/\delta - c - (r_0 - r_b)p_e]q_b - k_b r_b q_b \tag{7.1}$$

利润函数式（7.1）的第一项表示制造企业的销售利润，第二项表示节能成本。

二、单位产品节能产品不可调整情形下节能效益分享博弈模型

节能效益分享情形，类似于前几章，制造企业与节能服务公司进行斯坦克尔伯格博弈，节能服务公司首先做最优节能效益分享比例 θ（$0 < \theta \leq 1$）决策，制造企业随后做最优生产量 q_s 决策，各自最大化利润。假设制造企业和节能服务公司约定分享期为 T_s 期，在分享期 T_s（$0 \leq T_s \leq 1$）内，制造企业和节能服务公司按照单位节能效益分享比例分享节能收益，因此分享期内单位产品生产成本为 $c + (r_0 - \theta r_s)p_e$，分享期 T_s 结束后，制造企业独享节能效益，直到周期末，因此分享期结束后单位产品生产成本为 $c + (r_0 - r_s)p_e$。为了简化分析，假设分享期为节能系统的整个生命周期，即 $T_s = 1$。

节能服务公司首先做节能效益分享比例 θ 决策，最大化自身利润。其利润函数为：

$$\prod_{es}(\theta) = \theta r_s p_e q_s - k_s r_s q_s \tag{7.2}$$

目标利润函数式（7.2）等于分享来的能源节约收益减去节能成本。

制造企业随后做生产量 q_s 决策，最大化自身利润。其利润函数为：

$$\prod_{ms}(q_s) = [(a - q_s)/\delta - c - (r_0 - (1 - \theta)r_s)p_e]q_s \tag{7.3}$$

目标利润函数式（7.3）等于边际利润乘以生产量。

第三节 模型分析

下文将对基本模型进行分析。首先分析给定节能方式下，制造企业和节能服务公司的最优决策，即本节第一部分。随后在本节第二部分分别探讨在不协调和协调情形下制造企业的最优节能方式选择。另外，用上标"*"表示最优值。

一、制造企业和节能服务公司的最优决策

求解自我节能情形下的优化模型，令 $A = a - \delta c - \delta p_e r_0$，易得下面的定理7-1。

定理7-1 单位产品节能量不可调整情形，若制造企业选择自我节能方式，令 $f_b = r_b(p_e - k_b)$，则其最优生产量和最优利润分别为：

$$q_b^* = (A + \delta f_b)/2, \quad \Pi_{mb}(q_b^*) = (A + \delta f_b)^2/(4\delta)$$

式中，f_b 表示制造企业选择自我节能时所获得的单位产品节能效益。定理7-1给出了单位产品节能量不可调整情形下，制造企业选择自我节能时的最优生产量和最优利润。定理7-1表明，与不节能相比，制造企业通过节能设置一个更大的最优生产量，获得更多的节能效益，从而增加了最优利润。同时，定理7-1也揭示了当能源价格或单位产品节能量增大时，制造企业应提高最优生产量以获取更多的节能效益，从而增加最优利润，反之亦然；当节能边际成本增大时，此时制造企业应降低最优生产量以避免过高的节能成本，以免减少最优利润，反之亦然。

下面对节能效益分享情形下的博弈模型进行求解。此时制造企业和节能服务公司组成一条能源供应链。

当能源供应链集中控制时，类似于诸多协调文献，假设存在一个主体做集中决策，如制造企业或节能服务公司，以此情形为基准，用上标"c"表示。此时利润函数为：

$$\pi^c(q^c) = [(a - q^c)/\delta - c - (r_0 - r_s)p_e]q^c - k_s r_s q^c \tag{7.4}$$

类似于自我节能优化模型的求解，易得下面的定理7-2。

定理7-2 单位产品节能量不可调整情形，若制造企业选择节能效益分享节能方式，令 $f_s = r_s(p_e - k_s)$，则集中决策情形下的最优生产量和最优利润分别为：

$$q^{c*} = (A + \delta f_s)/2, \quad \Pi^c(q^{c*}) = (A + \delta f_s)^2/(4\delta)$$

式中，f_s 表示制造企业选择节能效益分享节能方式时所获得的单位产品节能效益。定理7-2给出了单位产品节能量外生情形，集中决策下节能服务供应链的最优生产量和最优利润。

当供应链成员分散决策时，应用逆向归纳法，求解上述的博弈模型，得定理7-3。

定理7-3 单位产品节能量不可调整情形，若制造企业选择节能效益分享，则：

（1）节能服务公司单位产品最优节能效益分享比例和最优利润分别为：

$$\theta^* = (A + \delta f_s)/(2\delta p_e r_s), \quad \Pi_{es}(\theta^*) = (A + \delta f_s)^2/(8\delta)$$

（2）制造企业最优生产量和最优利润为：

$$q_s^* = (A + \delta f_s)/4, \quad \Pi_{ms}(q_s^*) = (A + \delta f_s)^2/(16\delta)$$

定理7-3给出了单位产品节能量不可调整情形下，当制造企业选择节能效益分享节能方式时两家企业的最优决策和最优利润。定理7-3揭示了与定理7-1相类似的性质，不同的是，当制造企业选择节能效益分享节能方式时，节能效益以一定比例在两家企业之间分享。定理7-3表明，当能源价格或单位产品节能量增大时，节能服务公司应降低最优节能效益分享比例，以刺激制造企业提高最优生产量，从而增加两家企业的最优利润，反之亦然。当节能边际成本增大时，节能服务公司通过提高最优节能效益分享比例以抑制增大的节能成本，制造企业应降低最优生产量，此时减少了两家企业的最优利润。定理7-3还表明，由于节能服务公司首先做决策，其获得了一个2倍于制造企业的最优利润，即节能服务公司获得了一个先动优势。

总结单位产品节能不可调整情形下，制造企业分别选择两种节能方式时两家企业的最优决策及最优利润，如表7.2所示。

表7.2 两种节能方式下两家企业的最优决策及最优利润（单位产品节能量不可调整）

	自我节能（b）	节能效益分享（s）	
		不协调	协调
q_b^*, q_s^*, q^{c*}	$\dfrac{A + \delta f_b}{2}$	$\dfrac{A + \delta f_s}{4}$	$\dfrac{A + \delta f_s}{2}$
θ^*	—	$\dfrac{A + \delta f_s}{2\delta p_e r_s}$	—
$\Pi_{mb}(q_b^*)$, $\Pi_{ms}(q_s^*)$, $\Pi_{ms}^{co}(\lambda)$	$\dfrac{(A + \delta f_b)^2}{4\delta}$	$\dfrac{(A + \delta f_s)^2}{16\delta}$	$\dfrac{\lambda(A + \delta f_s)^2}{4\delta}$

续表

$\Pi_{es}(\theta^*)$, $\Pi_{es}^{co}(\lambda)$	自我节能（b）	节能效益分享（s）	
		不协调	协调
	—	$\dfrac{(A+\delta f_s)^2}{8\delta}$	$\dfrac{(1-\lambda)(A+\delta f_s)^2}{4\delta}$

注：$A=a-\delta c-\delta p_e r_0$；$f_b=r_b(p_e-k_b)$ 表示制造企业选择自我节能时所获得的单位产品节能效益，$f_s=r_s(p_e-k_s)$ 表示制造企业选择节能效益分享时所获得的单位产品节能效益；λ 表示收益共享契约协调机制下制造企业的收益共享系数，$1-\lambda$ 表示收益共享契约协调机制下节能服务公司的收益共享系数，若要想制造企业和节能服务公司都接受新合同，必须满足条件 $1/4 \leqslant \lambda \leqslant 1/2$。

表 7.2 中不协调情形下制造企业选择效益分享时的最优生产数量揭示了一个重要的现象，即性质 7-1。

性质 7-1　在单位产品节能量不可调整和不协调情形下，当制造企业选择节能效益分享时，节能服务公司首先做决策具有先动优势，获得了一个 2 倍于制造企业的最优利润。

二、供应链不协调情形下最优节能方式选择

当节能服务公司和制造企业各自优化自身决策，即不协调情形，由表 7.2 可得性质 7-2。

性质 7-2　单位产品节能量不可调整和不协调情形，制造企业面临自我节能和节能效益分享两种节能方式，则：

（1）若 $f_s > A/\delta + 2f_b$，则 $q_s^* > q_b^*$，$\Pi_{ms}(q_s^*) > \Pi_{mb}(q_b^*)$；

（2）若 $f_s = A/\delta + 2f_b$，则 $q_s^* = q_b^*$，$\Pi_{ms}(q_s^*) = \Pi_{mb}(q_b^*)$；

（3）若 $f_s < A/\delta + 2f_b$，则 $q_s^* < q_b^*$，$\Pi_{ms}(q_s^*) < \Pi_{mb}(q_b^*)$。

其中，$f_b=r_b(p_e-k_b)$，$f_s=r_s(p_e-k_s)$。

性质 7-2 表明，若节能效益分享节能方式情形下的单位产品节能效益 f_s 与自我节能方式情形下的单位产品节能效益 f_b 相比具有较大的优势，即 $f_s > A/\delta + 2f_b$，此时制造企业应该选择节能效益分享节能方式，原因在于制造企业通过选择前者获得了一个相对较大的最优生产量，虽然需要与节能服务公司分析节能收益，但还是能获得一个更大的最优利润。反之，如 $f_s < A/\delta + 2f_b$，此时制造企业应该选择自我节能方式。性质 7-2 还揭示了一个重要的管理启示，当制造企业的潜在市

场容量 a 很大时，即 A 很大时，由于制造企业选择自我节能方式时总是能获得一个相对很大的最优生产量，从而制造企业总是选择自我节能方式更佳。

三、供应链协调情形下最优节能方式选择

首先探讨能源供应链是否需要协调及如何进行协调。若供应链需要协调且能协调，再探讨此情形下制造企业的最优节能方式选择。

由定理 7-2 和定理 7-3 可得性质 7-3。

性质 7-3

（1）$q^{c*} > q_s^*$；

（2）$\Pi^c(q^{c*}) > \Pi_{ms}(q_s^*) + \Pi_{es}(\theta^*)$。

性质 7-3 表明，单位产品节能量不可调整情形，集中决策下的最优生产量要大于分散决策下的最优生产量，同时集中决策下的最优利润要大于分散决策下制造企业和节能服务公司的最优利润之和，因此制造企业和节能服务公司组成的节能服务供应链需要协调。

要协调整个供应链，必须满足 $q_s^* = q^{c*}$，即刺激制造企业提高最优生产量。首先通过调整节能服务公司的节能效益分享比例来协调整个供应链。对比式（7.3）和式（7.4），要满足 $q_s^* = q^{c*}$，$\theta = k_s / p_e$，将 $\theta = k_s / p_e$ 代入式（7.2）得 $\Pi_{es}(\theta) = 0$，即节能服务公司的最优利润为 0，因此，通过调整节能服务公司的节能效益分享比例无法达到协调。下面用被广泛应用的收益共享契约进行协调，具体可见文献（Mortimer，2002；Krass，2013）。设收益共享契约机制下制造企业和节能服务公司的收益共享系数分别为 λ 和 $1 - \lambda$，收益共享契约机制下制造企业和节能服务公司的最优利润分别为：

$$\Pi_{ms}^{co}(\lambda) = \lambda \Pi^c(q^{c*}), \quad \Pi_{es}^{co}(\lambda) = (1 - \lambda) \Pi^c(q^{c*})$$

其次，若要想制造企业和节能服务公司都接受新合同，必须满足激励相容约束，即：

$$\begin{cases} \Pi_{es}^{co}(\lambda) \geqslant \Pi_{es}(\theta^*), \\ \Pi_{ms}^{co}(\lambda) \geqslant \Pi_{ms}^{co}(q_s^*), \end{cases} \text{即 } \frac{1}{4} \leqslant \lambda \leqslant \frac{1}{2} \tag{7.5}$$

收益共享系数 λ 的具体取值需要供应链成员在谈判中协商确定，这一般取决于供应链成员的谈判能力。

下面探讨供应链协调情形下制造企业如何选择最优节能方式。由表 7.2 可得

性质7-4。

性质7-4 单位产品节能量不可调整和协调情形,制造企业面临自我节能和节能效益,则:

(1)当$f_s \leqslant (\sqrt{2}-1)A/\delta + \sqrt{2}f_b$,$\Pi_{ms}^{co}(\lambda) \leqslant \Pi_{mb}(q_b^*)$;

(2)当$(\sqrt{2}-1)A/\delta + \sqrt{2}f_b < f_s < A/\delta + 2f_b$,则:

①若$1/4 < \lambda < (A+\delta f_b)^2/(A+\delta f_s)^2$,则$\Pi_{ms}^{co}(\lambda) \leqslant \Pi_{mb}(q_b^*)$;

②若$\lambda = (A+\delta f_b)^2/(A+\delta f_s)^2$,则$\Pi_{ms}(q_s^*) = \Pi_{mb}(q_b^*)$;

③若$(A+\delta f_b)^2/(A+\delta f_s)^2 < \lambda < 1/2$,则$\Pi_{ms}^{co}(\lambda) > \Pi_{mb}(q_b^*)$。

(3)当$f_s \geqslant A/\delta + 2f_b$时,$\Pi_{ms}^{co}(\lambda) > \Pi_{mb}(q_b^*)$。

性质7-4表明,当节能效益分享情形下的单位产品节能效益与自我节能相比非常不具有优势时,即$f_s \leqslant (\sqrt{2}-1)A/\delta + \sqrt{2}f_b$,制造企业的最优选择是自我节能,这个管理启示时显而易见的,只有在前者具有相对较大的单位产品节能效益优势时,制造企业才有可能选择将节能服务外包给节能服务公司。当节能效益分享节能方式所具有节能效益优势很大时,即$f_s \geqslant A/\delta + 2f_b$,此时制造企业虽然必须与节能服务公司分享节能效益,但制造企业选择节能效益分享节能方式总是有利的。当节能效益分享节能方式所具有节能效益优势处于中间值时,制造企业的最优节能方式选择决策取决于制造企业的谈判能力λ,当制造企业谈判能力不强时,即$1/4 < \lambda < (A+\delta f_b)^2/(A+\delta f_s)^2$,制造企业选择自我节能方式;反之,即$(A+\delta f_b)^2/(A+\delta f_s)^2 < \lambda < 1/2$,制造企业转而选择节能效益分享节能方式。

与协调之前情形不同,性质7-4揭示了当节能效益分享节能方式具有较大的节能效益优势时,制造企业的最优节能方式选择取决于节能效益分享节能方式所具有节能效益优势的大小和制造企业的谈判能力两个因素。此外,性质7-4阐述了一个与直觉不一致的管理启示,即制造企业的谈判能力不一定会影响制造企业的最优节能方式选择,如性质7-4(1)、性质7-4(3)所示。

第四节　模型拓展

基本模型中,假设单位产品节能量不可调整,在本节中放松这一假设,即单位产品节能量可调整。本节第一部分探讨给定节能方式下制造企业和节能服务公司的最优决策,本节第二部分探讨能源供应链不协调情形下制造企业的最优节能方式选择,最后探讨能源供应链协调情形下制造企业的最优节能方式选择,如本节第三部分所示。

关于单位产品节能量可调整情形下的模型参数及决策变量如表7.3所示。

表 7.3 单位产品节能量可调整情形下模型参数及决策变量

模型参数	
p	产品价格
D	制造企业的市场需求
c	单位产品的非能源生产成本
r_0	制造企业节能之前的初始能效,如标准煤 / 单位
k	制造企业选择自我节能时的投资成本系数,其中 $k>0$
p_e	能源价格
T_s	节能效益分享期,其中 $0 \leqslant T_s \leqslant 1$
α	节能服务公司与制造企业的投资成本系数比率,其中 $0 < \alpha \leqslant 1$
$\Pi_{mb}(r_b)$	单位产品节能量可调整和不协调情形下制造企业选择自我节能时的利润
$\Pi_{ms}(\varphi)$	单位产品节能量可调整和不协调情形下制造企业选择节能效益分享时的利润
$\Pi_{es}(r_s)$	单位产品节能量可调整和不协调情形下节能服务公司的利润
$\pi^c(r^c)$	单位产品节能量可调整和协调情形下整个渠道的利润
$\pi_{ms}^d(\varphi_s^d, \gamma_s^d)$	成本和收益共享协调机制情形下制造企业的利润
$\pi_e^d(r_s^d)$	成本和收益共享协调情形下节能服务公司的利润
决策变量	
r_i	制造企业选择 i 节能方式时的单位产品节能量,其中 $0 \leqslant r_i < r_0$
φ	节能效益分享比例,其中 $0 \leqslant \varphi \leqslant 1$
r^c	单位产品节能量可调整和协调情形下整个渠道的单位产品节能量
φ_s^d	成本和收益共享协调机制下制造企业的节能效益分享比例
γ_s^d	成本和收益共享协调机制下制造企业的成本分担比例
r_s^d	成本和收益共享协调机制下制造企业选择节能效益分享时的单位产品节能量

注:下标 $i=m$, e 分别表示制造企业和节能服务公司,下标 $i=b$, s 分别表示制造企业选择自我节能和节能效益分享,上标"c"表示单位产品节能量内生和协调情形,上标"d"表示采用成本和收益共享契约对两家企业进行协调情形。

自我节能情形下的优化模型和节能效益分享情形下的博弈模型分别类似于第四章第二节第一、第二部分的数学模型。

一、制造企业和节能服务公司的最优决策

分别求解自我节能情形下的优化模型和节能效益分享情形下的博弈模型，从而得到单位产品节能量可调整情形下制造企业选择两种节能方式时两家企业的最优决策和最优利润，如表 7.4 所示。

表 7.4　两种节能方式情形下两家企业的最优决策及最优利润（单位产品节能量可调整）

	自我节能（b）	节能效益分享（s）	
		不协调	协调
r_b^*, r_s^*, r^{c*}	$\dfrac{p_e D r_0^2}{k}$	$\dfrac{p_e D r_0^2}{2\alpha k}$	$\dfrac{p_e D r_0^2}{\alpha k}$
φ^*	—	1/2	—
$\Pi_{mb}(r_b^*)$, $\Pi_{ms}(\varphi^*)$, $\pi_{ms}(\varphi_s^{d*}, \gamma^{d*})$	$B + \dfrac{(p_e D r_0)^2}{2k}$	$B + \dfrac{(p_e r_0 D)^2}{4\alpha k}$	$B + \varphi_s^{d*}\dfrac{(p_e r_0 D)^2}{2\alpha k}$
$\Pi_{es}(r_s^*)$	—	$\dfrac{p_e D r_0^2}{8\alpha k}$	$(1-\varphi_s^{d*})\dfrac{(p_e r_0 D)^2}{2\alpha k}$
可行条件	$k > p_e D r_0$	$\alpha k > p_e D r_0/2$	$\alpha k > p_e D r_0$

注：$B=(p-c-r_0 p_e)D$，φ_s^d 表示成本和收益共享协调机制下制造企业的节能效益分享比例，γ_s^d 表示成本和收益共享协调机制下制造企业的成本分担比例，若要制造企业和节能服务公司都接受新合同，必须满足条件 $1/2 \leqslant \varphi_s^{d*} = \gamma_s^{d*} \leqslant 3/4$。

由表 7.4 可得性质 7–5。

性质 7–5　在单位产品节能量可调整和不协调情形下，制造企业选择节能效益分享，与单位产品节能量不可调整情形相比，制造企业通过先做决策扭转了其在节能效益分享中的劣势地位，即其获得了一个先动优势。

二、供应链不协调情形下最优节能方式选择

类似于性质 4–3，由表 7.4 得到性质 7–6。

性质 7–6　单位产品节能量可调整和不协调情形，制造企业面临自我节能和节能效益分享，则：

（1）若 $p_e Dr_0/(2k) < \alpha < 1/2$，则 $r_b^* < r_s^*$，$\Pi_{ms}(\varphi^*) > \Pi_{mb}(r_b^*)$；

（2）若 $\alpha = 1/2$，则 $r_b^* = r_s^*$，$\Pi_{ms}(\varphi^*) = \Pi_{mb}(r_b^*)$；

（3）若 $1/2 < \alpha \leqslant 1$，则 $r_b^* > r_s^*$，$\Pi_{ms}(\varphi^*) < \Pi_{mb}(r_b^*)$。

性质 7-6 比较了单位产品节能量可调整和不协调情形下两种节能方式下单位产品最优节能量和最优利润，对于制造企业的最优节能方式选择可用图 7.2 表示。

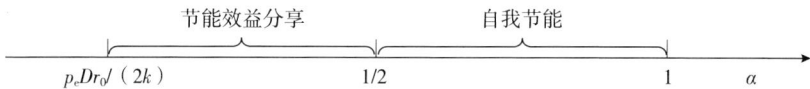

图 7.2 节能量可调整和不协调情形下节能方式选择与投资成本系数比率的关系

从图 7.2 可以看出，节能服务公司与制造企业投资成本系数的比率是影响制造企业选择最优节能方式的关键因素；当节能服务公司与制造企业投资成本系数的比率较小时，制造企业的最优节能方式是节能效益分享；反之，当投资成本系数的比率较大时，如 $1/2 < \alpha < 1$，此时制造企业选择自我节能方式更优。

三、能源供应链协调情形下最优节能方式选择

首先判断能源供应链是否需要协调，以及能否协调。若供应链能协调，则探讨协调情形下制造企业的最优节能方式选择。

类似于本章第三节第三部分，假设存在一个主体能做集中决策，如制造企业或节能服务公司，用上标"c"表示。与制造企业相比，节能服务公司更专业，如更多的节能经验、技术优势和采购设备时可以享受批量折扣等，不妨设 $k_s = \alpha k (0 < \alpha \leqslant 1)$，其中 α 表示节能服务公司与制造企业节能投资成本系数的比率，即制造企业采取合同能源管理时，投资成本为 $\alpha k(r_s/r_0)^2/2$。此时利润函数为：

$$\pi^{c}(r_i^{c}) = [p - c - (r_0 - r_s^{c})p_e]D - \alpha k(r_i^{c}/r_0)^2/2 \tag{7.6}$$

对上式进行求导，易得下面的定理 7-4。

定理 7-4 若制造企业选择节能效益分享节能方式，假设 $ak > p_e Dr_0$，集中决策情形下最优单位产品节能量 $r_i^{c*} = p_e r_0^2 D/(\alpha k)$，最优节能效益 $\overline{\pi}^{c}(r_s^{c*}) = (p_e r_0 D)^2/(2ak)$，最优利润 $\pi^{c}(r_s^{c*}) = (p - c - r_0 p_e)D + \overline{\pi}^{c}(r_s^{c*})$。

$ak > p_e Dr_0$ 与 $k > p_e Dr_0$ 的意义类似。定理 7-4 给出了集中决策情形下制造企业选择节能效益分享节能方式时所获得的最优单位产品节能量、最优节能效益和

最优利润，并将其写入表7.4。

由表7.4得到性质7–7。

性质7–7

（1）$r_s^{c*} > r_s^*$；

（2）$\pi^c(r_s^{c*}) > \pi_{ms}^*(\varphi^*) + \pi_e(r_s^*)$。

性质7–7表明，集中决策下的最优单位产品节能量要大于分散决策下的最优单位产品节能量，同时集中决策下的最优节能效益要大于分散决策下制造企业和节能服务公司的最优节能效益之和，因此制造企业和节能服务公司需要协调。

假设制造企业选择节能效益分享节能方式时，为了达到两家企业完全协调的目的，设计一个新的合同－成本和收益共享合同，此种情形用上标"d"表示，即制造企业除了与节能服务公司分享节能效益外，还与节能服务公司一起分担投资成本，此时制造企业需设置节能效益分享比例φ_s^d和投资成本分担比例γ_s^d两个合同参数。成本和收益共享合同情形，制造企业作为领导者，其利润函数为：

$$\pi_{ms}^d(\varphi_s^d, \gamma_s^d) = [(p - (c + r_0 p_e - \varphi_s^d r_s^d p_e)]D - \gamma_s^d \alpha k(r_s^d / r_0)^2 / 2 \tag{7.7}$$

节能服务公司作为追随者，其利润函数为：

$$\pi_e^d(r_s^d) = (1 - \varphi_s^d) r_s^d p_e D - (1 - \gamma_s^d) \alpha k(r_s^d / r_0)^2 / 2 \tag{7.8}$$

运用逆向归纳法，对式（7.8）进行求导，易得节能服务公司的最优单位产品节能量为$r_s^{d*} = (1 - \varphi_s^d) p_e r_0^2 D / [2\alpha k(1 - \gamma_s^d)]$。为了完全协调制造企业和节能服务公司，首先必须满足条件：

$$r_s^{d*} = r_s^{c*}, \quad 即\ \varphi_s^d = \gamma_s^d \tag{7.9}$$

其次若要想制造企业和节能服务公司都接受新合同，必须满足激励相容约束，即：

$$\begin{cases} \pi_{ms}(\varphi_s^{d*}, \gamma_s^{d*}) \geq \pi_{ms}(\varphi_s^*), \\ \pi_e(r_s^{d*}) \geq \pi_e(r_s^*), \end{cases} 即\ 1/2 \leq \varphi_s^{d*} = \gamma_s^{d*} \leq 3/4 \tag{7.10}$$

因此，总结式（7.9）和式（7.10），得到下面的性质7–8。

性质7–8　制造企业通过设计成本和收益共享合同（$\varphi_s^{d*}, \gamma_s^{d*}$）且满足条件$1/2 \leq \varphi_s^{d*} = \gamma_s^{d*} \leq 3/4$，此时制造企业和节能服务公司可以达到完全协调，且协调后增加节能效益：

$$\Delta\pi = \pi^c(r_s^{c*}) - [\pi_{ms}(\varphi_s^*) + \pi_e(r_s^*)] = (p_e r_0 D)^2 / (8\alpha k)$$

（1）若 $\varphi_s^{d*}=\gamma_s^{d*}=3/4$，制造企业和节能服务公司的最优节能效益分别为：

$$\pi_{ms}(\varphi_s^{d*},\gamma_s^{d*})=(p-c-r_0p_e)D+\frac{3}{4}\overline{\pi}^c(r_s^{c*})\ ,\quad \pi_e(r_s^{d*})=\frac{1}{4}\overline{\pi}^c(r_s^{c*})$$

（2）若 $\varphi_s^{d*}=\gamma_s^{d*}=1/2$，制造企业和节能服务公司的最优节能效益分别为：

$$\pi_{ms}(\varphi_s^{d*},\gamma_s^{d*})=(p-c-r_0p_e)D+\frac{1}{4}\overline{\pi}^c(r_s^{c*})\ ,\quad \pi_e(r_s^{d*})=\frac{3}{4}\overline{\pi}^c(r_s^{c*})$$

性质7-8表明，制造企业通过设计一个成本和收益共享合同（$\varphi_s^{d*},\gamma_s^{d*}$），使制造企业和节能服务公司达到完全协调，同时当制造企业设置一个较大的合同参数时（如 $\varphi_s^{d*}=\gamma_s^{d*}=3/4$），制造企业获取协调后增加的所有节能效益 $\Delta\pi$，当制造企业设置一个较小的合同参数时（如 $\varphi_s^{d*}=\gamma_s^{d*}=1/2$），节能服务公司获取协调后增加的所有节能效益 $\Delta\pi$。

下面探讨制造企业和节能服务公司完全协调时制造企业的最优节能方式选择。由表7.4得到下面的性质7-9。

性质7-9 单位产品节能量可调整和协调情形，制造企业面临自我节能和节能效益分享，则：

（1）若 $\varphi_s^{d*}=\gamma_s^{d*}=1/2$，则制造企业的最优节能方式选择与不协调情形一致；

（2）若 $1/2<\varphi_s^{d*}=\gamma_s^{d*}<3/4$，则制造企业改变节能方式选择的阈值线 $\alpha=1/2$ 右移到 $\alpha=\overline{\alpha}$（$1/2<\overline{\alpha}\leqslant 3/4$）；

（3）若 $\varphi_s^{d*}=\gamma_s^{d*}=3/4$，则制造企业改变节能方式选择的阈值线 $\alpha=1/2$ 右移到 $\alpha=3/4$。

性质7-9表明，与不协调情形相比，协调扩大了制造企业选择节能效益分享节能方式的范围，即图7.3箭头部分。

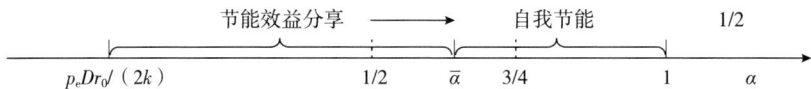

图7.3 节能量可调整和协调情形下最优节能方式选择与投资成本系数比率的关系

性质7-5和性质7-9表明，与单位产品节能量不可调整相比，单位产品节能量可调整改变了制造企业选择最优节能方式的关键因素，即制造企业选择的关键因素是节能服务公司与制造企业投资成本系数的比率。

第五节　数值分析

本节通过两个数值例子验证单位产品节能量不可调整和可调整情形下所提出的最优节能方式选择理论，即性质 7-2、性质 7-4、性质 7-6 和性质 7-9。

例 7-1　为了验证性质 7-2 和性质 7-4，设 $p_e=10$，$r_0=20$，$c=100$，即此制造企业其单位产品能源成本占其整个生产成本的比例高达 66.7%，具有典型的高耗能特征；另外，设 $a=350$，$\delta=1$，当制造企业选择自我节能时，$r_b=4$，$k_b=2$，从而 $A=a-\delta c-\delta p_e r_0=50$，$f_b=r_b(p_e-k_b)=32$，制造企业选择自我节能时的最优利润 $\Pi_{mb}(q_b^*)=1681$；因为 $k_s>k_b$，$r_s>r_b$，所以 $0<f_s<160$；下面对制造企业选择节能效益分享时所获得的单位产品节能效益 f_s 进行敏感性分析，从而得到图 7.4，其中 G_{mi}^{opt} 表示制造企业选择 i 节能方式时的最优利润，下标 $i=b,s$ 分别表示制造企业选择自我节能和节能效益分享。

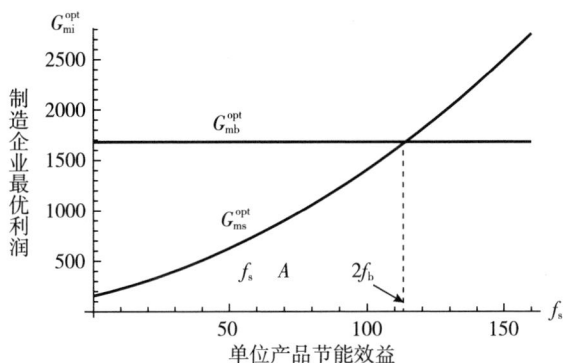

图 7.4　节能量不可调整和不协调情形下单位产品节能效益与最优利润的关系

观察图 7.4，当制造企业选择节能效益分享时所获得的单位产品节能效益较小时，制造企业选择自我节能时的最优利润大于制造企业选择节能效益分享时的最优利润，制造企业应选择自我节能；反之，制造企业选择自我节能时的最优利润小于制造企业选择节能效益分享时的最优利润，制造企业应选择节能效益分享；即验证了性质 7-2 成立。

下文对收益共享契约协调机制下制造企业的收益共享系数 λ 进行敏感性分析，依据性质 7-4 $f_s\leqslant(\sqrt{2}-1)A/\delta+\sqrt{2}f_b$、$(\sqrt{2}-1)A/\delta+\sqrt{2}f_b<f_s<A/\delta+2f_b$

和 $f_s \geq A/\delta + 2f_b$ 三种情况，分别取 $f_s = 50$、$f_s = 80$ 和 $f_s = 120$，$1/4 \leq \lambda \leq 1/2$，从而得到下面的图 7.5，其中 $G_{mi}^{co,opt}$ 表示协调情形下制造企业选择 i 节能方式时的最优利润，显然 $G_{mb}^{co,opt} = G_{mb}^{opt}$。

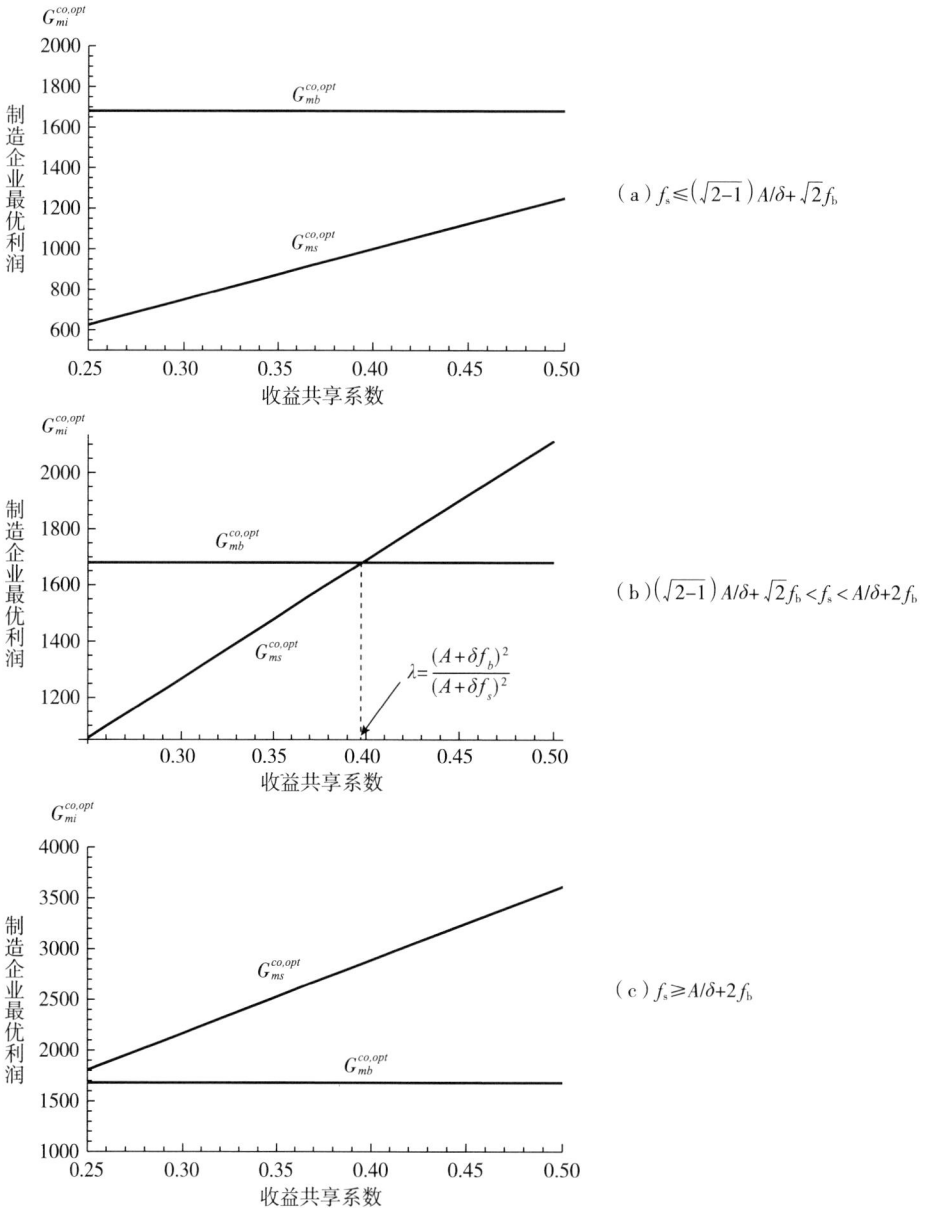

图 7.5　节能量不可调整和协调情形下最优利润与收益共享系数的关系

观察图 7.5（a）可知，当节能效益分享情形下的单位产品节能效益与自我节能相比非常不具有优势时，此时制造企业应该选自我节能，且制造企业的收益共享系数对最优节能方式选择没有影响。观察图 7.5（b）可知，当节能效益分享节能方式所具有节能效益优势处于中间值时，制造企业的最优节能方式选择决策取决于制造企业的谈判能力，当制造企业谈判能力不强时，此时制造企业应该选择自我节能；反之，应选择节能效益分享。观察图 7.5（c）可知，当节能效益分享节能方式所具有节能效益优势很大时，此时制造企业应选择节能效益分享。以上验证了性质 7-4 的成立。

例 7-2 为了验证性质 7-6 和性质 7-9，设 $p_e = r_0 = c = 1$，即此制造企业其单位产品能源成本占其整个生产成本的比例高达 50%，具有典型的高耗能特征。另外设 $p = 5$，$D = 100$，$k = 500$。下面对此时不协调情形下节能服务公司与制造企业的投资成本系数比率进行敏感性分析，从而得到图 7.6，其中 F_{mi}^{opt} 表示此时不协调情形下制造企业选择 i 节能方式时的最优利润。

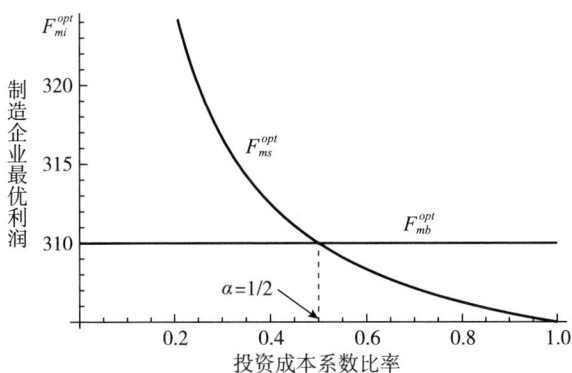

图 7.6　节能量可调整和不协调情形下投资成本系数比率与最优利润的关系

观察图 7.6 可知，节能服务公司与制造企业投资成本系数的比率是影响制造企业选择节能方式的关键因素。当节能服务公司与制造企业投资成本系数的比率较小时，制造企业应该选择节能效益分享；反之，制造企业应该选择自我节能。从而验证了性质 7-6。

下面对此时协调情形下节能服务公司与制造企业的投资成本系数比率进行敏感性分析，从而得到图 7.7，其中，$F_{mi}^{co,opt}$ 表示此时不协调和协调情形下制造企业选择 i 节能方式时的最优利润，显然 $F_{mb}^{co,opt} = F_{mb}^{opt}$。

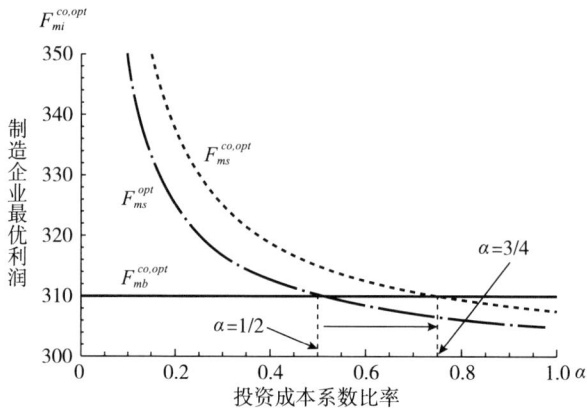

图 7.7　节能量可调整和协调情形下投资成本系数比率与最优利润的关系

观察图 7.7 可知，当 $\varphi_s^{d*} = \gamma_s^{d*} = 3/4$，正如性质 7-9 所示，制造企业改变节能方式选择的阈值线 $\alpha = 1/2$ 右移到 $\alpha = 3/4$，即如图 7.7 箭头所示；当 $1/2 < \varphi_s^{d*} = \gamma_s^{d*} < 3/4$，则制造企业改变节能方式选择的阈值线 $\alpha = 1/2$ 右移到 $\alpha = \bar{\alpha}$（$1/2 < \bar{\alpha} \leq 3/4$），从而性质 7-9 得到验证。

第六节　研究结论与管理启示

本节对本章的主要研究结论和管理启示进行总结。

（1）单位产品节能量不可调整和不协调情形，影响制造企业选择最优节能方式的关键因素是两种节能方式下的单位产品节能效益相对大小。若节能效益分享节能方式情形下的单位产品节能效益与自我节能方式情形下单位产品节能效益相比具有较大的优势，此时制造企业应该选择节能效益分享；反之，制造企业应该选择自我节能。

（2）单位产品节能量不可调整和协调情形，影响制造企业选择最优节能方式的关键因素是两种节能方式下的单位产品节能效益相对大小和制造企业的谈判能力。有意思的是，证实了节能效益分享情形下具有较小或较大的单位产品节能效益优势时，制造企业选择最优节能方式无须考虑自身的谈判能力。即当节能效益分享情形下的单位产品节能效益与自我节能相比不具有优势或较小优势时，制造企业的最优选择是自我节能。反之，制造企业选择节能效益分享节能方式总是有利的。当节能效益分享节能方式所具有节能效益优势处于中间值时，制造企业的最优节能方式选择决策取决于制造企业的谈判能力，当制造企业谈判能力不强时，制造企业选择自我节能方式。反之，制造企业转而选择节能效益分享节能方式。

（3）单位产品节能量可调整和不协调情形，节能服务公司与制造企业投资成本系数的比率是影响制造企业选择节能方式的关键因素。当节能服务公司与制造企业投资成本系数的比率较小时，制造企业的最优节能方式是节能效益分享。反之，此时制造企业选择自我节能方式更优。

（4）单位产品节能量可调整和协调情形，与不协调情形相比，协调扩大了制造企业选择节能效益分享节能方式的范围，且扩大制造企业选择节能效益分享节能方式范围取决于制造企业成本与效益分享比例系数大小，制造企业成本与效益分享比例系数越大，制造企业选择节能效益分享节能方式范围越大，反之也成立。

此外，给出了在给定节能方式下制造企业的最优决策，揭示了一个有趣的现象，即在单位产品节能量不可调整情形下，节能服务公司的先动优势导致其获得比制造企业更多的节能效益，而在单位产品节能量可调整情形下，制造企业通过获得先动优势扭转了前面的不利地位。

第七节　小结

当今社会，企业与企业之间的竞争已演变为供应链与供应链之间的竞争，甚至生态圈之间的竞争。因此，在能源供应链协调情形下，面对实际中各种形式的节能方式，如何选择最佳节能方式已成为制造企业管理人员面临的一个重要运营决策。本章考虑了实际中常见的自我节能和节能效益分享两种节能方式，首先假设单位产品节能量不可调整，通过建立两种节能方式下的数学模型并对模型进行分析，之后将单位产品节能量不可调整情形下的数学模型拓展到单位产品节能量可调整情形，通过模型分析，得到了在给定节能方式下制造企业的最优决策以及制造企业的最优节能方式选择。在模型中，假设制造企业处于完全垄断的市场环境。实际中，竞争无处不在，考虑竞争情形下制造企业如何进行节能方式选择也是一个非常现实的问题。

第八章 生产数量竞争情形下制造企业节能方式选择

第一节 引 言

前几章的研究对象均为一家完全垄断制造企业。实际中，一些制造企业面临激烈的竞争，如在市场上进行激烈的生产数量竞争。在此背景下，制造企业管理人员必须面对一系列的挑战：一是两家制造企业相互对称时（即两者具有相同的特征）如何做最优节能方式选择。二是两家企业节能投资成本系数有差异时如何做最优节能方式选择。三是两家企业初始能效有差异时如何做最优节能方式选择。四是节能效益分享期小于项目生命周期是否会对最优节能方式选择产生影响。从相关研究来看，还需进一步深化：一是未能揭示生产数量竞争情形下对称制造企业的最优节能方式选择均衡策略；二是未研究该情形下投资成本系数不对称制造企业的最优节能方式选择均衡策略；三是未探讨该情形下初始能效不对称制造企业的最优节能方式选择均衡策略；四是未揭示节能效益分享期小于项目生命周期是否会对最优节能方式选择均衡策略产生影响。基于此动机，本章研究四个主要问题：一是生产数量竞争情形下对称制造企业如何选择最优节能方式；二是该情形下投资成本系数不对称制造企业如何选择最优节能方式；三是该情形下初始能效不对称制造企业如何选择最优节能方式；四是节能效益分享期小于项目生命周期是否会对最优节能方式选择产生影响以及如何影响。为了回答以上四个问题，首先假设两家制造企业相互对称，且在市场上进行生产数量竞争，建立两家制造企业的多阶段博弈模型，并分析制造企业的最优均衡产量和最优的节能方式选择均衡策略；之后将基本模型分别拓展到两家制造企业的投资成本系数不对称、初始能效不对称和分享期小于节能系统的生命周期三种情形，分别探讨每种情形下制造企业的最优均衡产量和最优节能方式选择均衡策略。

本章的主要贡献在于：一是分别构建了生产数量竞争情形下对称、投资成本系数不对称和初始能效不对称制造企业的最优节能方式选择均衡策略理论；二是揭示了分享期小于节能系统的生命周期不会对制造企业最优节能方式选择均衡策略产生影响。

本章余下内容结构如下：第二节对问题进行描述并建立多阶段的博弈模型；模型分析放在第三节；第四节将基本模型分别拓展到两家制造企业的投资成本系数不对称、初始能效不对称和分享期小于节能系统的生命周期三种情形并对模型进行分析；第五节对研究结论和管理启示进行归纳；第六节对本章进行小结。

第二节　问题描述

考虑追求利润最大化的两家风险中性制造企业（用下标 i 和 j 表示），向同一市场各自提供一种能部分替代的产品，仅进行生产数量竞争。即假设节能系统生命周期内的逆需求函数 $p_i = a - q_i - bq_j$，其中 a 是逆需求函数的截距，q_i 是制造企业 i 的生产数量，q_j 是制造企业 j 的生产数量，即各自向市场提供的产品数量；b 是两种产品的替代系数，$0 \leqslant b \leqslant 1$ 体现了两种产品的替代效果（当 $b=0$ 时表示两种产品是相互独立的，当 $b=1$ 时表示两种产品完美替代），代表两种产品在市场上的竞争强度，b 越大，代表市场竞争越激烈（Jiang 和 Anupindi，2010）。这个假设在这里是合适的，主要基于三个方面的考虑：其一，上述数量竞争逆需求函数在经济和市场营销（McGuire 和 Staelin，1983；Christen 等，2009）或运作管理文献（Wu 和 Zhang，2014；Wang 等，2014）中被普遍应用；其二，这里考虑数量竞争而没有考虑价格竞争，因制造企业在市场进行数量竞争或价格竞争取决于数量决策或价格决策哪个是长期决策，而有节能需求的制造企业往往具有资本密集型的特征，如钢铁、水泥、发电厂（装机容量可看作生产数量）等，其生产能力一旦确定，一般难以调整，因此，数量决策是其长期决策；其三，假设企业节能不会对市场需求产生影响，假设与 Krass 等（2013）类似，即节能所使用的技术属于"管端"技术，其并没有影响到最终产品的性质（如钢铁、水泥、电能），因而消费者并不愿意为节能后的产品支付更多的费用；假设与 Liu 等（2012）和 Zhang 等（2015）不同，他们假定制造企业产品环境性能的提升（获得的节能量往往被企业视为产品环境性能的改善，诸多大型企业的年度报告中往往会发布年度节能效果，如飞利浦）对市场需求的产生积极影响或者存在细分的"绿色产品市场"，本章的模型也能推广到这种情形，例如假设 $\tau(\tau \geqslant 0)$ 表示消费者环境关注因子，$\omega_e(\omega_e \geqslant 0)$ 表示环境质量差异敏感系数，e_i、e_j 分别表示两家制造企业的单位产品能耗（如标准煤/单位产品），则制造企业 i 的逆需求函数刻画为 $p_i = a - q_i - bq_j + \tau e_i + \omega_e(e_j - e_i)$。

两家制造企业进行三阶段的非合作博弈，整个事件的顺序如图 8.1 所示。

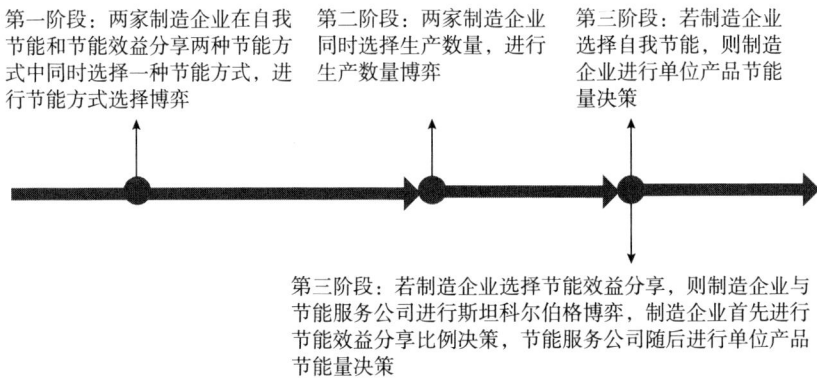

第一阶段：两家制造企业在自我节能和节能效益分享两种节能方式中同时选择一种节能方式，进行节能方式选择博弈

第二阶段：两家制造企业同时选择生产数量，进行生产数量博弈

第三阶段：若制造企业选择自我节能，则制造企业进行单位产品节能量决策

第三阶段：若制造企业选择节能效益分享，则制造企业与节能服务公司进行斯坦科尔伯格博弈，制造企业首先进行节能效益分享比例决策，节能服务公司随后进行单位产品节能量决策

图 8.1 事件发生顺序

构建的博弈选择模型基于三方面的考虑：一是为了研究企业运作策略的选择，构建两阶段或三阶段的博弈选择模型在运作管理文献中被广泛采用，如 Goyal 和 Netessine（2007）、Wu 和 Zhang（2014）、Wang 等（2014）、Wang 和 Hu（2014）等。二是在博弈选择模型的第一阶段和第二阶段，假设两家制造企业同时做决策，模型适用于两家制造企业信息不对称情形，在实际中由于无法获取对方的节能方式选择和生产量决策，虽然两家制造企业实际做决策时有时间先后顺序，但可视为两家制造企业同时做决策；而在第三阶段，因为制造企业在和节能

服务公司的博弈中具有主导地位，假设博弈具有先后顺序且信息完全对称。三是第一次尝试通过构建博弈选择模型分析制造企业的节能方式选择，为了简化分析，博弈模型没有考虑需求、节能量等不确定性以及节能相关政策等对节能方式选择的影响。

第一阶段，战略层面，节能方式选择博弈。两家制造企业同时进行节能方式选择，或者选择自我节能方式（Self-saving，用上标 B 表示），或者选择节能效益分享节能方式（Shared savings，用上标 S 表示）。为了简化分析，假设两家制造企业均没有同时选择两种节能方式。

依赖于第一阶段的节能方式选择，产生了四个子博弈：①两家制造企业同时选择自我节能方式（用上标 BB 表示）；②两家制造企业同时选择节能效益分享节能方式（用上标 SS 表示）；③制造企业 i 选择自我节能方式，制造企业 j 选择节能效益分享节能方式（用上标 BS 表示）；④制造企业 i 选择节能效益分享节能方式，制造企业 j 选择自我节能方式（用上标 SB 表示）。第一阶段节能方式选择博弈可用图 8.2 表示。

		制造企业 j	
		B	S
制造企业 i	B	π_i^{BB}，π_j^{BB}	π_i^{BS}，π_j^{BS}
	S	π_i^{SB}，π_j^{SB}	π_i^{SS}，π_j^{SS}

图 8.2　节能方式选择博弈

为了简化模型分析，做出两个主要假设（本章第四节模型拓展将逐步放松这些假设）：

假设 8-1　两家制造企业相互对称，即具有相同特征，如初始能效、投资成本系数。

假设 8-2　制造企业选择节能效益分享节能方式时，分享期为节能系统的整个生命周期。

为了方便计算节能收益，类似于前面相应章节，将制造企业单位生产成本中的能源成本进行剥离。设单位产品生产成本中的非能源成本为 c，单位产品的初始能效为 r_0（如标准煤 / 单位产品），单位能源价格为 p_e，因此，节能前单位产品总生产成本为 $c+r_0p_e$。为了避免琐碎的讨论，假设 $a-c-r_0p_e>0$，否则制造企业的边际利润为负，制造企业总是选择不生产。另外，全文用上标"‾"表示节能效益，上标"*"表示最优解或最优值，所有较复杂的证明放在附录。

第二阶段，战术层面，在确定节能方式之后，两家制造企业决定生产量，进行生产数量博弈，分为以下四种情形：

情形 8-1：BB 此种情形表示两家制造企业同时选择自我节能方式，进行生产数量博弈。

制造企业 i 决定生产数量 q_i^{BB}，最大化利润。其利润函数为：

$$\pi_i^{BB}(q_i^{BB})=[a-q_i^{BB}-bq_j^{BB}-(c+r_0p_e)]q_i^{BB}+\overline{\pi}_i^{B*}(q_i^{BB}) \tag{8.1}$$

其中，利润函数式（8.1）第一部分表示制造企业 i 的销售利润，第二部分 $\overline{\pi}_i^{B*}(q_i^{BB})$ 表示节能系统生命周期内制造企业 i 选择自我节能所获得的最优节能效益。

情形 8-2：SS 此种情形表明两家制造企业同时选择节能效益分享节能方式，进行生产数量博弈。

制造企业 i 决定生产数量 q_i^{SS}，最大化利润。其利润函数为：

$$\pi_i^{SS}(q_i^{SS})=[a-q_i^{SS}-bq_j^{SS}-(c+r_0p_e)]q_i^{SS}+\overline{\pi}_i^{S*}(q_i^{SS}) \tag{8.2}$$

其中，利润函数式（8.2）第一部分表示制造企业 i 的销售利润，第二部分 $\overline{\pi}_i^{S*}(q_i^{SS})$ 表示节能系统生命周期内制造企业 i 选择节能效益分享节能方式时所获得的最优节能效益。

情形 8-3 或情形 8-4：BS 或 SB 此两种情形表明两家制造企业选择不同的节能方式。不妨假设制造企业 i 选择自我节能方式，制造企业 j 选择节能效益分享节能方式。

则制造企业 i 决定生产数量 q_i^{BS}，最大化利润。其利润函数为：

$$\pi_i^{BS}(q_i^{BS})=[a-q_i^{BS}-bq_j^{BS}-(c+r_0p_e)]q_i^{BS}+\overline{\pi}_i^{B*}(q_i^{BS}) \tag{8.3}$$

利润函数式（8.3）的组成部分与 BB 情形一致，只是这里是 BS 情形。

制造企业 j 决定生产数量 q_j^{BS}，最大化利润。其利润函数为：

$$\pi_j^{BS}(q_j^{BS}) = [a - q_j^{BS} - bq_i^{BS} - (c + r_0 p_e)]q_j^{BS} + \bar{\pi}_j^{S*}(q_j^{BS}) \tag{8.4}$$

利润函数式（8.4）的组成部分与 SS 情形一致，只是这里是 BS 情形。

对于 SB 情形，依据假设 8-1，根据对称性可知 $q_i^{SB} = q_j^{BS}$，$\pi_i^{SB}(q_i^{SB}) = \pi_j^{BS}(q_j^{BS})$，$q_j^{SB} = q_i^{BS}$，$\pi_j^{SB}(q_j^{SB}) = \pi_i^{BS}(q_i^{BS})$。

第三阶段，确定节能方式和生产数量之后，制造企业最大化节能项目的效益。

若制造企业 i 选择自我节能方式，设制造企业 i 的单位产品节能量为 r_i^B，类似于前面的投资成本刻画，制造企业 i 的投资成本为 $k(r_i^B/r_0)^2/2(k>0)$，其中 $k > p_e r_0 q_i^z$ 是节能投资成本系数。

若制造企业 i 选择自我节能方式，则做单位产品节能量 r_i^B 决策，最大化节能效益。利润函数为：

$$\bar{\pi}_i^B(r_i^B) = [(c + r_0 p_e) - (c + r_0 p_e - r_i^B p_e)]q_i^z - k(r_i^B/r_0)^2/2, z \in \{BB, BS\} \tag{8.5}$$

利润函数式（8.5）的第一部分表示节能收益，第二部分表示节能所花费的投资成本。

若制造企业 i 选择节能效益分享节能方式，则制造企业 i 与节能服务公司做斯坦科尔伯格博弈。设制造企业 i 的单位产品节能收益分享比例为 φ_i^S，r_i^S 表示制造企业 i 选择节能效益分享节能方式时的单位产品节能量。关于投资成本，不失一般性，假设节能服务公司具有一个较小的投资成本系数 $\alpha k(0 < \alpha \leqslant 1)$，其中 α 表示节能服务公司与制造企业节能投资成本系数的比率，则节能服务公司的投资成本为 $\alpha k(r_i^S/r_0)^2/2$。因为制造企业相对于节能服务公司一般具有更雄厚的经济实力，假设制造企业 i 做领导者，其做单位产品节能收益分享比例 φ_i^S 决策，最大化节能效益。因此，制造企业 i 的利润函数为：

$$\bar{\pi}_i^S(\varphi_i^S) = [(c + r_0 p_e) - (c + r_0 p_e - \varphi_i^S r_i^S p_e)]q^z, z \in \{SB, SS\} \tag{8.6}$$

节能服务公司做追随者，随后做单位产品节能量 r_i^S（$0 \leqslant r_i^S < r_0$，理由同自我节能情形）决策，最大化节能效益。其利润函数为：

$$\bar{\pi}_e^S(r_i^S) = (1 - \varphi_i^S)r_i^S p_e q_i^z - \alpha k(r_i^S/r_0)^2/2, z \in \{SB, SS\} \tag{8.7}$$

其中利润函数式（8.7）第一部分是节能收益，第二部分为节能服务公司为节能项目所付出的投资成本。

另外，假设两家制造企业将节能服务外包给同一家节能服务公司且节能服务公司与两家制造企业的投资成本系数比率相同。又根据假设 8-1，仅需将式（8.6）~ 式（8.7）中的 i 替换为 j，即得到制造企业 j 选择自我节能和节能效益分享节能方式时的数学模型。

第三节　模型分析

本节运用逆向归纳法对基本模型进行均衡分析。

一、给定节能方式下制造企业的最优决策

首先求解第三阶段的模型。当制造企业 i 选择自我节能时，根据式（8.5）得到引理 8-1，其中条件 $k > p_e r_0 q_i^z$ 保证了最优单位产品节能量不超过制造企业 i 的初始能效，即 $r_i^{B*} < r_0$。

引理 8-1　假设 $k > p_e r_0 q^z$，若制造企业 i 选择自我节能方式，则其最优单位产品节能量为 $r_i^{B*}(q_i^z) = p_e r_0^2 q_i^z / k$，制造企业 i 最优节能效益 $\bar{\pi}_i^{B*}(q_i^z) = (p_e r_0 q_i^z)^2 / (2k)$，其中 $z \in \{BB, BS\}$。

当制造企业 i 选择节能效益分享节能方式时，根据式（8.6）和式（8.7）得到引理 8-2，其中 $\alpha k > p_e r_0 q_i^z / 2$ 保证了最优单位产品节能量不超过制造企业 i 的初始能效，即 $r_i^{S*}(q_i^z) < r_0$。

引理 8-2　假设 $\alpha k > p_e r_0 q_i^z / 2$，若制造企业 i 选择节能效益分享节能方式，则制造企业 i 的最优节能效益分享比例 $\varphi_i^{S*} = 1/2$，节能服务公司的最优单位产品节能量为 $r_i^{S*}(q_i^z) = p_e r_0^2 q_i^z / (2\alpha k)$，制造企业 i 的最优节能效益 $\bar{\pi}_i^{S*}(q_i^z) = (p_e r_0 q_i^z)^2 / (4\alpha k)$，节能服务公司的最优节能效益为 $\bar{\pi}_e^{S*}(r_i^S) = (p_e r_0 q_i^z)^2 / (8\alpha k)$，其中 $z \in \{SB, SS\}$。

下面回到第二阶段，根据三种情形分别进行求解，从而得到定理 8-1、定理 8-2 和定理 8-3。

定理 8-1　BB 情形下，假设 $k > \max\{p_e^2 r_0^2 / 2, (a-c) p_e r_0 / (2+b)\}$，则子博

弈完美纳什均衡为（ q_i^{BB*} , q_i^{BB*} ），其中制造企业 i 的均衡生产量和最优单位产品节能量分别为：

$$q_i^{BB*} = kA_0 / (A_1 + bk) , \quad r_i^{BB*} = p_e r_0^2 A_0 / (A_1 + bk)$$

子博弈完美纳什均衡利润为（ π_i^{BB*} , π_i^{BB*} ），其中制造企业 i 的均衡利润：

$$\pi_i^{BB*} = kA_1 A_0^2 / [2(A_1 + bk)^2]$$

其中， $A_0 = a - c - r_0 p_e$ ， $A_1 = 2k - p_e^2 r_0^2$ 。

定理 8-1 给出了两家制造企业选择自我节能时的均衡生产数量和均衡利润，其中条件 $k > \max\{p_e^2 r_0^2 / 2, (a-c) p_e r_0 / (2+b)\}$ 分别保证制造企业的利润函数为严格凹函数及最优单位产品节能量不超过制造企业的初始能效。

定理 8-2 SS 情形下，假设 $\alpha k > \max\{p_e^2 r_0^2 / 4, (a-c) p_e r_0 / [2(2+b)]\}$ ，则子博弈完美纳什均衡为（ q_i^{SS*} , q_i^{SS*} ），其中制造企业 i 的均衡生产量

$$q_i^{SS*} = 2\alpha k A_0 / (A_2 + 2b\alpha k)$$

子博弈完美纳什均衡利润为（ π_i^{SS*} , π_i^{SS*} ），其中制造企业 i 的均衡利润

$$\pi_i^{SS*} = \alpha k A_2 A_0^2 / [(A_2 + 2b\alpha k)^2]$$

节能服务公司的均衡单位产品节能量和均衡利润分别为：

$$r_i^{SS*} = p_e r_0^2 A_0 / (A_2 + 2b\alpha k) , \quad \pi_e^{SS*} = \alpha k p_e^2 r_0^2 A_0^2 / [2(A_2 + 2b\alpha k)^2]$$

其中， $A_2 = 4\alpha k - p_e^2 r_0^2$ 。

定理 8-2 给出两家制造企业都选择节能效益分享节能方式时的均衡生产数量和均衡利润，其中 $\alpha k > \max\{p_e^2 r_0^2 / 4, (a-c) p_e r_0 / [2(2+b)]\}$ 的意义类似于 BB 情形。

定理 8-3 BS 情形下，假设 $0 \leqslant (A_2 - 2b\alpha k) / (A_1 A_2 - 2b^2 \alpha k^2) < 1 / (p_e r_0 A_0)$ 、 $0 \leqslant (A_1 - bk) / (A_1 A_2 - 2b^2 \alpha k^2) < 1 / (p_e r_0 A_0)$ 且 $k > \max\{p_e^2 r_0^2 / 2, p_e^2 r_0^2 / (4\alpha)\}$ ，则子博弈完美纳什均衡为（ q_i^{BS*} , q_j^{BS*} ），制造企业 i 和 j 的均衡生产量分别为：

$$q_i^{BS*} = kA_0 (A_2 - 2b\alpha k) / (A_1 A_2 - 2b^2 \alpha k^2) , \quad q_j^{BS*} = 2\alpha k A_0 (A_1 - bk) / (A_1 A_2 - 2b^2 \alpha k^2)$$

子博弈完美纳什均衡利润为（ π_i^{BS*} , π_j^{BS*} ），其中制造企业 i 和 j 的均衡利润分别为：

$$\pi_i^{BS*} = kA_0^2 A_1 (A_2 - 2b\alpha k)^2 / [2(A_1 A_2 - 2b^2 \alpha k^2)^2]$$

$$\pi_j^{BS*} = \alpha k A_0^2 A_2 (A_1 - bk)^2 / (A_1 A_2 - 2b^2 \alpha k^2)^2$$

定理 8-3 给出两家制造企业选择不同节能方式时的均衡生产数量和均衡利润，其中条件 $0 \leqslant (A_2 - 2b\alpha k) / (A_1 A_2 - 2b^2 \alpha k^2) < 1 / (p_e r_0 A_0)$ 、 $0 \leqslant (A_1 - bk) /$

$(A_1 A_2 - 2b^2\alpha k^2) < 1/(p_e r_0 A_0)$ 和 $k > \max\{p_e^2 r_0^2/2, p_e^2 r_0^2/(4\alpha)\}$ 的意义类似于 BB 情形。

将 $\alpha = 1/2$ 代入上述三个定理中相应的表达式，易得下面的性质 8-1。

性质 8-1 若 $\alpha = 1/2$，则：

（1）$q_{u_1}^{z_1*} = q_{u_2}^{z_2*}$；

（2）$\pi_{u_1}^{z_1*} = \pi_{u_2}^{z_2*}$。

其中 $z_1, z_2 \in \{BB, BS, SS, SB\}$，$u_1, u_2 \in \{i, j\}$。

性质 8-1 表明，当节能服务公司与制造企业的投资成本系数比率 $\alpha = 1/2$ 时，无论两家制造企业的竞争强度 b 多大，在 $z_1, z_2 \in \{BB, BS, SS, SB\}$，$u_1$，$u_2 \in \{i, j\}$ 的所有情形下，制造企业的最优生产量和最优利润均相等。

二、制造企业的节能方式选择

本部分回到博弈的第一阶段，分析制造企业的节能方式选择。按照图 8.2 的形式，将两家制造企业在生产数量竞争阶段的均衡利润直接写在表 8.1 中。

表 8.1 生产数量竞争阶段两家制造企业的均衡利润

	B		S	
B	$\dfrac{kA_1 A_0^2}{2(A_1+bk)^2}$,	$\dfrac{kA_1 A_0^2}{2(A_1+bk)^2}$	$\dfrac{kA_0^2(A_2-2b\alpha k)^2}{2(A_1 A_2 - 2b^2\alpha k^2)^2}$,	$\dfrac{\alpha kA_0^2 A_2(A_1-bk)^2}{(A_1 A_2 - 2b^2\alpha k^2)^2}$
S	$\dfrac{\alpha kA_0^2 A_2(A_1-bk)^2}{(A_1 A_2 - 2b^2\alpha k^2)^2}$,	$\dfrac{kA_0^2 A_1(A_2-2b\alpha k)^2}{2(A_1 A_2 - 2b^2\alpha k^2)^2}$	$\dfrac{\alpha kA_2 A_0^2}{(A_2+2b\alpha k)^2}$,	$\dfrac{\alpha kA_2 A_0^2}{(A_2+2b\alpha k)^2}$

令，

$$\Delta\pi_i^{(B-S)|B} = \pi_i^{BB*} - \pi_i^{SB*} = \frac{kA_0^2}{2}\left[\frac{A_1}{(A_1+bk)^2} - \frac{2\alpha A_2(A_1-bk)^2}{(A_1 A_2 - 2b^2\alpha k^2)^2}\right] \tag{8.8}$$

$$\Delta\pi_i^{(B-S)|S} = \pi_i^{BS*} - \pi_i^{SS*} = \frac{kA_0^2}{2}\left[\frac{A_1(A_2-2b\alpha k)^2}{(A_1 A_2 - 2b^2\alpha k^2)^2} - \frac{2\alpha A_2}{(A_2+2b\alpha k)^2}\right] \tag{8.9}$$

其中，$\Delta\pi_i^{(B-S)|B}$ 表示给定制造企业 j 选择自我节能方式，制造企业 i 选择自

我节能和节能效益分享两种节能方式的均衡利润之差，$\Delta\pi_i^{(B-S)|S}$ 表示给定制造企业 j 选择节能效益分享方式，制造企业 i 选择自我节能和节能效益分享两种节能方式的均衡利润之差。

由式（8.8）~式（8.9）可得到节能方式选择博弈阶段存在纳什均衡的条件，然而，由于均衡条件较复杂，难以直接得出管理启示。因此，仅讨论 $\alpha = 1/2$ 时的节能方式选择均衡策略，对于一般情形（$\alpha \neq 1/2$），与 Wang 等（2014）、Wang 和 Hu（2014）等文献类似，在下节通过数值实验进行均衡分析。

将 $\alpha = 1/2$ 代入式（8.8）~式（8.9），得到性质 8-2。

性质 8-2　当 $\alpha = 1/2$，有 $\Delta\pi_i^{(B-S)|B} = \Delta\pi_i^{(B-S)|S} = \Delta\pi_j^{(B-S)|B} = \Delta\pi_j^{(B-S)|S} = 0$。

其中，$\Delta\pi_j^{(B-S)|B}$、$\Delta\pi_j^{(B-S)|S}$ 的意义分别类似于 $\Delta\pi_i^{(B-S)|B}$ 和 $\Delta\pi_i^{(B-S)|S}$，只是这里的对象是制造企业 j。性质 8-2 表明，当 $\alpha = 1/2$ 时，制造企业 i（j）的节能方式选择均衡策略是自我节能或节能效益分享且与竞争强度无关。

下面讨论一般情形（$\alpha \neq 1/2$）下制造企业的节能方式选择均衡策略，主要通过数值实验分析节能服务公司与制造企业的投资成本系数比率 α 及竞争强度 b 对制造企业节能方式选择均衡策略的影响。实验参数设置如下：因为研究对象为高能耗的制造企业，高能耗制造企业的特征之一是单位产品的能源成本占单位产品生产成本的较大比例，如我国佛山地区大量生产中低档产品的建陶生产厂家，其能源在其生产成本中所占的比例高达 50%~60%，因此假设单位产品非能源成本 $c = 0$，单位产品初始能效 $r_0 = 1$，能源价格 $p_e = 1$，即制造企业是一家非常耗能的企业，另外假设逆需求函数的截距 $a = 100$。假设 $c = 0$ 不会影响数值分析的结果，观察定理 8-1、定理 8-2 和定理 8-3 和式（8.8）~式（8.9），只要保持 $a - c$ 不变，则不会影响定理 8-1、定理 8-2 和定理 8-3 的成立条件，更重要的是不会影响制造企业节能方式的选择，如假设单位产品非能源成本 $c = 1$，则制造企业是一家单位产品能源成本占单位产品生产成本比例为 50% 的高耗能企业，此时仅需假设 $a = 101$，则制造企业节能方式的选择与前一种情形一致。此外，为了排除无趣的情形，假设节能服务公司与制造企业的投资成本系数比率存在一个下限 0.1，即节能服务公司和制造企业的投资成本系数不是相差很大，则 $0.1 \leq \alpha \leq 1$。最后，为了满足定理 8-1 至定理 8-3 的条件，取一个较大的制造企业的投资成本系数，设 $k = 600$。通过 Mathematica 软件，直接画出当制造企业 j 选择自我节能（节能效益分享），制造企业 i 选择自我节能和节能效益分享两种节能方式下均衡利润之差的曲面，如图 8.3 所示。

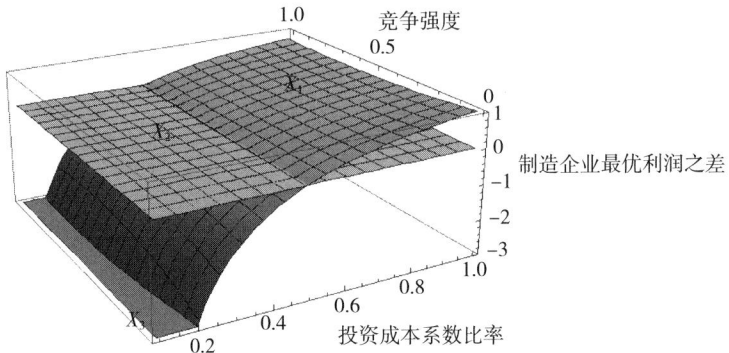

（a）制造企业 j 选择B的情形

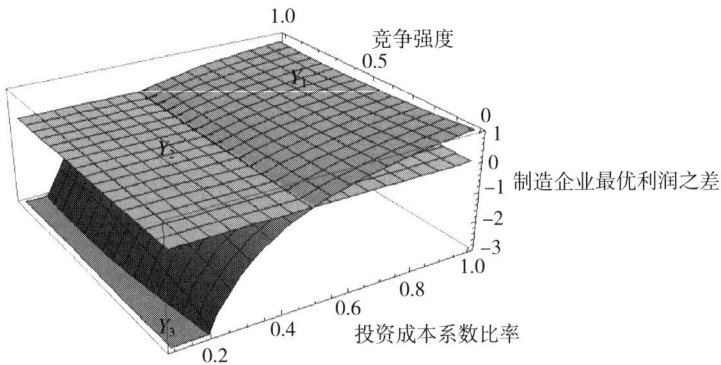

（b）制造企业 j 选择S的情形

图 8.3 均衡利润之差与竞争强度及投资成本系数比率的关系

图 8.3 中曲面表示给定制造企业 j 选择的节能方式时，制造企业 i 分别选择自我节能和节能效益分享节能方式时的均衡利润之差。观察图 8.3 中曲面的特征，当 $\alpha = 1/2$ 时，制造企业 i 选择两种节能方式无差异且制造企业 i 改变节能方式选择的两条阈值线重合，验证了性质 8-1 的结论。当节能服务公司和制造企业的投资成本系数比率大于 1/2 时，曲面 X_1 和 Y_1 的上部分均在平面 X_2 和 Y_2 的上面，可知自我节能方式是制造企业 i 的占优策略，其中 X_2 和 Y_2 分别表示平面 $\Delta\pi_i^{(B-S)|B} = 0$ 和 $\Delta\pi_i^{(B-S)|S} = 0$，$X_1$ 和 Y_1 分别表示曲面 $\Delta\pi_i^{(B-S)|B}$ 和 $\Delta\pi_i^{(B-S)|S}$；反之，当节能服务公司与制造企业的投资成本系数比率小于 1/2 时，曲面 X_1 和 Y_1 的下

部分均在平面 X_2 和 Y_2 的下面，此时节能效益分享节能方式是制造企业 i 的占优策略，当节能投资成本系数比率较小时，如 $\alpha \to 0.1$，由于曲面 X_1 和 Y_1 下降速度很快，为了保持图像的美观性，将其隐藏在平面 X_3 和 Y_3 之下。据对称性易得节能方式选择博弈阶段的节能方式选择均衡策略，如图 8.4 所示。

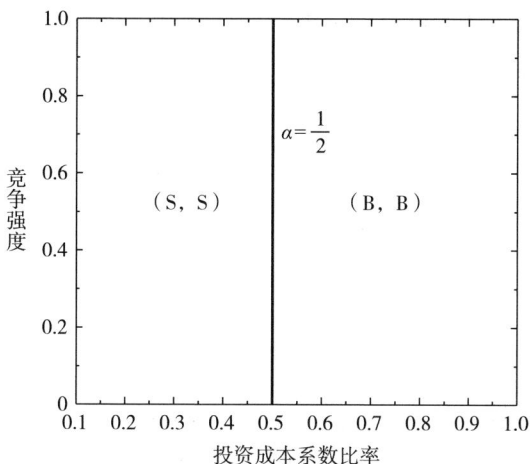

图 8.4 节能方式选择博弈阶段两家制造企业的节能方式选择均衡策略

观察图 8.4，在节能方式选择博弈阶段，存在两个对称的纳什均衡，因此，制造企业应选择与竞争对手相同的节能方式。当节能服务公司与制造企业的投资成本吸收比率较小时（$0.1 \leqslant \alpha < 1/2$），存在唯一且对称的纳什均衡 (S, S)，即制造企业均选择节能效益分享节能方式；反之，如 $1/2 < \alpha \leqslant 1$，存在唯一且对称的纳什均衡 (B, B)，即制造企业均选择自我节能方式，即性质 8-3。

性质 8-3 若两家制造企业相互对称，此时存在两个对称的纳什均衡。面临自我节能和节能效益分享，当节能服务公司与制造企业的投资成本系数比率较小时，两家制造企业均应选择后者；反之，两家制造企业均应选择前者。

性质 8-3 还表明，制造企业改变节能方式选择的阈值线仅与节能服务公司和制造企业的投资成本系数比率有关，与竞争强度无关，即竞争强度不会影响两家制造企业的节能方式选择均衡策略。原因在于，当 $\alpha = 1/2$ 时，根据性质 8-1，不管竞争强度多大，制造企业在各种情形下的最优生产量相等，从而导致两个重要的结果，一方面，观察式（8.1）～式（8.4），可知四种情形下制造企业具有相等的销售利润，另一方面，当 $\alpha = 1/2$ 时，根据引理 8.1 和引理 8.2 可知制造企业选择自我节能和节能效益分享两种节能方式所获得的最优节能效益相等，而制造企业在四种情形下的最优利润为最优销售利润和最优节能效益之和，从而可知四种情形下具有相等的均衡利润，即导致竞争强度不会影响两家制造企业的节能方式选择均衡策略；除此之外，制造企业均衡策略的选择区域大小与节能服务公司和制造企业投资成本系数比率及竞争强度均无关系。

第四节　模型拓展

因前面的研究结论是以假设 8-1 和假设 8-2 为前提，本节放松假设 8-1 和假设 8-2，以验证结论的稳健性。

一、制造企业的投资成本系数不对称

用下标 v 表示此情形，假设制造企业 i 的投资成本系数为 δk（$0 < \delta < 2$），$\delta < 2$ 表示不对称性存在上限，否则制造企业永远不会选择自我节能方式，失去讨论的意义。限于篇幅，直接写出制造企业均衡生产量和均衡利润，如表 8.2 所示。

表 8.2　生产数量竞争阶段制造企业的均衡产量和均衡利润（投资成本系数不对称）

		B		S	
均衡产量	B	$\dfrac{\delta k A_0(A_1 - bk)}{A_1 F_1 - \delta^2 b^2 k^2}$,	$\dfrac{k A_0(F_1 - b\delta k)}{A_1 F_1 - \delta^2 b^2 k^2}$	$\dfrac{\delta k A_0(A_2 - 2b\alpha k)}{F_1 A_2 - 2\alpha\delta b^2 k^2}$,	$\dfrac{2\alpha k A_0(F_1 - b\delta k)}{F_1 A_2 - 2\alpha\delta b^2 k^2}$
	S	$\dfrac{2\alpha k A_0(A_1 - bk)}{A_1 A_2 - 2b^2\alpha k^2}$,	$\dfrac{k A_0(A_2 - 2b\alpha k)}{A_1 A_2 - 2b^2\alpha k^2}$	$\dfrac{2\alpha k A_0}{A_2 + 2b\alpha k}$,	$\dfrac{2\alpha k A_0}{A_2 + 2b\alpha k}$
均衡利润	B	$\dfrac{\delta k F_1 A_0^2(A_1 - bk)^2}{2(A_1 F_1 - \delta^2 b^2 k^2)^2}$,	$\dfrac{k A_0^2(F_1 - b\delta k)^2}{2(A_1 F_1 - \delta^2 b^2 k^2)^2}$	$\dfrac{\delta k A_0^2 F_1(A_2 - 2b\alpha k)^2}{2(F_1 A_2 - 2\alpha\delta b^2 k^2)^2}$,	$\dfrac{\alpha k A_0^2 A_2(F_1 - b\delta k)^2}{(F_1 A_2 - 2\alpha\delta b^2 k^2)^2}$
	S	$\dfrac{\alpha k A_0^2 A_2(A_1 - bk)^2}{(A_1 A_2 - 2b^2\alpha k^2)^2}$,	$\dfrac{k A_0^2 A_1(A_2 - 2b\alpha k)^2}{2(A_1 A_2 - 2b^2\alpha k^2)^2}$	$\dfrac{\alpha k A_2 A_0^2}{(A_2 + 2b\alpha k)^2}$,	$\dfrac{\alpha k A_2 A_0^2}{(A_2 + 2b\alpha k)^2}$

注：$F_1 = 2\delta k - p_e^2 r_0^2$。

另外直接注明均衡生产量和均衡利润的存在条件。

BB_v 情形下，$k > \max\{p_e^2 r_0^2 / (2\delta), p_e^2 r_0^2 / 2\}$、$0 \leqslant (A_1 - bk) / (A_1 F_1 - \delta b^2 k^2) < 1 / (p_e r_0 A_0)$ 和 $0 \leqslant (F_1 - b\delta k) / (A_1 F_1 - \delta b^2 k^2) < 1 / (p_e r_0 A_0)$ 必须成立。BS_v 情形下，存在条件为 $0 \leqslant (A_2 - 2b\alpha k) / (F_1 A_2 - 2\alpha\delta b^2 k^2) < 1 / (p_e r_0 A_0)$、$0 \leqslant (F_1 - b\delta k) / (F_1 A_2 - 2\alpha\delta b^2 k^2) < 1 / (p_e r_0 A_0)$ 和 $k > \max\{p_e^2 r_0^2 / (2\delta), p_e^2 r_0^2 / (4\alpha)\}$；其他两种情形的条件与基本模型一致。

将 $\alpha = 1/2$，$\delta = 2\alpha$ 代入表 8.2 中相应的表达式，易得下面的性质 8-4 和性质 8-5。

性质 8-4　若 $\delta = 2\alpha$，则：

（1）$q_i^{BB_v*} = q_i^{SB_v*}$，$q_j^{BB_v*} = q_j^{SB_v*}$，$q_i^{BS_v*} = q_i^{SS_v*} = q_j^{BS_v*} = q_j^{SS_v*}$；

（2）$\pi_i^{BB_v*} = \pi_i^{SB_v*}$，$\pi_i^{BS_v*} = \pi_i^{SS_v*}$。

性质 8-4 表明，当 $\delta = 2\alpha$ 时，在给定制造企业 j 的节能方式下，无论两家制造企业的市场竞争强度 b 多大，制造企业 i 在自我节能和节能效益分享两种节能方式下的均衡生产量相等，同时制造企业 j 在制造企业 i 选择不同节能方式下的均衡生产量也相等，从而导致制造企业 i 在两种节能方式下的均衡利润相等。

性质 8-5　若 $\alpha = 1/2$，则：

（1）$q_j^{BB_v*} = q_j^{BS_v*}$，$q_i^{BB_v*} = q_i^{BS_v*}$，$q_j^{SB_v*} = q_j^{SS_v*} = q_i^{SB_v*} = q_i^{SS_v*}$；

（2）$\pi_j^{BB_v*} = \pi_j^{BS_v*}$，$\pi_i^{SB_v*} = \pi_i^{SS_v*}$。

性质 8-5 展示了当给定制造企业 i 的节能方式时，制造企业 j 具有与制造企业 i 相似的性质（类似于性质 8-3），只是这里的条件为 $\alpha = 1/2$。

下面回到节能方式选择博弈阶段。首先分析 $\delta = 2\alpha$、$\alpha = 1/2$ 两种特殊情形，由性质 8-4 和性质 8-5 可直接写出性质 8-6。

性质 8-6

（1）当 $\delta = 2\alpha$，有 $\Delta\pi_{vi}^{(B-S)|B} = \Delta\pi_{vi}^{(B-S)|S} = 0$；

（2）当 $\alpha = 1/2$ 时，有 $\Delta\pi_{vj}^{(B-S)|B} = \Delta\pi_{vj}^{(B-S)|S} = 0$。

性质 8-6 表明，当 $\delta = 2\alpha$（$\alpha = 1/2$）时，制造企业 i（j）的节能方式选择均衡策略是自我节能和节能效益分享两者的任何一个。

一般情形（$\alpha \neq 1/2$），类似于基本模型，通过数值实验分析节能服务公司与制造企业的投资成本系数比率 α 及竞争强度 b 对制造企业节能方式选择均衡策略的影响。令 $\delta = 1.6$，其他参数与基本模型相同，从而得出两家制造企业的均衡利润之差与竞争强度、节能服务公司和制造企业投资成本系数比率的关系，如图8.5所示。

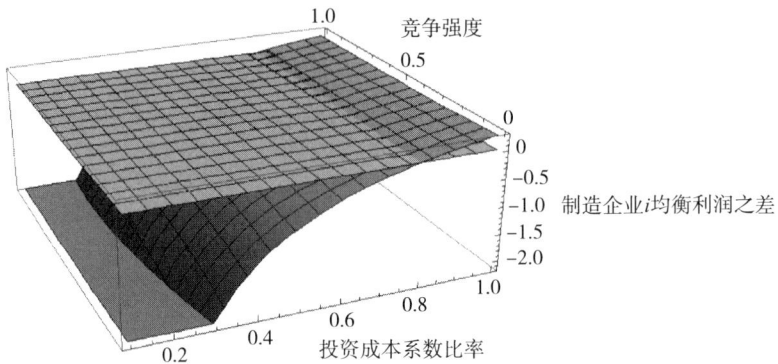

（a）制造企业 j 选择B的情形

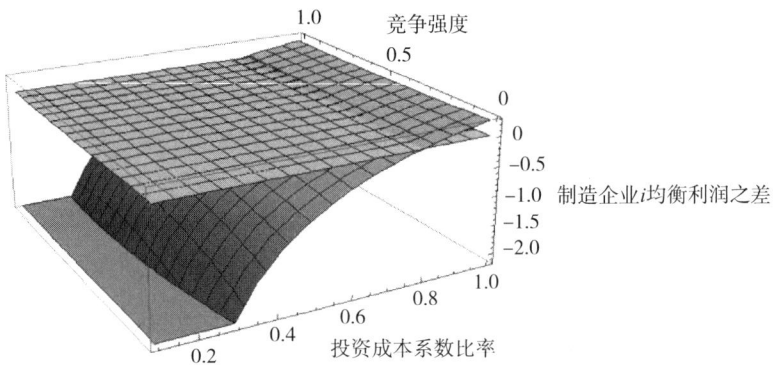

（b）制造企业 j 选择S的情形

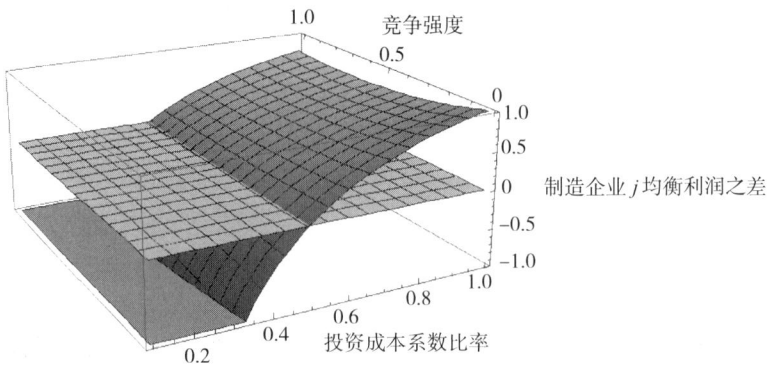

（c）制造企业 i 选择B的情形

图 8.5　均衡利润之差与竞争强度、投资成本系数比率的关系（投资成本系数不对称）

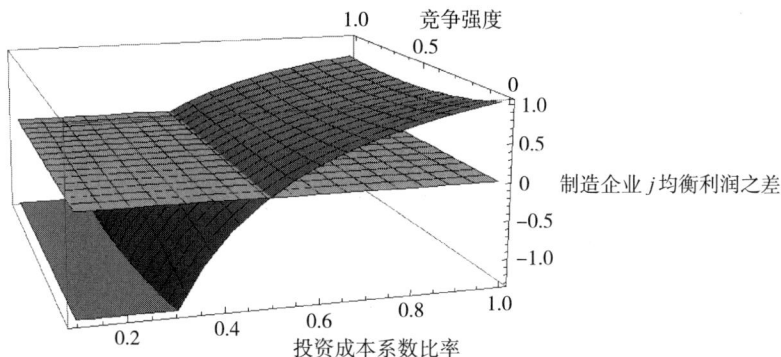

（d）制造企业 i 选择 S 的情形

图 8.5　均衡利润之差与竞争强度、投资成本系数比率的关系（投资成本系数不对称）（续图）

如图 8.5 所示，制造企业 i 存在改变节能方式选择的阈值线 $\alpha = 0.8$，制造企业 j 改变节能方式选择的阈值线保持不变，即 $\alpha = 1/2$。进一步观察图 8.5 发现，均衡利润之差曲面与基本模型具有同样的特征，即在阈值线左边时，曲面总是在阈值平面的下方，即均衡利润之差小于 0，反之，在阈值线的右方时，曲面总是在阈值平面的上方，即均衡利润之差大于 0。为了验证结论的稳健性，继续做 $\delta = \{0.4, 0.6, 0.8, 1.3, 1.6, 1.9\}$ 的数值实验，得出了同样的结论。投资成本系数不对称时节能方式选择均衡策略如图 8.6 所示。

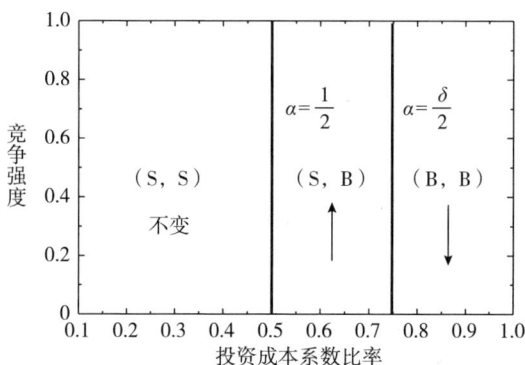

（a）$1 < \delta < 2$

图 8.6　节能方式选择博弈阶段节能方式选择均衡策略（投资成本系数不对称）

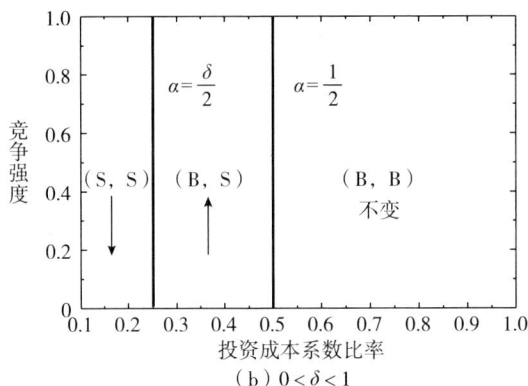

图 8.6　节能方式选择博弈阶段节能方式选择均衡策略（投资成本系数不对称）（续图）

当 $1 < \delta < 2$ 时，制造企业 i 改变节能方式选择的阈值线 $\alpha = \delta/2 > 1/2$（如 $\alpha = 0.8$）向右移动，而制造企业 j 改变节能方式选择的阈值线 $\alpha = 1/2$ 保持不变。从而两家制造企业改变节能方式选择的阈值线将整个区域分为 3 个区域，即存在（S, S）、（S, B）和（B, B）三个纳什均衡，如图 8.6（a）所示。当节能服务公司和制造企业的投资成本系数比率较小时（$0.1 \leqslant \alpha < 1/2$），两家制造企业均选择节能效益分享节能方式；当节能服务公司和制造企业的投资成本系数比率很大时（$\delta/2 < \alpha \leqslant 1$），两家制造企业均选择自我节能方式；当节能投资成本系数比率较大时（$1/2 < \alpha < \delta/2$），此时制造企业 i 选择节能效益分享节能方式，而制造企业 j 选择自我节能方式。与基本模型相比，相同之处在于存在两个对称的纳什均衡，且竞争强度不会影响两家制造企业改变节能方式选择的阈值线，由性质 8-6 可知，原因与基本模型类似；不同的是，由于制造企业 i 具有一个较大的投资成本系数，在给定制造企业 j 的节能方式的前提下，从而扩大了制造企业 i 选择节能效益分享节能方式的范围，而在给定制造企业 i 的节能方式的前提下，制造企业 j 改变节能方式选择的阈值线不变，从而产生了一个不对称的纳什均衡。

当 $0 < \delta < 1$ 时，类似 $\delta > 1$ 的分析，由性质 8-6 易得制造企业 i 改变节能方式选择的阈值线 $\alpha = \delta/2 < 1/2$ 向左移动，而制造企业 j 改变节能方式选择的阈值线 $\alpha = 1/2$ 保持不变，从而存在（S, S）、（B, S）和（B, B）三个纳什均衡，如图 8.6（b）所示。即当节能服务公司和制造企业的投资成本系数比率很小时

（$0.1 \leqslant \alpha < \delta/2$），两家制造企业均选择节能效益分享节能方式；当节能投资成本系数比率较大时（$1/2 < \alpha < 1$），两家制造企业均选择自我节能方式；当节能服务公司和制造企业的投资成本系数比率较小时（$\delta/2 < \alpha < 1/2$），制造企业 i 选择自我节能方式，制造企业 j 选择节能效益分享节能方式。原因类似于 $1 < \delta < 2$ 的情形。

综上所述，得到性质 8-7。

性质 8-7　若一家制造企业的投资成本系数比另一家制造企业的投资成本系数大时，则存在两个对称的纳什均衡和一个不对称的纳什均衡。面临自我节能和节能效益分享，当节能服务公司和制造企业的投资成本系数比率很小时，两家制造企业均应选择后者；当节能服务公司和制造企业的投资成本系数比率较大时，两家制造企业均应选择前者；当节能投资成本系数比率处于中间值时，前一家制造企业应选择后者，而后一家制造企业应选择前者。

性质 8-7 也表明竞争强度对制造企业的节能方式选择均衡策略不会产生影响，原因类似于基本模型。

根据性质 8-6，下面直接给出 δ 的变化（$\delta > 1$，增大 δ；反之，减少 δ）对均衡区域的影响，如图 8.6 所示，其中"↑""↓"分别表示均衡区域扩大或减小，"不变"表示没有改变均衡区域的大小。

二、初始能效不对称

此情形用下标 o 表示，假设制造企业 i 的单位产品初始能效为 λr_0（$\lambda > 0$），令 $c = 0$（在数值实验参数设置中，已验证其不会对制造企业选择节能方式产生影响），其他条件不变。限于篇幅，直接将制造企业的均衡生产量和均衡利润写在表 8.3 中。

表 8.3　生产数量竞争阶段制造企业的均衡生产量（初始能效不对称）

		B		S	
均衡产量	B	$\dfrac{k(A_1A_4 - bkA_3)}{G_1A_1 - b^2k^2}$	$\dfrac{k(A_3G_1 - bkA_4)}{G_1A_1 - b^2k^2}$	$\dfrac{k(A_2A_4 - 2\alpha bkA_3)}{G_1A_2 - 2\alpha b^2k^2}$	$\dfrac{2\alpha k(A_3G_1 - bkA_4)}{G_1A_2 - 2\alpha b^2k^2}$
	S	$\dfrac{2\alpha k(A_1A_4 - bkA_3)}{G_2A_1 - 2\alpha b^2k^2}$	$\dfrac{k(A_3G_2 - 2\alpha bkA_4)}{G_2A_1 - 2\alpha b^2k^2}$	$\dfrac{2\alpha k(A_2A_4 - 2\alpha bkA_3)}{G_2A_2 - 4(\alpha bk)^2}$	$\dfrac{2\alpha k(A_3G_2 - 2\alpha bkA_4)}{G_2A_2 - 4(\alpha bk)^2}$

续表

		B		S	
均衡利润	B	$\dfrac{kG_1(A_1A_4-bkA_3)^2}{2(G_1A_1-b^2k^2)^2}$,	$\dfrac{kA_1(A_3G_1-bkA_4)^2}{2(G_1A_1-b^2k^2)^2}$	$\dfrac{kG_1(A_2A_4-2\alpha bkA_3)^2}{2(G_1A_2-2\alpha b^2k^2)^2}$,	$\dfrac{\alpha kA_2(A_3G_1-bkA_4)^2}{(G_1A_2-2\alpha b^2k^2)^2}$
	S	$\dfrac{\alpha kG_2(A_1A_4-bkA_3)^2}{(G_2A_1-2\alpha b^2k^2)^2}$,	$\dfrac{kA_1(A_3G_2-2\alpha bkA_4)^2}{2(G_2A_1-2\alpha b^2k^2)^2}$	$\dfrac{\alpha kG_2(A_2A_4-2\alpha bkA_3)^2}{[G_2A_2-4(\alpha bk)^2]^2}$	$\dfrac{\alpha kA_2(A_3G_2-2\alpha bkA_4)^2}{[G_2A_2-4(\alpha bk)^2]^2}$

注：$A_3=a-r_0p_e$，$A_4=a-\lambda r_0 p_e$，$G_1=2k-\lambda^2 p_e^2 r_0^2$，$G_2=4\alpha k-\lambda^2 p_e^2 r_0^2$。

类似于投资成本系数不对称情形，将均衡生产量和均衡利润存在的条件也直接注明。

BB_o 情形下，$k>\max\{p_e^2r_0^2/2, p_e^2\lambda^2r_0^2/2\}$、$0\leqslant(A_1A_4-bkA_3)/(G_1A_1-b^2k^2)<1/(p_e\lambda r_0)$ 和 $0\leqslant(A_3G_1-bkA_4)/(G_1A_1-b^2k^2)<1/(p_er_0)$ 必须成立。BS_o 情形下，存在条件为 $0\leqslant(A_2A_4-2\alpha bkA_3)/(G_1A_2-2\alpha b^2k^2)<1/(p_e\lambda r_0)$、$0\leqslant(A_3G_1-bkA_4)/(G_1A_2-2\alpha b^2k^2)<1/(p_er_0)$ 和 $k>\max\{p_e^2\lambda^2r_0^2/2, p_e^2r_0^2/(4\alpha)\}$。$SB_o$ 情形下，条件 $k>\max\{p_e^2r_0^2/2, p_e^2\lambda^2r_0^2/(4\alpha)\}$、$0\leqslant(A_1A_4-bkA_3)/(G_2A_1-2\alpha b^2k^2)<1/(p_e\lambda r_0)$、$0\leqslant(A_3G_2-2\alpha bkA_4)/(G_2A_1-2\alpha b^2k^2)<1/(p_er_0)$ 必须成立。SS_o 情形下，存在条件为 $0\leqslant(A_2A_4-2\alpha bkA_3)/[G_2A_2-4(\alpha bk)^2]<1/(p_e\lambda r_0)$、$0\leqslant(A_3G_2-2\alpha bkA_4)/[G_2A_2-4(\alpha bk)^2]<1/(p_er_0)$ 和 $\alpha k>\max\{p_e^2r_0^2/4, p_e^2\lambda^2r_0^2/4\}$。

将 $\alpha=1/2$ 代入表 8.3 中相应的表达式，从而得到性质 8-8 到性质 8-9。

性质 8-8 若 $\alpha=1/2$，则：

（1）$q_{u_1}^{z_1*}=q_{u_2}^{z_2*}$；

（2）$\pi_{u_1}^{z_1*}=\pi_{u_2}^{z_2*}$。

其中，$z_1, z_2\in\{BB_o, BS_o, SS_o, SB_o\}$，$u_1, u_2\in\{i, j\}$。

性质 8-8 的意义类似于基本模型中的性质 8-1。

下面回到博弈的第一阶段，分析制造企业的节能方式选择均衡策略。首先分析特殊情形，由以上分析，直接写出性质 8-9。

性质 8-9 若 $\alpha=1/2$，则 $\Delta\pi_{oi}^{(B-S)|B}=\Delta\pi_{oi}^{(B-S)|S}=\Delta\pi_{oj}^{(B-S)|B}=\Delta\pi_{oj}^{(B-S)|S}=0$。

其中，$\Delta\pi_{oi}^{(B-S)|B}$、$\Delta\pi_{oi}^{(B-S)|S}$、$\Delta\pi_{oj}^{(B-S)|B}$ 和 $\Delta\pi_{oj}^{(B-S)|S}$ 的意义类似于基本模型。性质 8-9 表明，若 $\alpha=1/2$，则制造企业 i（j）的节能方式选择均衡策略是自我节能或者节能效益分享。

一般情形（$\alpha \neq 1/2$），类似于前面分析，通过数值实验分析节能服务公司与制造企业的投资成本系数比率 α 及竞争强度 b 对制造企业节能方式选择均衡策略的影响。设 $\lambda = 2$，从而得到图 8.7。

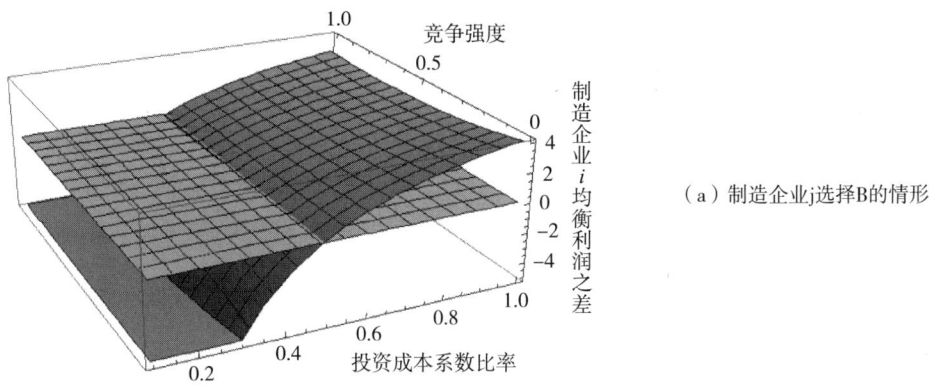

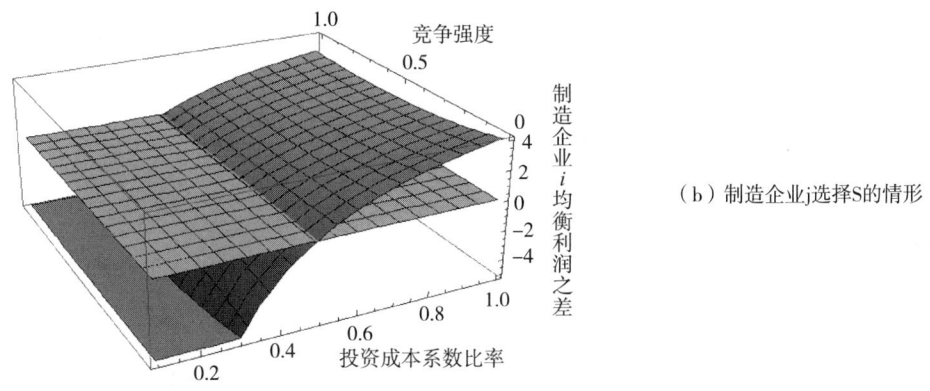

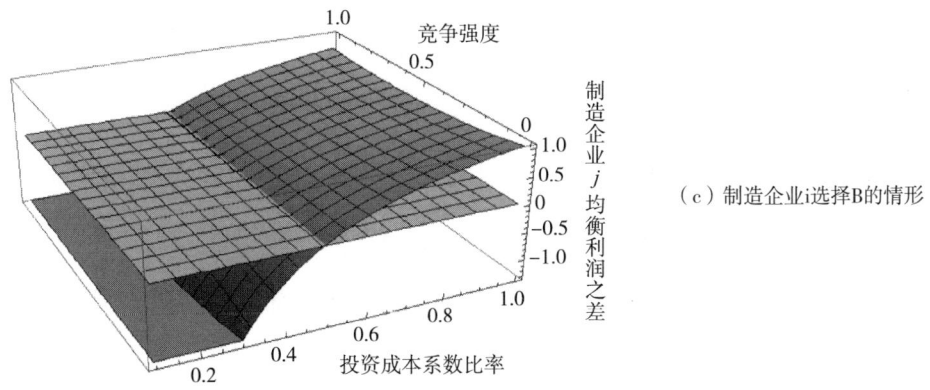

（a）制造企业 j 选择 B 的情形

（b）制造企业 j 选择 S 的情形

（c）制造企业 i 选择 B 的情形

图 8.7　均衡利润之差与竞争强度及投资成本系数比值的关系（初始能效不对称）

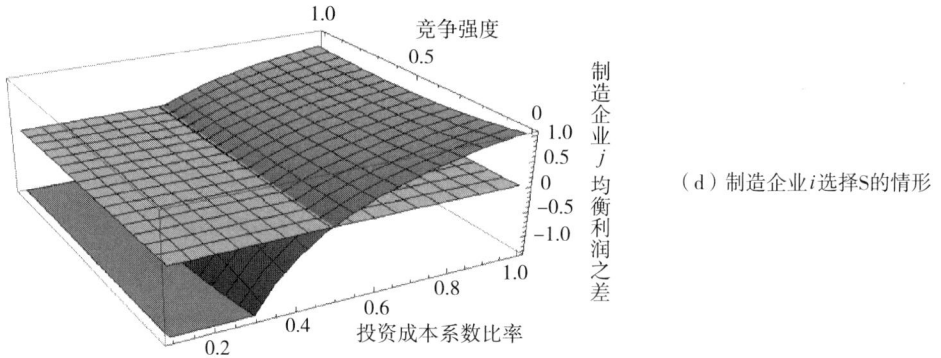

图 8.7 均衡利润之差与竞争强度及投资成本系数比值的关系（初始能效不对称）（续图）

观察图 8.7 可知，在初始能效不对称的情形下，曲面制造企业的均衡利润之差与竞争强度、节能服务公司和制造企业投资成本系数比率的关系类似于基本模型（验证 $\lambda = 0.5$ 可得出同样的结论，省略），又由性质 8-7 可知，当 $\alpha = 1/2$，则两种节能方式对制造企业 i 和 j 均无差异。因此，得到性质 8-10。

性质 8-10 初始能效不对称没有改变制造企业节能方式选择的均衡策略。

性质 8-10 也表明竞争强度对制造企业的节能方式选择均衡策略不会产生影响，原因类似于基本模型。

三、分享期小于整个生命周期

用下标 T 表示此情形，假设周期内制造企业总生产量为 q_i^z 且分享期内的生产数量为 $\rho q_i^z (0 < \rho < 1)$，则非分享期内的生产数量为 $(1-\rho)q_i^z$，从而系数 ρ 抓住了分享期小于整个生命周期的特征。因为分享期小于整个生命周期仅对制造企业选择节能效益分享节能方式的情形产生影响，又根据假设 8-1，所以 $BS_T = SB_T$，下面仅对 SS_T 和 BS_T 情形进行分析。

首先从第三阶段开始分析。当 $z \in \{SB_T, SS_T\}$ 时，制造企业 i 的利润函数为：

$$\bar{\pi}_i^{S_T}\left(\varphi_i^{S_T}\right) = \left[r_0 p_e - \left(r_0 p_e - \varphi_i^{S_T} r_i^{S_T} p_e\right)\right]\rho q_i^z + \left[r_0 p_e - \left(r_0 p_e - r_i^{z_T} p_e\right)\right](1-\rho)q_i^z \quad (8.10)$$

利润函数第一部分表示分享期内的节能收益，第二部分表示分享期内的节能收益。

节能服务公司的利润函数为：

$$\bar{\pi}_e^{S_T}\left(r_i^{S_T}\right)=\left(1-\varphi_i^{S_T}\right)r_i^{S_T}p_e\rho q_i^z-\alpha k^B\left(r_i^{S_T}/r_0\right)^2/2 \tag{8.11}$$

求解以上模型得引理 8-3。

引理 8-3　假设制造企业与节能服务公司的分享期小于节能系统的整个生命周期，且 $\alpha k>p_e r_0\rho q_i^z/2$，若制造企业 i 选择节能效益分享节能方式，则制造企业最优节能效益分享比例 $\varphi_i^{S_T*}=1-1/(2\rho)$，制造企业 i 的最优节能效益 $\pi_i^{S_T*}\left(q_i^z\right)=\left(p_e r_0 q_i^z\right)^2/(4\alpha k)$，其中 $z\in\{SB_T,SS_T\}$。

基本模型中，整个节能效益为 $\left(p_e r_0 q_i^z\right)^2/(2\alpha k)$，制造企业 i 和节能服务公司平均分配整个节能效益。引理 8-3 表明，当分享期变短时，节能服务公司通过设置一个更大的节能收益分享比例 $\varphi_i^{S_T*}$，以便能再次获得一半的节能效益。由引理 8-3 可知，节能期的变短没有改变制造企业所获得的最优节能效益，从而得到下面的性质 8-11。

性质 8-11　分享期小于整个系统周期不会改变制造企业的节能方式选择均衡策略。

性质 8-11 也表明，分享期的改变不会改变制造企业的节能方式选择均衡策略，原因可由引理 8-3 可知。

第五节　研究结论与管理启示

本节对研究结论和管理启示进行归纳。具体如下：

（1）面临自我节能和节能效益分享两种节能方式，在两家制造企业相互对称、制造企业投资成本系数不对称、制造企业的初始能效不对称和分享期小于节能系统的生命周期四种情形下，两家制造企业的竞争强度均不会对制造企业节能方式选择均衡策略产生影响；即制造企业进行最优节能方式选择时，无须考虑竞争强度的大小。

（2）若两家制造企业相互对称，此时存在两个对称的纳什均衡。当节能服务公司与制造企业的投资成本系数比率较小时，两家制造企业均应选择节能效益分享；反之，两家制造企业均应选择自我节能；前述结论表明，当两家制造企业相互对称时，制造企业应确定节能服务公司与制造企业的投资成本系数比率，并依前面的结论进行最优节能方式选择。

（3）若一家制造企业的投资成本系数比另一家制造企业的投资成本系数大时，则存在两个对称的纳什均衡和一个不对称的纳什均衡。当节能服务公司和制造企业的投资成本系数比率很小时，两家制造企业均应选择节能效益分享；当节能服务公司和制造企业的投资成本系数比率较大时，两家制造企业均应选择自我节能；当节能投资成本系数比值处于中间值时，具有较大的投资成本系数的制造企业应选择节能效益分享，而具有较小的投资成本系数的制造企业应选择自我节能。前述结论表明，当制造企业的投资成本系数不对称时，应遵循前述结论进行最优节能方式选择。

（4）两家制造企业的初始能效不对称不会改变制造企业的节能方式选择均衡策略，节能方式选择均衡策略与基本模型一致。前述结论表明，制造企业选择最优节能方式无须考虑竞争对手的初始能效，仍遵循（2）的研究结论进行最优节能方式选择。

（5）分享期小于节能系统的生命周期也不会改变制造企业的节能方式选择均衡策略，节能方式选择均衡策略与基本模型一致。前述结论表明，制造企业选择最优节能方式无须考虑分享期的长短，仍遵循（2）的研究结论进行最优节能方式选择。

身处竞争环境中的制造企业管理人员往往会重点关注两个问题：一是竞争强度对最优节能方式选择均衡策略有没有影响；二是如果有影响，又是如何影响最优节能方式选择均衡策略的。本章的研究结论回答了第一个问题，即竞争强度不会对最优节能方式选择均衡策略产生影响，相应地也得到第二个问题的答案。此结论对处于竞争环境当中的制造企业管理人员具有重大的管理启示，即在选择最优节能方式选择均衡策略时，无须考虑竞争强度的大小。

第六节　小结

伴随企业之间的竞争转变为供应链与供应链之间的竞争，竞争环境下制造企业如何选择最优节能方式成为一个非常重要的现实问题。本章通过建立四种情形下两家制造企业多阶段的博弈模型并进行模型分析，研究结论能够回答此情形下如何进行最优节能方式选择、给定节能方式下如何设置最优的生产量等。然而，本章假设制造企业之间进行生产数量竞争。现实中，制造企业之间可能同时存在价格竞争和产品环境属性之间的双重竞争现象，研究此背景下制造企业如何做最优节能决策是一个重要的现实需求。

第九章　价格和环境双重竞争情形下制造企业最优节能策略

第一节　引　言

现阶段，中国水泥和钢铁行业中的制造企业之间面临激烈的双重竞争。一是产能过剩引起激烈的价格竞争。2022 年 7 月 29 日，工业和信息化部原材料司副司长张海登在中国钢铁工业协会第六届会员大会第四次会议上表示，钢铁行业面临去产能工作开展以来最为严峻的形势，行业运行呈现出需求偏弱、库存上升、价格下跌、成本上涨、利润下滑等特征。陕西尧柏特种水泥集团总裁马维平在"2018 年中国大型水泥企业领导人圆桌会议（C12+3 峰会）"上也倡议，中国水泥企业应该用价值的竞争替代价格的竞争。二是可持续发展引发的能效竞争。中国的钢铁企业和水泥企业属于高耗能制造企业，除承受消费者环境意识的压力外，其还受到沉重的节能减排压力。如 2016 年工业和信息化部印发的《工业绿色发展规划（2016–2020 年）》规定，吨钢综合能耗从 2015 年的 572 千克标准煤降到 2020 年的 560 千克标准煤，水泥熟料综合能耗从 2015 年的 112 千克标准煤 / 吨降到 2020 年的 105 千克标准煤 / 吨。因此，正如上文所述，节能是钢铁企业和水泥企业实现可持续性发展最重要的途径，而能效则将成为制造业企业竞争的重要维度。在此背景下，制造企业的管理人员面临如下挑战：①价格和环境性能双重竞争情形下对称制造企业如何科学确定最优的节能决策，以提高决策的有效性。②两家制造企业不对称时是否需要调整节能决策？③政府也面临一个重要挑战，即如何设置补贴政策提高制造企业的节能动力或最大化社会总福利。

从现有相关研究来看，还需要做如下的进一步深化：一是未能提供价格和环境性能双重竞争情形下对称性制造企业选择最优节能策略的决策依据；二是需要进一步明晰两家制造企业不对称对制造企业最优节能策略的影响；三是如若政府希望激励制造企业提高环境性能或最大化社会总福利，又如何设置有效的补贴政策。基于此动机，本章研究三个问题：①价格和环境性能双重竞争情形下对称制造企业如何选择最优节能策略。②两家制造企业不对称对制造企业最优节能策略的影响如何。③为激励制造企业提高环境性能或最大化社会总福利，有效的补贴政策具有什么特征。为了回答以上三个研究问题，构建包含产品价格竞争和能效竞争需求函数基础上，分别建立了两家制造企业相互对称、初始能效不对称（用初始能效不对称系数反映制造企业之间的初始能效差距）和节能投资成本系数（用节能投资成本不对称系数反映制造企业之间的节能技术差距）不对称三种情形下制造企业的节能博弈模型。通过分析博弈模型，得出了对称制造企业的最优节能策略，分析了制造企业的初始能效和节能技术差距对制造企业最优节能策略的影响，揭示了有效的补贴政策应满足的条件。

本章具有以下三方面的贡献：一是构建了价格和环境性能双重竞争下对称制造企业的最优节能策略理论；二是明晰了初始能效不对称、节能投资成本系数不对称对制造企业最优节能策略的影响；三是揭示了有效的补贴政策所具有的特征。

本章余下内容结构如下：第二节对问题进行描述并分别建立两家制造企业相互对称、初始能效不对称和节能投资成本系数不对称三种情形下制造企业的节能博弈模型；模型分析放在第三节；第四节做数值实验；第五节讨论政府补贴政策；第六节对研究结论和管理启示进行归纳；最后总结放在第七节。

第二节　问题描述

考虑市场上消费者具有环境意识，两家制造企业（用下标 m 表示，其中 $m=i$, j 分别表示制造企业 i 和制造企业 j）分别仅生产一种产品且两种产品部分替代，在市场进行竞争，其需求函数与两种产品的价格和两家制造企业的节能效果（本章用单位产品节能量来表示）有关，如假设9-3所示。为了保持各自的市场竞争力，两家制造企业同时选择自我节能（考虑分析的复杂性，没有考虑制造企业将能源服务外包给节能服务公司，即合同能源管理；与合同能源管理相比，自我节能主要依赖于企业自身的技术或经验去进行节能，用下标 b 表示）进行节能。

下文将给出模型所用的符号及主要假设。

一、模型符号及假设

模型所用的符号，如表 9.1 所示。

表 9.1　模型符号

下标	
m：制造企业，其中 $m=i,j$ 分别表示制造企业 i 和制造企业 j	b：自我节能
上标	
*：最优解或最优值	
IE：初始能效不对称情形	IC：节能投资成本系数不对称情形
模型参数	
a：潜在市场容量	τ：消费者环保意识（$\tau \geqslant 0$）
θ：两种产品的替代性（$\theta \geqslant 0$），即竞争强度	$r_{m,0}$：制造企业 m 的单位产品初始能效
$d_{i,b}(p_{i,b};r_{i,b};p_{j,b};r_{j,b})$：制造企业 i 选择自我节能时的市场需求	$d_{j,z}(p_{j,z};r_{j,z};p_{i,z};r_{i,z})$：制造企业 j 选择自我节能时的市场需求
c：单位产品的非能源成本，即单位产品生产成本中不包含能源成本的部分	p_e：能源价格
$k_{m,b}$：制造企业选择 m 选择自我节能时的节能投资成本系数	δ：两家制造企业的初始能效差距系数（$0 \leqslant \delta < 1$）
ρ：表示两家制造企业的节能投资成本差距系数（$0 \leqslant \rho < 1$）	$V_{m,b}$：制造企业 m 选择自我节能时的投资成本
$\Pi_{m,b}$：制造企业 m 选择自我节能时的利润	$\Pi_{m,b}^{IE}$：初始能效不对称情形下制造企业 m 选择自我节能时的利润
$\Pi_{m,b}^{IC}$：节能投资成本系数不对称情形下制造企业 m 选择自我节能时的利润	

决策变量	
$p_{m,z}$: 制造企业 m 选择自我节能时的产品价格	$r_{m,b}$: 制造企业 m 选择自我节能时的单位产品节能量（$0 \leqslant r_{m,b} < r_{m,0}$）
$p_{m,b}^{IE}$: 初始能效不对称情形下制造企业 m 选择自我节能时的产品价格	$r_{m,b}^{IE}$: 初始能效不对称情形下制造企业 m 选择自我节能时的单位产品节能量
$p_{m,b}^{IC}$: 节能投资成本系数不对称情形下制造企业 m 选择自我节能时的产品价格	$r_{m,b}^{IC}$: 节能投资成本系数不对称情形下制造企业 m 选择自我节能时的单位产品节能量

在建模之前，给出三个主要假设。

假设 9-1 为了简化分析，假设两家制造企业诸如初始能效和制造企业的节能投资成本系数等其他因素相互对称，令 $r_{i,0} = r_{j,0} = r_0$，$k_{i,b} = k_{j,b} = k$。

假设 9-2 制造企业 m 选择自我节能的投资成本为 $V_{m,b} = \dfrac{k(r_{m,b}/r_0)^2}{2}$。

节能投资成本即具有边际成本递增的特征，同时具有企业的初始能效越高投资成本越小的特点，原因在于初始能效高，往往代表潜在的节能措施也多，这时同样的节能量往往能通过无成本或者小成本的方法来实现。因此，类似于 Chen（2005），鉴于单位产品节能率（$r_{m,z}/r_0$）常常在实际中用来反映某种节能技术的有效程度，假设投资成本为单位产品节能率的二次函数，其完美地刻画了前面提到的关于节能投资成本的两个特征，即 $V_{m,b} = \dfrac{k(r_{m,b}/r_0)^2}{2}$。

假设 9-3 制造企业 i 市场需求函数为：

$$d_{i,b}\left(p_{i,b}; r_{i,b}; p_{j,b}; r_{j,b}\right) = a + \tau\left(r_{i,b} - \theta\left(r_{j,b} - r_{i,b}\right)\right) - p_{i,b} + \theta\left(p_{j,b} - p_{i,b}\right) \tag{9.1}$$

制造企业 j 市场需求函数为：

$$d_{j,b}\left(p_{j,b}; r_{j,b}; p_{i,b}; r_{i,b}\right) = a + \tau\left(r_{j,b} - \theta\left(r_{i,b} - r_{j,b}\right)\right) - p_{j,b} + \theta\left(p_{i,b} - p_{j,b}\right) \tag{9.2}$$

上述需求函数类似于文献（Liu 等，2012；Zhang 等，2015），利用此需求函数能更方便研究产品竞争的影响，理由是 θ 不仅代表产品价格和环境性能两方面的替代性，而且两种产品的市场需求之和与两种产品的替代性 θ 无关。进一步观察发现，除产品价格外，竞争强度和消费者环境意识均会对制造企业的市场需求产生影响。与上述文献类似，在需求函数中涉及了消费者环境意识效应。制造企业通过降低单位产品节能量，提高了产品的环境性能，在产品价格和竞争强度效应不变的前提下，消费者环保意识越强，市场需求越大；反之，制造企业在市场上则会受到消费者环境意识的压力。

除了以上 3 个主要假设之外，还有如下假设。

假设潜在市场容量足够大，即有 $A = a - c - r_0 p_e > 0$。假设 $k >$

$$\max\left\{\frac{22r_0^2(p_e+\tau)^2}{27}, \frac{A_2}{(2+\theta)^2(2+3\theta)^2}, \frac{[A+r_0(p_e+\tau)]A_3}{(2+\theta)^2(2+3\theta)r_0}\right\}, \text{其中} A_2 = 2r_0^2(1+\theta)$$

$[2+\theta(4+\theta)]^2(p_e+\tau)^2$，$A_3 = 2r_0^2(1+\theta)[2+\theta(4+\theta)](p_e+\tau)$，即类似于诸多的经济类文献（Gilbert 和 Cvsa，2003；Ofek 等，2011），表示投资成本不是非常低。最后，忽略其他的运行成本，如人力成本、维护成本等，仅考虑节能系统运行成本中的能源成本（已包含在节能后的能源成本中）。

下面分别建立消费者环境意识情形下竞争性对称型、初始能效不对称型和节能投资成本系数不对称型制造企业的节能博弈模型。

二、对称型制造企业自我节能博弈模型

当两家制造企业同时选择自我节能进行节能时，基于利润最大化的原则，两者做两阶段的博弈。博弈顺序如下：

（1）两家制造企业同时决定最优单位产品节能量；

（2）在观察到竞争企业的最优单位产品节能量之后，两家制造企业同时决定最优价格；

（3）销售完成后，两家制造企业获得各自的最优利润。

制造企业 i 的利润函数为：

$$\Pi_{i,b}(r_{i,b}, p_{i,b}; r_{j,b}, p_{j,b}) = \left[p_{i,b} - c - (r_0 - r_{i,b})p_e\right]d_{i,b}(p_{i,b}; r_{i,b}; p_{j,b}; r_{j,b}) - \frac{k(r_{i,b}/r_0)^2}{2} \quad (9.3)$$

制造企业 j 的利润函数为：

$$\Pi_{j,b}(r_{j,b}, p_{j,b}; r_{i,b}, p_{i,b}) = \left[p_{j,b} - c - (r_0 - r_{j,b})p_e\right]d_{j,b}(p_{i,b}; r_{i,b}; p_{j,b}; r_{j,b}) - \frac{k(r_{j,b}/r_0)^2}{2} \quad (9.4)$$

利润函数式（9.3）和利润函数式（9.4）的第一项表示制造企业的销售利润，当中将单位产品的生产成本分解成能源成本 c 和不包括能源成本的生产成本

$(r_0 - r_{m,b})p_e$（称为非能源成本）；第二项表示节能投资成本。

三、初始能效不对称型制造企业节能博弈模型

本部分放松两家制造企业初始能效对称这个条件，即初始能效不对称情形（用上标 IE 表示这种情形），建立此情形下制造企业的节能博弈模型。

假设制造企业 i 的初始能效为 r_0（称为污染型制造企业），制造企业 j 的初始能效为 δr_0，即后一家制造企业具有较小的初始能效（称为清洁型制造企业），其中 δ（$0 \leqslant \delta < 1$）表示两家制造企业的初始能效差距系数。

制造企业 i 的利润函数与式（9.3）相同。

在式（9.4）中将 r_0 替换为 δr_0，得到制造企业 j 的利润函数，即：

$$\prod\nolimits_{j,b}^{IE}\left(p_{j,b}^{IE}, r_{j,b}^{IE}; p_{i,b}^{IE}, r_{i,b}^{IE}\right) = \left[p_{j,b}^{IE} - c - \left(\delta r_0 - r_{j,b}^{IE}\right)p_e\right]d_{j,b}^{IE}\left(p_{i,b}^{IE}; r_{i,b}^{IE}; p_{j,b}^{IE}; r_{j,b}^{IE}\right) - \frac{k(r_{j,b}^{IE}/r_0)^2}{2} \quad (9.5)$$

两家制造企业的博弈顺序与对称情形一致。

四、节能投资成本系数不对称型制造企业节能博弈模型

本部分放松两家制造企业的投资成本系数对称这个条件，即制造企业的投资成本系数不对称情形（用上标 IC 表示这种情形），建立此情形下制造企业的博弈模型。

假设制造企业 i 的节能投资成本系数为 k（称为技术落后型制造企业），制造企业 j 的初始能效为 ρk，即后一家制造企业具有较先进的节能技术（称为技术先进型制造企业），其中 ρ（$0 \leqslant \rho < 1$）表示两家制造企业的节能投资成本差距系数。

制造企业 i 的利润函数与式（9.3）相同。

在式（9.4）中将 k 替换为 ρk，得到制造企业 j 的利润函数，即

$$\prod\nolimits_{j,b}^{IC}\left(p_{j,b}^{IC}, r_{j,b}^{IC}; p_{i,b}^{IC}, r_{i,b}^{IC}\right) = \left[p_{j,b}^{IC} - c - \left(r_0 - r_{j,b}^{IC}\right)p_e\right]d_{j,b}^{IC}\left(p_{i,b}^{IC}; r_{i,b}^{IC}; p_{j,b}^{IC}; r_{j,b}^{IC}\right) - \frac{\rho k(r_{j,b}^{IC}/r_0)^2}{2} \quad (9.6)$$

两家制造企业的博弈顺序与对称情形一致。

第三节　模型分析

本节通过求解上述提出的制造企业节能博弈模型，分析对称、初始能效不对称和节能投资成本系数不对称三种情形下制造企业最优节能策略，主要包括三种情形下竞争强度、消费者环境意识对制造企业最优价格、最优单位产品节能量、最优利润的影响。

一、对称制造企业最优节能策略

通过逆向归纳法对竞争性对称型制造企业的节能博弈模型进行求解，从而得到性质 9-1 到性质 9-3。

性质 9-1 若两家竞争性对称制造企业选择自我节能进行节能，给定单位产品节能量 $r_{i,b}$ 和 $r_{j,b}$，则：

（1） $dp_m^*(r_{i,b}, r_{j,b}) / d\theta < 0$ ；

（2） $dp_{i,b}^*(r_{i,b}, r_{j,b}) / d\tau > 0$ 。

性质 9-1 表明，给定双方的单位产品节能量，随着竞争强度的增加，为了保持市场份额，制造企业应采取低价策略来吸引顾客，以提高市场需求。性质 9-1 也表明，给定双方的单位产品节能量，随着消费者环境意识的增强，制造企业应该通过提高价格的方式以增加边际利润。

性质 9-2 若两家竞争性对称制造企业选择自我节能进行节能，则：

（1）总是存在一个 $\theta_1 > 0$，

①当 $\theta < \theta_1$，$dr_{i,b}^*/d\theta > 0$，$dr_{j,b}^*/d\theta > 0$；

②当 $\theta > \theta_1$，$dr_{i,b}^*/d\theta < 0$，$dr_{j,b}^*/d\theta < 0$；

（2） $dr_{i,z}^*/d\tau > 0$，$dr_{j,z}^*/d\tau > 0$。

其中，$r_{m,b}^* = \dfrac{AA_3}{k(2+\theta)^2(2+3\theta) - A_3(p_e+\tau)}$，$A_3 = 2r_0^2(1+\theta)[2+\theta(4+\theta)]$ $(p_e+\tau)$，$A = a - c - r_0 p_e$，$m = i, j$。

性质 9-2 表明，竞争强度对最优单位产品节能量的影响不具有单调性。当竞争强度较小时，竞争强度的增加会导致制造企业设置一个较大的最优单位产品节能量；有意思的是，当竞争强度超过某一阈值时，随着竞争强度的增大，制造企业反而会设置一个较小的最优单位产品节能量。这一管理启示能够在一定程度上解释，处于竞争较不激烈行业的企业热衷于节能，如中国的国有企业，而处在竞争激烈行业的行业则节能意愿不高，如中国佛山的陶瓷行业。性质9-2也表明，制造企业最优单位产品节能量与消费者环境意识的关系与直觉一致，即消费者环境意识的增强会吸引制造企业设置一个更大的最优单位产品节能量。

性质9-3　若两家竞争性对称制造企业选择自我节能进行节能，则：

（1）$d\Pi_{i,b}^{*}(r_{i,b}, r_{j,b})/d\theta < 0$，$d\Pi_{j,b}^{*}(r_{i,b}, r_{j,b})/d\theta < 0$；

（2）总是存在一个 $\theta_2 > 0$，使得：

①当 $\theta < \theta_2$，$d\Pi_{i,b}^{*}(r_{i,b}, r_{j,b})/d\tau > 0$，$d\Pi_{j,b}^{*}(r_{i,b}, r_{j,b})/d\tau > 0$；

②当 $\theta > \theta_2$，$d\Pi_{i,b}^{*}(r_{i,b}, r_{j,b})/d\tau < 0$，$d\Pi_{j,b}^{*}(r_{i,b}, r_{j,b})/d\tau < 0$。

其中，$\Pi_{m,b}^{*}(r_{i,b}, r_{j,b}) = \dfrac{kA^2(1+\theta)\left[k(2+\theta)^2(2+3\theta)^2 - A_2\right]}{\left[k(2+\theta)^2(2+3\theta) - A_3(p_e+\tau)\right]^2}$，$A_2 = 2r_0^2(1+\theta)$

$[2+\theta(4+\theta)]^2(p_e+\tau)^2$，$m = i, j$。

与直觉一致，竞争强度的增加总会损害制造企业的最优利润。然而，与直觉相反的是，消费者环境意识的增大并不一定会增大制造企业的最优利润，消费者环境意识对制造企业最优利润的影响与竞争强度紧密有关。当竞争强度较小时，消费者环境意识的增强能够提高制造企业的最优利润，从而对制造企业有利；反之，消费者环境意识的增强会损害制造企业的最优利润。性质9-3揭示了一个反直觉的结论，即竞争环境中的制造企业并不一定从消费者环境意识的增强中获利。

二、初始能效不对称制造企业最优节能策略

通过逆向归纳法对竞争性初始能效不对称型制造企业的节能博弈模型进行求解，从而得到性质9-4到性质9-8。

性质9-4　若两家竞争性初始能效不对称制造企业选择自我节能进行节能，给定单位产品节能量 $r_{i,b}^{IE}$ 和 $r_{j,b}^{IE}$，则：

（1）$dp_{i,b}^{IE*}(r_{i,b}^{IE}, r_{j,b}^{IE})/d\theta < 0$，$dp_{j,b}^{IE*}(r_{i,b}^{IE}, r_{j,b}^{IE})/d\theta < 0$；

（2）当 $\dfrac{r_{i,b}^{IE}}{r_{j,b}^{IE}} > \dfrac{\theta(1+\theta)}{2+\theta(4+\theta)}$，$dp_{i,b}^{IE*}(r_{i,b}^{IE}, r_{j,b}^{IE})/d\tau > 0$；否则，$dp_{i,b}^{IE*}(r_{i,b}^{IE}, r_{j,b}^{IE})/d\tau$

$\leqslant 0$。

（3）当 $\dfrac{r_{j,b}^{IE}}{r_{i,b}^{IE}} > \dfrac{\theta(1+\theta)}{2+\theta(4+\theta)}$，$dp_{j,b}^{IE*}\left(r_{i,b}^{IE},\,r_{j,b}^{IE}\right)/d\tau > 0$；否则，$dp_{j,b}^{IE*}\left(r_{i,b}^{IE},\,r_{j,b}^{IE}\right)/d\tau$ $\leqslant 0$。

性质 9-4 表明，在初始能效不对称情形下，给定双方的单位产品节能量，竞争强度对最优价格的影响与对称情形一致。而消费者环境意识对最优价格的影响取决于制造企业的单位产品节能量与竞争企业的单位产品节能量的比率。当单位产品节能量大于某一阈值时，随着消费者环境意识的增强，制造企业应该通过提高价格的方式增加边际利润；反之，制造企业可以通过采用低价策略以吸引顾客达到维持市场份额的目的。

性质 9-5 若两家竞争性初始能效不对称制造企业选择自我节能进行节能，给定单位产品节能量 $r_{i,b}^{IE}$ 和 $r_{j,b}^{IE}$，则：

（1）当 $r_{i,b}^{IE} \geqslant r_{j,b}^{IE}$ 时，$p_{i,b}^{IE*}\left(r_{i,b}^{IE},\,r_{j,b}^{IE}\right) > p_{j,b}^{IE*}\left(r_{i,b}^{IE},\,r_{j,b}^{IE}\right)$；

（2）当 $r_{i,b}^{IE} < r_{j,b}^{IE}$ 时，

①当 $\delta \leqslant 1-\delta_1$ 时，$p_{i,b}^{IE*}\left(r_{i,b}^{IE},\,r_{j,b}^{IE}\right) \geqslant p_{j,b}^{IE*}\left(r_{i,b}^{IE},\,r_{j,b}^{IE}\right)$；

②反之，$p_{i,b}^{IE*}\left(r_{i,b}^{IE},\,r_{j,b}^{IE}\right) < p_{j,b}^{IE*}\left(r_{i,b}^{IE},\,r_{j,b}^{IE}\right)$。

其中，$\delta_1 = \left(r_{j,b}^{IE}-r_{i,b}^{IE}\right)\left[(1+2\theta)\tau - p_e(1+\theta)\right]/\left[r_0 p_e(1+\theta)\right]$。

性质 9-5 表明，在初始能效不对称情形下，给定双方的单位产品节能量，当污染型制造企业的单位产品节能量大于或等于清洁型制造企业的单位产品节能量时，污染型制造企业为了获得更多的边际利润，给产品定了一个比清洁型制造企业更高的价格；否则，两家制造企业产品价格的相对大小取决于两者之间初始能效差距系数；当两者之间初始能效差距很大时，污染型制造企业为了获得更多的边际利润，也给产品定了一个比清洁型制造企业更高的价格；反之，污染型制造企业为了维持市场份额，给产品定了一个比清洁型制造企业更低的价格。

性质 9-6 若两家竞争性初始能效不对称制造企业选择自我节能进行节能，给定单位产品节能量 $r_{i,b}^{IE}$ 和 $r_{j,b}^{IE}$，则：

（1）当 $r_{i,b}^{IE} \leqslant r_{j,b}^{IE}$ 时，有 $d\Delta p/\theta < 0$；

（2）当 $r_{i,b}^{IE} > r_{j,b}^{IE}$ 时，

①当 $\delta \leqslant 1-\delta_2$ 时，$d\Delta p/d\theta \geqslant 0$；

②反之，$d\Delta p/\theta < 0$。

（3）当 $r_{i,b}^{IE} > r_{j,b}^{IE}$ 时，$d\Delta p/d\tau \gtrless 0$；反之，$d\Delta p/\tau < 0$。

其中，$\Delta p = p_{i,b}^{IE*}\left(r_{i,b}^{IE}, r_{j,b}^{IE}\right) - p_{j,b}^{IE*}\left(r_{i,b}^{IE}, r_{j,b}^{IE}\right)$，$\delta_2 = \left[\left(p_e + \tau\right)\left(r_{i,b}^{IE} - r_{j,b}^{IE}\right)\right] / \left(r_0 p_e\right)$。

性质9-6表明，当污染型制造企业的单位产品节能量大于或等于清洁型制造企业的单位产品节能量时，随着竞争强度的增大，两家制造企业产品价格差距将缩小；否则，竞争强度对两者产品价格差距的影响取决于两者之间初始能效差距系数；当初始能效差距较大时，随着竞争强度的增大，产品价格差距也增大；反之，产品价格差距随着竞争强度的增大而缩小。而消费者环境意识对产品价格差距的影响取决于两家制造企业单位产品节能量的相对大小。当污染型制造企业的单位产品节能量大于或等于清洁型制造企业的单位产品节能量时，随着消费者环境意识的增强，两者之间产品价格差距也增大；反之，随着消费者环境意识的增加，两者之间产品价格差距会缩小。

性质9-7 若两家竞争性初始能效不对称制造企业选择自我节能进行节能，假设 $k > \dfrac{2(1+\theta)[(2+\theta(4+\theta))]^2 (p_e + \tau)^2 r_0^2}{[(2+\theta)(2+3\theta)]^2}$ 且 $r_{m,b}^{IE*} < r_0$，则两家制造企业的最优单位产品节能量为：

$$r_{i,b}^{IE*} = \frac{B_5\left[B_3 B_7 - (p_e + \tau)\theta(1+\theta)\delta^2 B_4 B_5\right]}{B_6 B_7 - (p_e + \tau)^2 \theta^2 (1+\theta)^2 \delta^2 B_5^2}$$

$$r_{j,b}^{IE*} = \frac{\delta^2 B_5\left[B_4 B_6 - (p_e + \tau)\theta(1+\theta)\delta^2 B_3 B_5\right]}{B_6 B_7 - (p_e + \tau)^2 \theta^2 (1+\theta)^2 \delta^2 B_5^2}$$

其中，$B_3 = a(2 + 3\theta) - p_e r_0\left[(1 - \delta)\theta^2 + (4 - \delta)\theta + 2\right]$，$B_4 = a(2 + 3\theta) - p_e r_0\left[(\delta - 1)\theta^2 + (4\delta - 1)\theta + 28\right]$，$B_5 = 2(1 + \theta)\left[2 + \theta(4 + \theta)\right](p_e + \tau)r_0^2$，$B_6 = \left[(2 + \theta)(2 + 3\theta)\right]^2 k - \left[2 + \theta(4 + \theta)\right](p_e + \tau)B_5$，$B_7 = \left[(2 + \theta)(2 + 3\theta)\right]^2 k - \left[2 + \theta(4 + \theta)\right](p_e + \tau)\delta^2 B_5$。

由于性质9-7中最优单位产品节能量表达式比较复杂，下面用数值例子，根据性质9-7中最优单位产品节能量的表达式，应用 Mathematica 软件画图，分别分析竞争强度、消费者环境意识和两家制造企业初始能效差距系数对两家制造企业最优单位产品节能量的影响。

数值例子的初始共同参数设置如下：$a=100$，$p_e=r_0=\tau=\theta=1$。为了更可能地覆盖所有情形，分别将制造企业的投资成本系数分为较小值（k_l^{IE}）和较大值（k_h^{IE}）两种情形，将两家制造企业的初始能效差距系数分为较小值、中间值和较大值三种情形，即 $\delta=0.2,0.5,0.8$。

例 9-1 假设 $0\leqslant\theta\leqslant20$，$k_l^{IE}=200$，$k_h^{IE}=800$，从而得到竞争强度对两家制造企业最优产品节能量的影响，如图 9.1 所示。

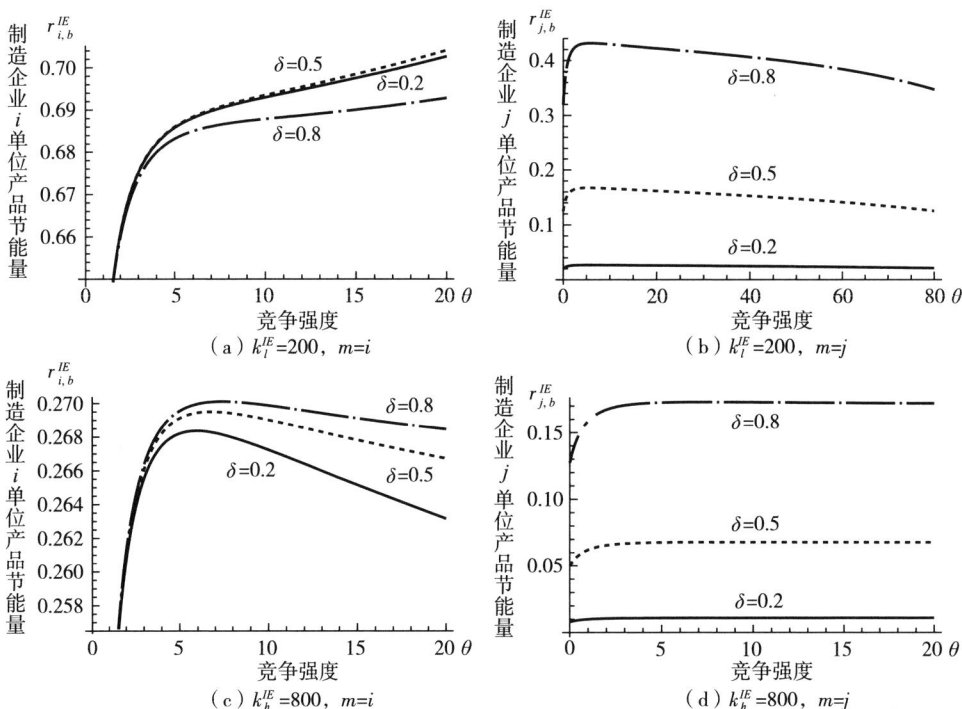

图 9.1 竞争强度对两家制造企业最优单位产品节能量的影响

观察图 9.1，可以得到下面的管理启示：

（1）当制造企业的投资成本系数较小时，随着竞争强度的增大，清洁型制造企业先提高最优单位产品节能量，至某一阈值后再降低最优单位产品节能量。

（2）当制造企业的投资成本系数较大时，污染型制造企业随着竞争强度的增大先提高最优单位产品节能量，至某一阈值后再降低最优单位产品节能量。

（3）当竞争强度小于一个阈值时，两家制造企业总是随着竞争强度的增大提高各自的最优单位产品节能量。

例 9-2　假设 $0 \leqslant \tau \leqslant 5$，此时为了保证最优单位产品节能量为内解，假设此时 $k_l^{IE} = 500$，$k_h^{IE} = 800$，从而得到消费者环境意识对两家制造企业最优单位产品节能量的影响，如图 9.2 所示。

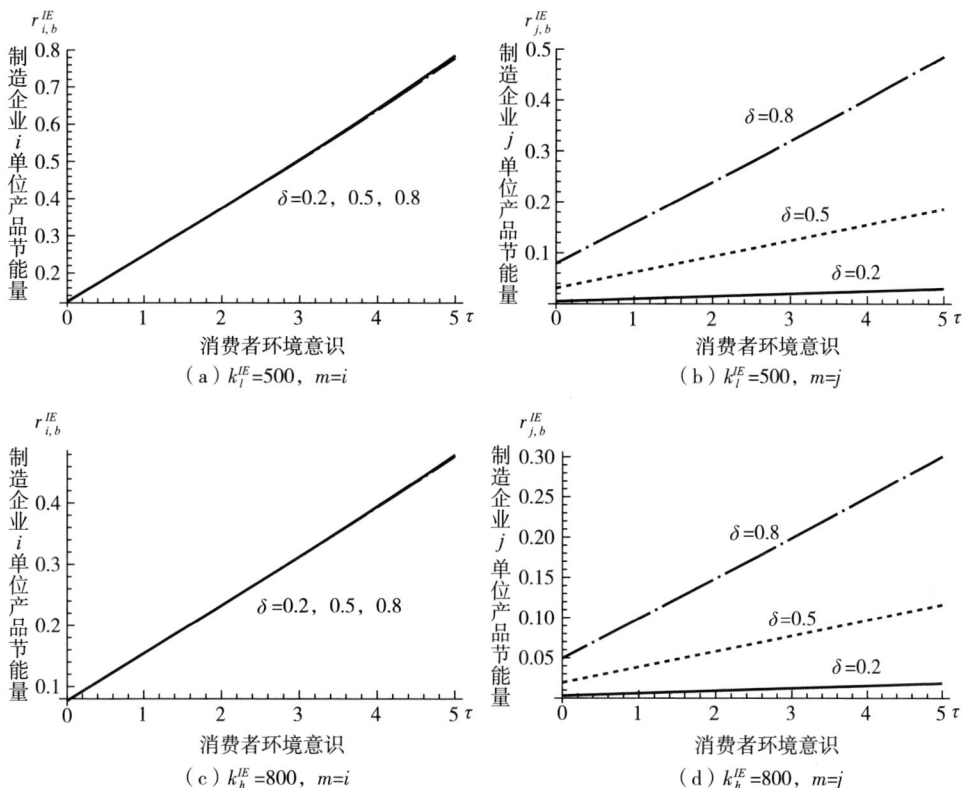

（a）$k_l^{IE} = 500$，$m = i$

（b）$k_l^{IE} = 500$，$m = j$

（c）$k_h^{IE} = 800$，$m = i$

（d）$k_h^{IE} = 800$，$m = j$

图 9.2　消费者环境意识对两家制造企业最优单位产品节能量的影响

由图 9.2 可知，在初始能效不对称情形下，与对称情形相同，随着消费者环境意识的增加，两家制造企业总是提高各自的最优单位产品节能量。

例 9-3　参数与例 9-1 相同，从而分析初始能效差距系数对两家制造企业最优单位产品节能量的影响，如图 9.3 所示。

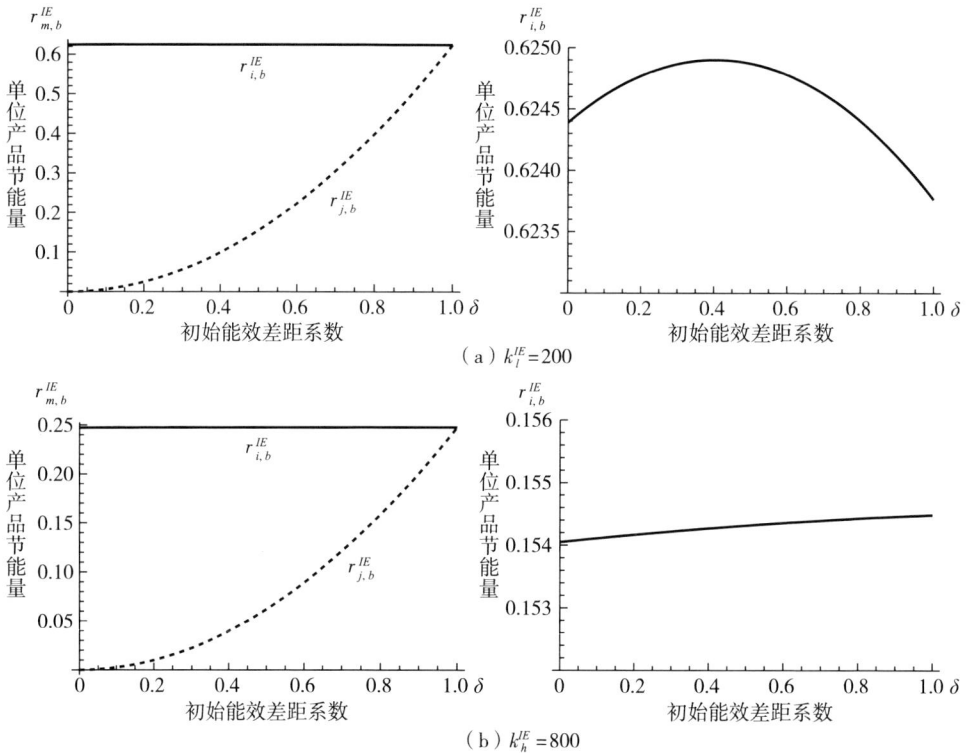

图 9.3　初始能效差距系数对两家制造企业最优单位产品节能量的影响

观察图 9.3 可知，得到下面的管理启示：

（1）当制造企业的投资成本系数较小时，随着初始能效差距的缩小，污染型制造企业先提高最优单位产品节能量，至一个阈值后降低最优单位产品节能量；而清洁型制造企业总是提高自身的最优单位产品节能量；

（2）当制造企业的投资成本系数较大时，随着初始能效差距的缩小，两家制造企业总是提高最优单位产品节能量；

（3）清洁型制造企业的最优单位产品节能量总是小于污染型制造企业的最优单位产品节能量；

（4）随着初始能效差距的缩小，两家制造企业的最优单位产品节能量差距随之缩小。

性质 9-8　若两家竞争性初始能效不对称型制造企业选择自我节能进行节能，则两家制造企业的最优利润分别为：

$$\prod_{i,b}^{IE*} = \frac{B_6 B_8 \left[B_3 B_7 - (p_e + \tau) \theta (1+\theta) \delta^2 B_4 B_5 \right]^2}{2 r_0^2 [(2+\theta)(2+3\theta)]^2 [B_6 B_7 - (p_e + \tau)^2 \theta^2 (1+\theta)^2 \delta^2 B_5^2]^2}$$

$$\prod_{j,b}^{IE*} = \frac{B_7 B_9 \left[B_4 B_6 - (p_e + \tau) \theta (1+\theta) \delta^2 B_3 B_5 \right]^2}{2 r_0^2 [(2+\theta)(2+3\theta)]^2 [B_6 B_7 - (p_e + \tau)^2 \theta^2 (1+\theta)^2 \delta^2 B_5^2]^2}$$

其中，$B_8 = 2 B_6 r_0^2 (1+\theta) + 4 B_5 r_0^2 (1+\theta) [2 + \theta(4+\theta)](p_e + \tau) - B_5^2$，$B_9 = 2 B_7 r_0^2$ $(1+\theta) + 4 B_5 r_0^2 \delta^2 (1+\theta) [2 + \theta(4+\theta)](p_e + \tau) - B_5^2 \delta^2$。

例 9-4　参数同例 9-1，分析竞争强度对两家制造企业最优利润的影响，如图 9.4 所示。

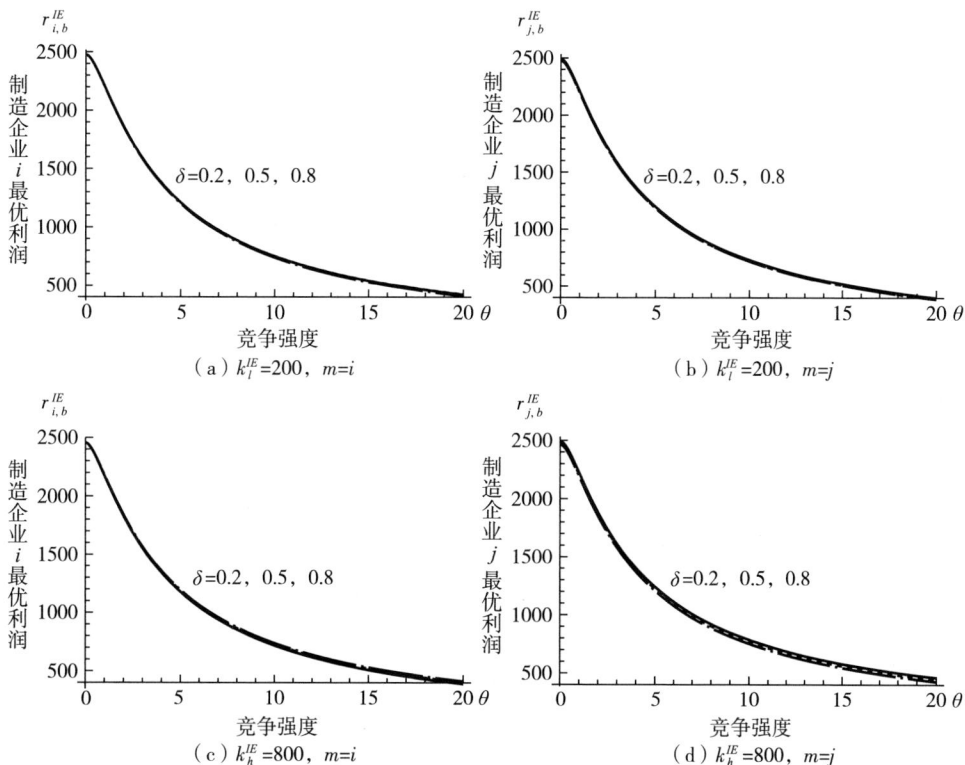

（a）$k_l^{IE} = 200$，$m = i$

（b）$k_l^{IE} = 200$，$m = j$

（c）$k_h^{IE} = 800$，$m = i$

（d）$k_h^{IE} = 800$，$m = j$

图 9.4　竞争强度对两家制造企业最优利润的影响

观察图 9.4 可知，在初始能效不对称情形，与对称情形相同，随着竞争强度的增大，两家制造企业的最优利润均减少。

例 9-5：参数同例 9-2，为了保证最优单位产品节能量为内解，假设 $k = k_h^{IE} = 800$，竞争强度分为较小值和较大值两种情形，即 $\theta = 1$ 或 $\theta = 20$，从而分析消费者环境意识对两家制造企业最优利润的影响，如图 9.5 所示。

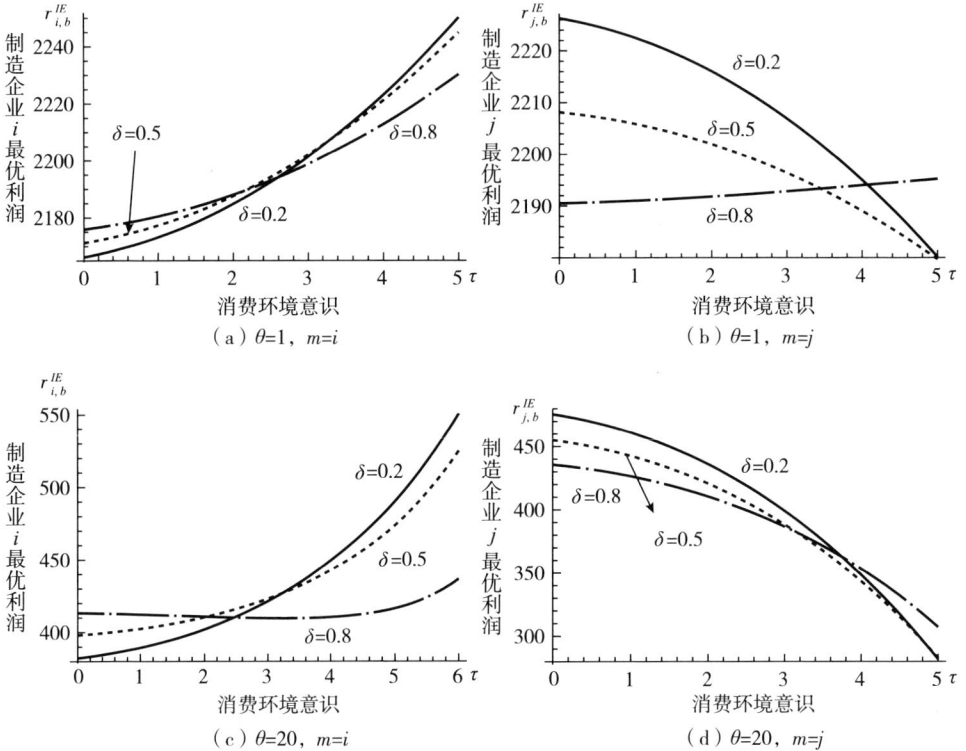

图 9.5 消费者环境意识对两家制造企业最优利润的影响

观察图 9.5，可以得到下面的管理启示：

（1）当竞争强度较小时，随着消费者环境意识的增大，污染型制造企业的最优利润随之增大，即污染型制造企业总是受益于增大的消费者环境意识；令人意外的是，清洁型制造企业并不一定受益于增大的消费者环境意识，其取决于两家制造企业的初始能效差距。当两家制造企业的初始能效差距较小时，随着消费者环境意识的增大，清洁型制造企业的最优利润也增大；反之，消费者环境意识的增大损害清洁型制造企业的最优利润。

（2）当竞争强度较大时，消费者环境意识的增大总是损害清洁型制造企业的最优利润。而污染型制造企业是否受益于消费者环境意识的增大，也取决于两家制造企业的初始能效差距；当两家制造企业的初始能效差距较小时，消费者环境意识的增大有可能损害污染型制造企业的最优利润，反之，污染型制造企业受益于消费者环境意识的增大。

例 9-6　参数同例 9-1，从而分析两家制造企业初始能效差距系数对两家制造企业最优利润的影响，如图 9.6 所示。

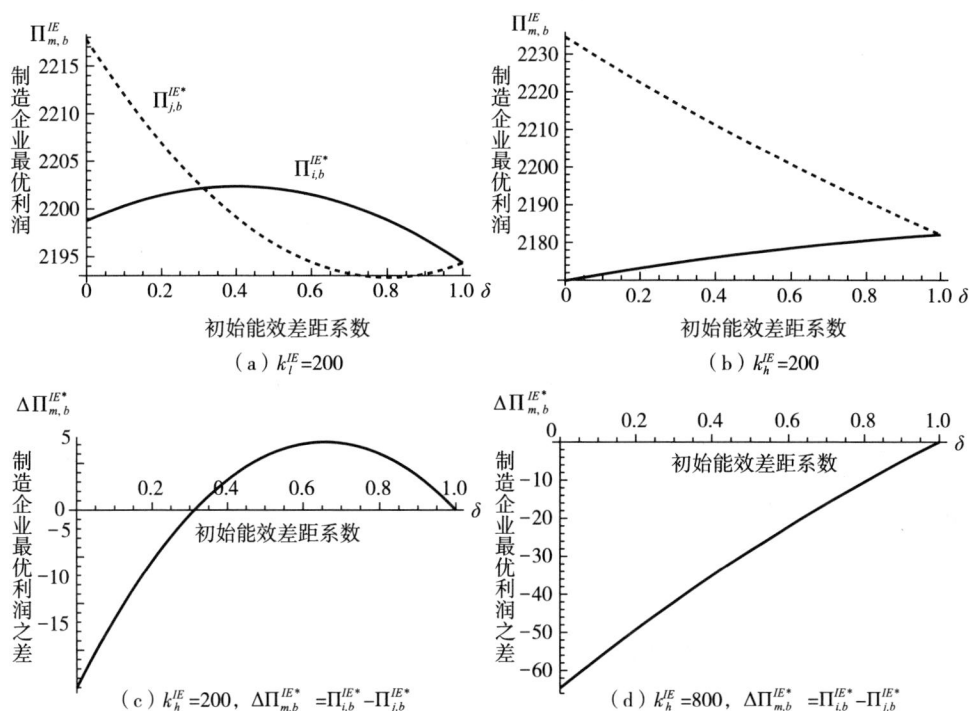

图 9.6　初始能效差距系数对两家制造企业最优利润的影响

观察图 9.6，得到下面的管理启示：

（1）当制造企业的投资成本系数较小时，随着初始能效差距的缩小，污染型制造企业的最优利润先增大后减小，而清洁型制造企业的最优利润先减少后增大；当制造企业的初始能效差距较大时，清洁型制造企业的最优利润总是大于污染型制造企业的最优利润，反之，污染型制造企业的最优利润总是大于清洁型制造企业的最优利润；有意思的是，初始能效差距系数对两家制造企业最优利润差距的影响是非单调的，即随着初始能效差距的缩小，两家制造企业的最优利润差距先缩小后扩大再缩小。

（2）当制造企业的投资成本系数较大时，随着初始能效差距的缩小，污染型制造企业的最优利润总是增大，而清洁型制造企业的最优利润总是减少，清洁型制造企业的最优利润总是大于污染型制造企业的最优利润且两家制造企业的最优利润差距越来越小。

三、投资成本系数不对称型制造企业最优节能策略

通过逆向归纳法对消费者环境意识情形下竞争性投资成本系数不对称型制造企业的节能博弈模型进行求解，从而得到性质 9-9~ 性质 9-11。

性质 9-9 若两家竞争性节能投资成本系数不对称制造企业选择自我节能进行节能，给定单位产品节能量 $r_{i,b}^{IC}$ 和 $r_{j,b}^{IC}$，则竞争强度及消费者环境意识对制造企业最优价格的影响与初始能效不对称情形一致，即性质 9-4。

性质 9-10 若两家竞争性节能投资成本系数不称制造企业选择自我节能进行节能，假设 $k > \dfrac{2(1+\theta)[2+\theta(4+\theta)]^2 (p_e+\tau)^2 r_0^2}{[(2+\theta)(2+3\theta)]^2 \rho}$ 且 $r_{m,b}^{IC*} < r_0$，则两家制造企业的最优单位产品节能量为：

$$r_{i,b}^{IC*} = \frac{A_0 B_5 C_1}{[(2+\theta)(2+3\theta)]^2 \rho k - kC_3 + C_4}$$

$$r_{j,b}^{IC*} = \frac{A_0 B_5 C_2}{[(2+\theta)(2+3\theta)]^2 \rho k - kC_3 + C_4}$$

其中，$A_0 = a - p_e r_0$，$C_1 = (2+\theta)(2+3\theta)^2 \rho k - (1+2\theta)(p_e+\tau) B_5$，$C_2 = (2+\theta)(2+3\theta)^2 k - (1+2\theta)(p_e+\tau) B_5$，$C_3 = 2(1+\rho)(1+\theta)(2+\theta)(2+3\theta)[2+\theta(4+\theta)]^2 (p_e+\tau)^2 r_0^2$，$C_4 = 4(1+\theta)^2 (1+2\theta)[2+\theta(4+\theta)]^2 (p_e+\tau)^4 r_0^4$。

类似于初始能效不对称情形，下面用数值例子来分析竞争强度、消费者环境意识和两家制造企业初始能效差距系数对两家制造企业最优单位产品节能量的影响，共同原始参数与初始能效不对称情形一致，将两家制造企业的投资成本差距系数分为较小值、中间值和较大值三种情形，即 $\rho = 0.3, 0.6, 0.9$。

例 9-7 为了保证最优单位产品节能量为内解，假设 $k = k_h^{IE} = 800$，从而分析竞争强度对两家制造企业最优利润的影响，如图 9.7 所示。

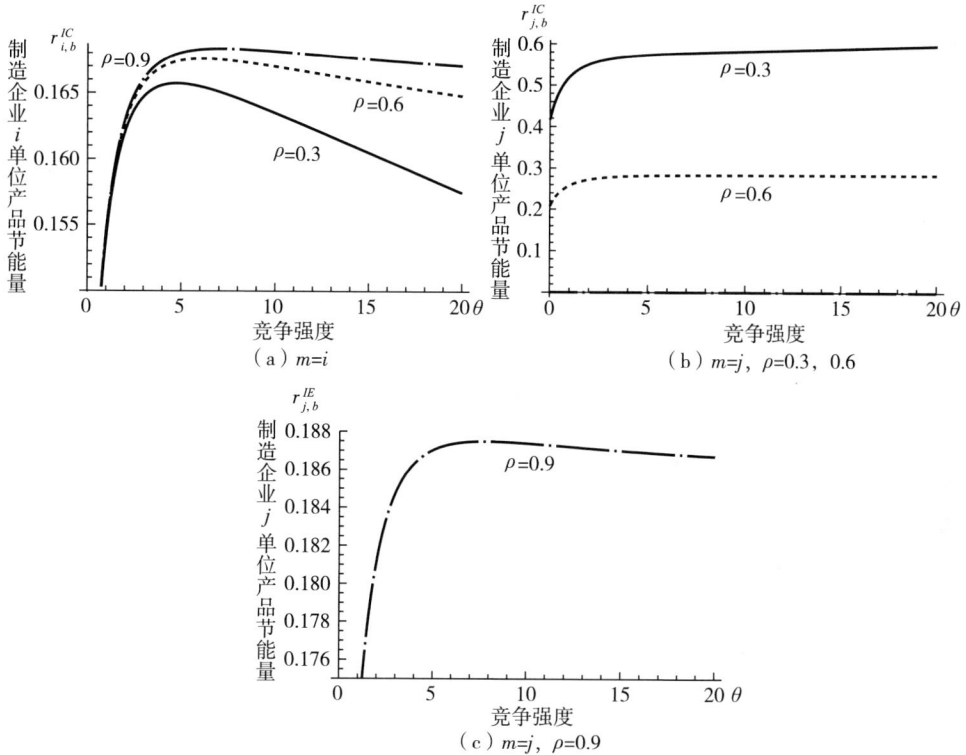

图9.7　竞争强度对最优单位产品节能量的影响

观察图9.7，可以得到下面的管理启示：

（1）竞争强度对技术落后型制造企业最优单位产品节能量的影响与对称性情形一致，即随着竞争强度的增大，技术落后型制造企业的最优单位产品节能量先增大后减小。

（2）竞争强度对技术先进型制造企业最优单位产品节能量的影响与两家制造企业的节能投资成本差距系数有关；当两家制造企业的投资成本差距系数较大时，竞争强度对技术先进型制造企业最优单位产品节能量的影响与技术落后型制造企业一致；反之，随着竞争强度的增大，技术先进型制造企业总是提高自身的最优单位产品节能量。

例9-8　为了保证最优单位产品节能量为内解，假设 $k=1500$，从而分析消费者环境意识对两家制造企业最优单位产品节能量的影响，如图9.8所示。

观察图9.8可知，类似于对称情形和初始能效不对称情形，消费者环境意识对两家制造企业最优单位产品节能量的影响仍然是正相关的。

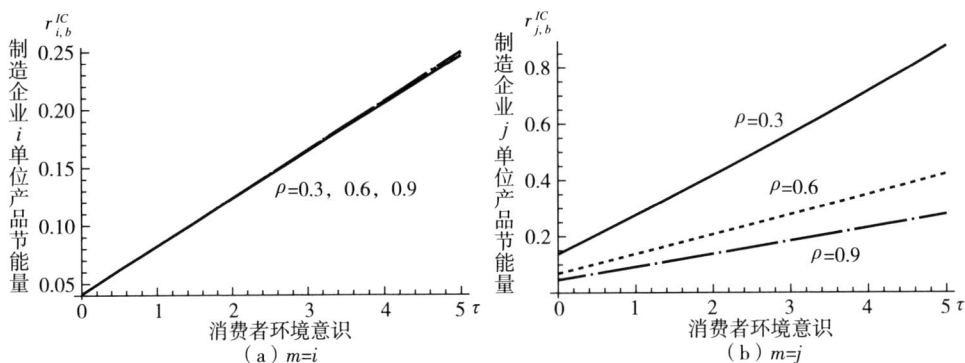

图 9.8　消费者环境意识对最优单位产品节能量的影响

性质 9-11　若两家竞争性节能投资成本系数不称制造企业选择自我节能进行节能，则 $r_{j,b}^{IC*} = r_{i,b}^{IC*} + \Delta r_{m,b}^{IC*}$ ，其中 $\Delta r_{m,b}^{IC*} = \dfrac{A_0 B_5 (2+\theta)(2+3\theta)^2 k(1-\rho)}{[(2+\theta)(2+3\theta)]^2 \rho k - kC_3 + C_4} > 0$ 且 $\dfrac{d\Delta r_{m,b}^{IC*}}{d\rho} < 0$ 。

性质 9-11 的管理启示显而易见，即技术先进型制造企业的最优单位产品节能量总是大于技术落后型制造企业的最优单位产品节能量，随着节能投资成本差距系数的减小，两家制造企业的最优单位产品节能量差距随之缩小。

性质 9-12　若两家竞争性节能投资成本系数不称制造企业选择自我节能进行节能，则两家制造企业的最优单位产品节能量为：

$$\Pi_{i,b}^{IC*} = \frac{k(1+\theta) A_0^2 C_1^2 C_5}{\left[(2+\theta)^2 (2+3\theta)^2 \rho k - kC_3 + C_4 \right]^2}$$

$$\Pi_{j,b}^{IC*} = \frac{k(1+\theta)\rho A_0^2 C_2^2 C_6}{\left[(2+\theta)^2 (2+3\theta)^2 \rho k - kC_3 + C_4 \right]^2}$$

其中，$C_5 = (2+\theta)^2 (2+3\theta)^2 k - [2+\theta(4+\theta)](p_e+\tau)B_5$，$C_6 = (2+\theta)^2 (2+3\theta)^2 \rho k - [2+\theta(4+\theta)](p_e+\tau)B_5$。

下面用数值例子分析竞争强度和消费者环境意识对两家制造企业最优利润的影响。

例 9-9　参数与例 9-7 相同，从而分析竞争强度对两家制造企业最优利润的影响，如图 9.9 所示。

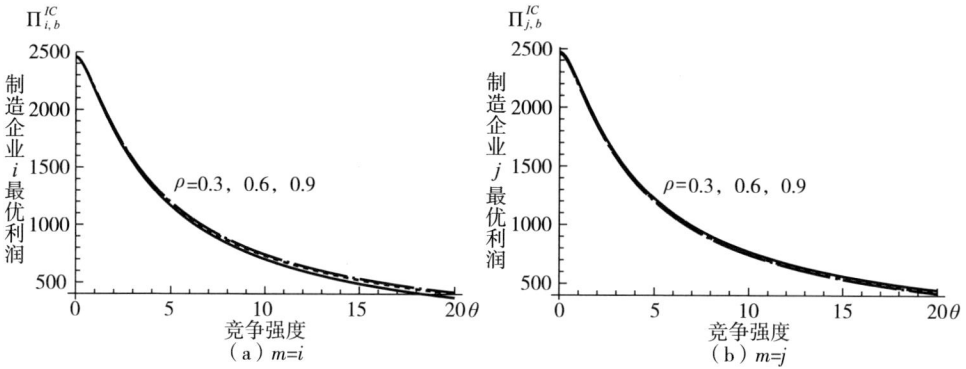

图 9.9 竞争强度对两家制造企业最优利润的影响

观察图 9.9 可知，在节能投资成本系数不对称情形下，类似于对称情形和初始能效不对称情形，竞争强度对两家制造企业最优利润的影响仍然是负相关的。

例 9-10 参数同例 9-5，为了保证最优单位产品节能量均为内解，假设 $k=2000$，从而分析竞争强度对两家制造企业最优利润的影响，如图 9.10 所示。

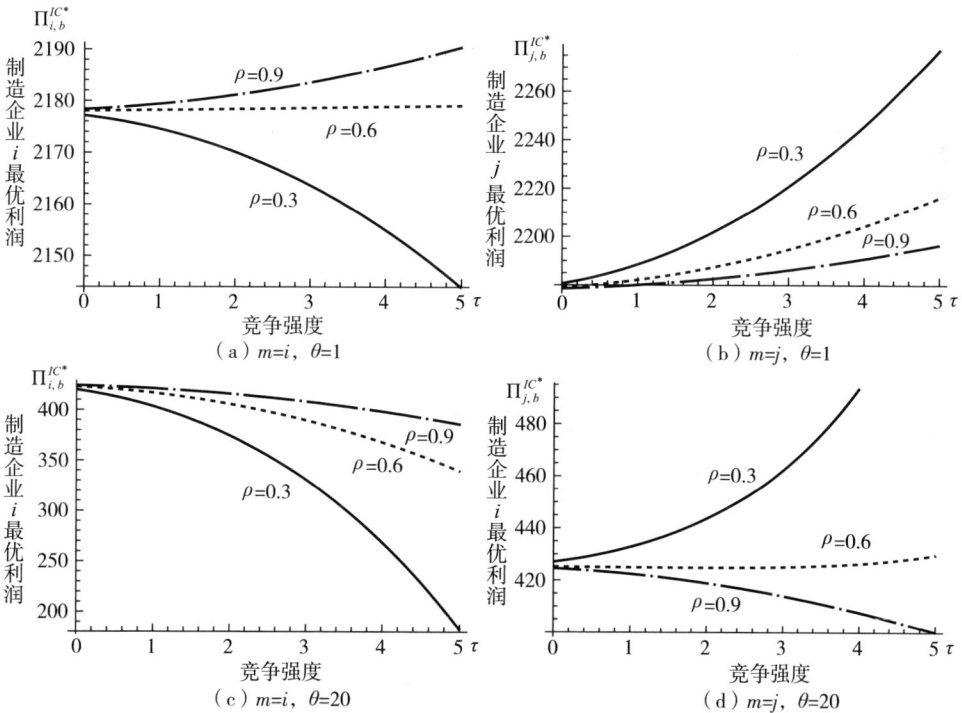

图 9.10 消费者环境意识对两家制造企业最优利润的影响

观察图 9.10 可知，得到下面的管理启示：

（1）当竞争强度较小时，技术先进型制造企业总是获利于消费者环境意识的增强。而消费者环境意识对技术落后型制造企业的影响与节能投资成本差距系数有关；当节能投资成本差距系数较小时，消费者环境意识的增大提高了技术落后型制造企业的最优利润；反之，则会对技术落后型制造企业的最优利润造成损害。

（2）当竞争强度较大时，消费者环境意识的增大总是损害技术落后型制造企业的最优利润。而消费者环境意识对技术先进型制造企业的影响与节能投资成本差距系数有关；当节能投资成本差距系数较小时，消费者环境意识的增大提高了技术先进型制造企业的最优利润；反之，则会对技术先进型制造企业的最优利润造成损害。

例 9-11 参数同例 9-5，为了保证最优单位产品节能量均为内解，假设 $k = 2000$，从而分析节能投资成本差距系数对两家制造企业最优利润的影响，如图 9.11 所示。

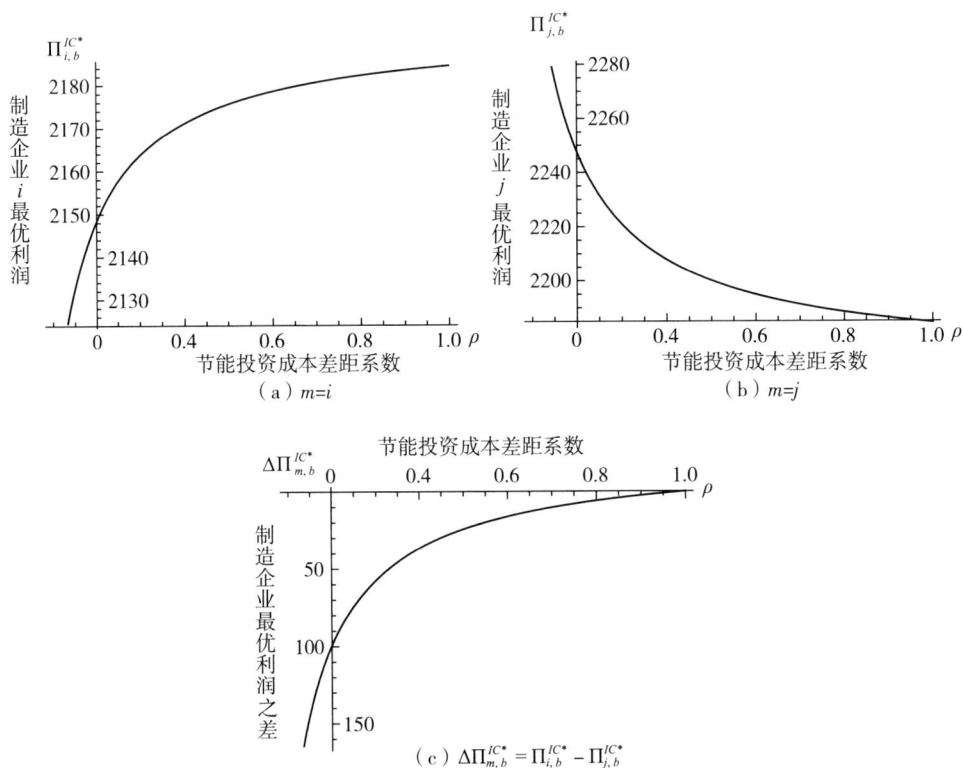

图 9.11 节能投资成本差距系数对两家制造企业最优利润的影响

由图 9.11 可知，与直觉一致，当节能投资成本差距系数增大时，减弱了技术先进型制造企业的技术优势，技术先进型制造企业的最优利润随之减少，技术落后型制造企业的最优利润随之增加。另外，技术落后型制造企业的最优利润总是小于技术先进型制造企业的最优利润。

第四节　数值实验

下面针对消费者环境意识情形下竞争性对称型制造企业最优节能策略，进行数值实验，以验证性质 9–1 到性质 9–3。

对于一些原始的公共参数，设 $a=100$，$c=p_e=r_0=\theta=\tau=1$，$k=500$。

首先，给定单位产品节能量 $r_{m,b}$，假设 $r_{i,b}=r_{j,b}=0.5$，分析竞争强度及消费者环境意识对制造企业最优价格的影响，从而得到图 9.12。

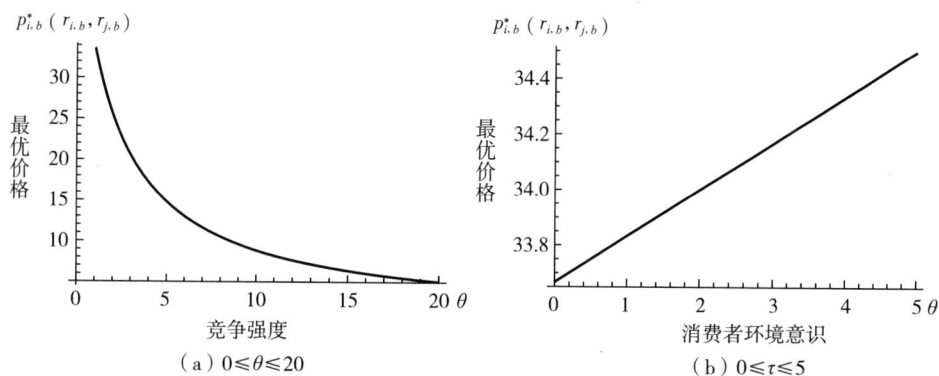

图 9.12　给定单位产品节能量竞争强度和消费者环境意识对最优价格的影响

由图 9.12 可知，性质 9–1 成立。

其次，分析两家制造企业对称情形下竞争强度及消费者环保意识对制造企业最优单位产品节能量的影响，从而得到图 9.13。

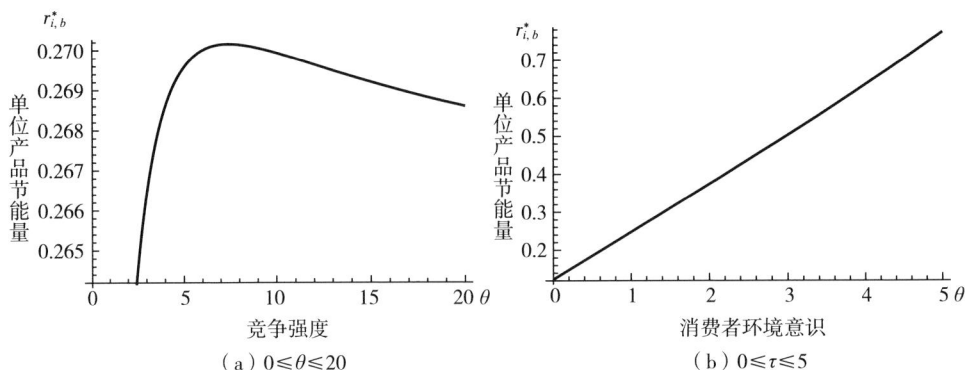

图9.13 竞争强度及消费者环保意识对最优单位产品节能量的影响

从图9.13可以看出，性质9-2成立。

下面分析两家制造企业对称情形下竞争强度及消费者环保意识对制造企业最优利润的影响，从而得到下面的图9.14和图9.15。

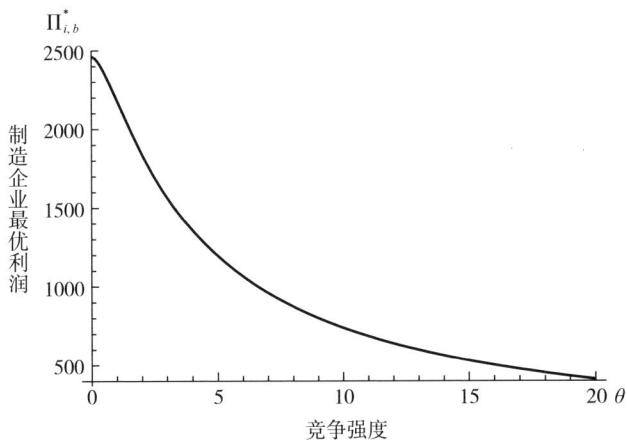

图9.14 竞争强度对制造企业最优利润的影响（$\tau=1$，$0 \leqslant \theta \leqslant 20$）

由图9.14发现，竞争强度的增加总会损害制造企业的最优利润，即性质9-3（1）成立。

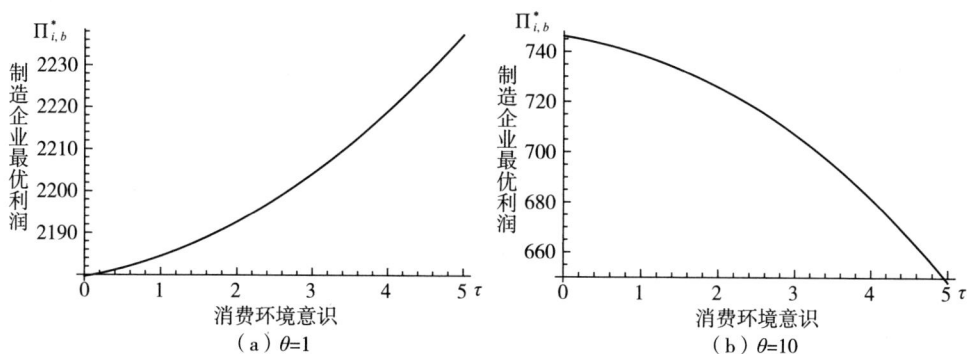

图9.15 消费者环境意识对制造企业最优利润的影响

从图9.15可以看出,性质9-3成立。

第五节 政府补贴政策讨论

本节中,分析政府如何设定补贴水平来激励两家制造商提高单位产品节能量和最大化社会福利(用下标 RS 表示)。中国政府在"十三五"规划中明确提出了单位产品能源效率目标。例如,2020年每吨钢和每吨水泥熟料的综合能耗将分别比2015年降低12%和7%。基于此,除社会福利外,假定补贴政策的目的是单位产品节能量,而不是两家制造商的总节能量。

中国对节能项目有两种补贴方式:一种是按单位产品的节能量进行补偿;另一种是按投资成本进行补偿。例如,根据中国2011年发布的补贴政策,东部地区的每单位节能量(吨标准煤)将获得240元补贴,而中部和西部地区的每单位节能量将获得300元补贴。又如,根据北京市2010年发布的补贴政策,北京市财政将为能源效率项目的投资成本提供15%或25%的补贴。因此,假设政府将为每个节能项目的单位产品节能量补偿 λp_e,投资成本补偿 φ 的比例,其中 $\lambda(\lambda \geqslant 0)$ 表示能源价格的补贴比例,$\varphi(0 \leqslant \varphi < 1)$ 表示投资成本的补贴比例。政府的补贴政策可以表示为 $(\lambda p_e, \varphi)$。

考虑到前面三种情形下复杂的数学表达式,本节仅考虑对称(ND)情形。
制造企业的利润函数为:

$$\prod_i^{RS}\left(p_i^{RS},r_i^{RS};p_j^{RS},r_j^{RS}\right)=\left[p_i^{RS}-c-\left(r_o-(1+\lambda)r_i^{RS}\right)p_e\right]d_i^{RS}-\frac{(1-\varphi)kr_i^{RS^2}}{2r_o^2} \tag{9.7}$$

设 $r_o^{'}=r_o/(1+\lambda)$，$p_e^{'}=(1+\lambda)p_e$ and $k'=\left[(1-\varphi)k\right]/(1+\lambda)^2$，将式（9.7）转换为：

$$\prod_i^{RS}\left(p_i^{RS},r_i^{RS};p_j^{RS},r_j^{RS}\right)=\left[p_i^{RS}-c-\left(r_o^{'}-r_i^{RS}\right)p_e^{'}\right]d_i^{RS}-\frac{k'r_i^{RS^2}}{2r_o^2} \tag{9.8}$$

对比式（9.3）和式（9.8），在 p_i^{ND*}、r_i^{ND*}、d_i^{ND*} 和 $\prod_i^{ND*}$ 分别用 $r_o^{'}$、$p_e^{'}$ 和 k' 代替 r_o、p_e 和 k，直接写出 p_i^{RS*}，r_i^{RS*}，d_i^{RS*} 和 $\prod_i^{RS*}$。

对比 r_i^{RS*} 和 r_i^{ND*}，直接写出性质9-13。

性质9-13 补贴政策（λp_e，φ）能激励制造企业提高单位产品节能量，即 $r_i^{RS*}\geq r_i^{ND*}$。

性质9-13证明补贴政策是有效的。

类似于 Krass 等（2013），在节能经济系统中，存在四个利益相关者，即两家制造企业、消费者和政府。制造企业的剩余来源于生产产品。消费者的剩余来源于消费产品。政府通过设定节能量补贴和分担投资成本产生对环境的影响。因此，社会总福利=制造企业的利润+消费者剩余+环境影响。

制造企业的利润=$2\prod_i^{RS*}$。

消费者剩余=$(a-p_i^{RS*})d_i^{RS*}$

环境影响=$2\left[(\varepsilon-\lambda p_e)r_i^{RS*}d_i^{RS*}-\frac{\varphi kr_i^{RS*2}}{2r_o^2}\right]$，其中 $\varepsilon(\varepsilon\geq0)$ 代表节能量转换为经济利益的系数，其大小反映政府和社会对环境的重视程度。即社会环境意识越高，节能量越值钱。

从而得到 RS 情形下社会总福利的表达式：

$$2\prod_i^{ND}\left(p_i^{RS*},r_i^{RS*}\right)+\left(a+2\varepsilon r_i^{RS*}-p_i^{RS*}\right)d_i^{RS*} \tag{9.9}$$

得到 ND 情形下社会总福利的表达式：

$$2\prod_i^{ND*}+\left(a+2\varepsilon r_i^{ND*}-p_i^{ND*}\right)d_i^{ND*} \tag{9.10}$$

对比表达式（9.9）和表达式（9.10），得到下面的性质9-14。

性质9-14 有效的补贴政策（λp_e，φ）需要满足以下条件：

$$\varepsilon \geqslant \overline{\varepsilon} = \left(\Delta\Pi - \frac{a\Delta D - \Delta R}{2} \right) / \Delta Q$$

其中，$\Delta\Pi = \Pi_i^{ND*} - \Pi_i^{ND}(p_i^{RS*}, r_i^{RS*})$、$\Delta D = d_i^{RS*} - d_i^{ND*}$、$\Delta R = p_i^{RS*}d_i^{RS*} - p_i^{ND*}d_i^{ND*}$、$\Delta Q = r_i^{RS*}d_i^{RS*} - r_i^{ND*}d_i^{ND*}$。

与 Krass 等（2013）一致，表达式（9.9）展示了政府和社会的环境意识是社会总福利的关键因子。性质 9-14 也揭示了政府和社会的环境意识是影响补贴政策有效性的关键因子。如果政府和社会的环境意识超过某一阈值，补贴政策能提高社会总福利；反之，执行补贴政策会降低社会总福利。因此，政府设置补贴证词时，需要考虑政府和社会环境意识的高低。

类似的思路，容易发现，在初始能效不对称和节能投资成本系数不对称两种情形下，有效的补贴政策同样满足性质 9-14 中的条件。限于篇幅，省略琐碎的分析过程。

第六节   研究结论与管理启示

本节罗列主要研究结论与管理启示。

在两家制造企业相互对称情形下：

（1）给定双方的单位产品节能量，随着竞争强度的增大，制造企业应降低最优价格；随着消费者环境意识的增强，制造企业应提高最优价格。

（2）竞争强度对制造企业最优单位产品节能量的影响不具有单调性。当竞争强度较小时，制造企业也应提高最优单位产品节能量；有意思的是，当竞争强度较大时，制造企业反而应降低最优单位产品节能量。

（3）制造企业的最优单位产品节能量与消费者环保意识的关系与直觉一致，即消费者环保意识的增强会导致制造企业设置一个更大的最优单位产品节能量。

（4）竞争强度的增加总会损害制造企业的最优利润。

（5）消费者环保意识的增强并不总是对制造企业有利。当竞争强度大于一个阈值时，与直觉相反的是，消费者环保意识的增强会导致制造企业最优利润的减少，即消费者环保意识的增强损害制造企业的最优利润。反之，当竞争强度较小时，此时制造企业仍会从消费者环保意识的增强中获利。

在初始能效不对称和节能投资成本系数不对称两种情形下，结论（3）和结论（4）仍然成立。其他结论是否成立与制造企业的类型（如污染型和清洁型、技术先进型和技术落后型）紧密相关。

关于政府补贴政策的设计，环境意识是影响社会总福利和补贴政策有效性的关键因子。如果环境意识超过某一阈值，补贴政策能提高社会总福利；反之，执行补贴政策会降低社会总福利。因此，政府设置补贴政策时，需要考虑环境意识的高低。

第七节　小结

当今社会，高能耗制造企业面临产品价格和环境性能的双重竞争，此背景下如何做最优节能决策是企业的一个重要运营决策。在此背景下，本章建立了制造企业相互对称、初始能效不对称和节能投资成本系数不对称三种情形下制造企业的节能博弈模型，得出了三种情形下最优价格、最优单位产品节能量和最优利润，主要分析了竞争强度和消费者环境意识对制造企业最优节能策略的影响，研究结果为处在竞争环境中制造企业的企业管理人员在面对不断增强的消费者环境意识时选择最优节能策略提供了重要的管理启示。研究结论发现在竞争强度较大时，制造企业会降低最优单位产品节能量，消费者环保意识的增强可能损害制造企业的最优利润。因此，在此情形下，政府如何激励制造企业提高单位产品节能量和如何避免增强的消费者环境意识对制造企业产生损害行为都是非常现实的问题。本章仅考虑自我节能，然而实际中还存在其他的节能方式，如合同能源管理，因此考虑其他节能方式下制造企业如何做最优节能决策是一个非常有意思的话题。另外，实际中不对称信息无处不在，考虑不对称信息情形下制造企业如何做最优节能决策也是一个非常现实的问题。

第十章 研究结论与展望

第一节 研究结论

伴随我国"双碳"工作的深入推进，要求制造企业这个"主战场"加速实现能源绿色低碳转型，需要用好节能管理这个首要抓手。另外，有效的节能管理也是制造企业应对高昂的能源成本和不断增强的消费者环保意识的"利器"。因此，节能管理类似于生产管理和财务管理，在企业管理中扮演的角色越来越重要。面对现实中的各种节能方式，如自我节能、合同能源管理（主要包括节能效益分享和节能量保证）等，如何更科学选择最优的节能方式成为制造企业亟须破解的现实挑战。而现有研究无法给出更好的"答卷"。本书致力于此问题研究。具体来说，研究了有限时变需求、单位产品节能量可调整、节能间接收益、消费者环境意识、能源供应链协调、生产数量竞争、产品价格和环境性能双重竞争七种情形下的制造企业节能决策问题。研究结果对于制造企业管理人员如何选择最优节能方式及确定给定节能方式下的最优决策提供了重要的管理启示。下面罗列出制造企业进行最优节能方式选择或做最优节能决策时可以遵循的原则。

制造企业处于完全垄断的市场环境，最优节能方式选择遵循以下原则：

1.有限期时变需求情形下制造企业的最优节能方式选择

当制造企业的现实条件满足有限期时变需求、单位产品节能量不易调整和制造企业在与节能服务公司谈判过程中具有绝对控制力时，面临自我节能、节能效益分享和节能量保证三种节能方式，最优节能方式选择遵循以下 A1~A4 原则。

非能源税政策下制造企业如何选择最优节能方式。

A1：如果制造企业面临自我节能和节能效益分享两种节能方式，当节能服务公司与制造企业投资成本系数的比率和合同能源管理情形下的单位产品节能率较小时，制造企业应选择节能效益分享；当两者增大到一个阈值之后，制造企业选择自我节能方式更优。

A2：如果制造企业面临节能效益分享和节能量保证两种节能方式，在分享期等于节能量保证期的前提下，当合同能源管理情形下的单位产品预计节能率较小时，制造企业选择节能效益分享和节能量保证无差异；当合同能源管理情形下的单位产品预计节能率增大到一个阈值之后，制造企业应选择节能效益分享。

A3：当制造企业面临自我节能和节能量保证两种节能方式时，最优节能方式的选择原则与 A1 一致。

能源税政策下制造企业如何选择最优节能方式。

A4：制造企业最优节能方式的选择原则与无能源税时一致。

2. 单位产品节能量可调整情形下制造企业的最优节能方式选择

当制造企业的现实条件满足具有确定性需求、单位产品节能量可调整、制造企业（作为领导者）与节能服务公司（作为追随者）进行斯坦科尔伯格博弈时，最优节能方式选择遵循以下 B1~B3 原则。

B1：当制造企业不改变产品价格、需求和节能量不存在不确定性时，面临自我节能和节能效益分享两种节能方式，当节能服务公司与制造企业投资成本系数的比率较小时，制造企业应选择节能效益分享；反之，制造企业选择自我节能方式更优。

B2：如果制造企业节能时改变产品价格或面临随机需求，最优节能方式的选择原则与 B1 原则一致。

B3：当制造企业面临实际节能量不确定性时，可考虑引入第三种节能方式，即节能量保证，当节能服务公司与制造企业投资成本系数的比率较小时，制造企业应由选择节能效益分享转向选择节能量保证，当投资成本系数的比率较大时，制造企业仍然选择自我节能。

3. 节能间接收益情形下制造企业节能方式选择

当制造企业考虑节能间接收益时，最优节能方式的选择原则发生较大变化，且遵循 C1~C3 原则。

C1：面临自我节能和节能效益分享两种节能方式，若两种节能方式具有相同的节能间接收益回报系数，则制造企业的最优节能方式选择原则与 B1 一致。

C2：若自我节能情形下的节能间接效益回报系数大于节能效益分享情形下的节能间接效益回报系数，当制造企业总能源成本较小或制造企业总能源成本达到一定规模且其投资成本系数较大时，制造企业应选择节能效益分享；当制造企业总能源成本达到一定规模且其投资成本系数较小时，制造企业的最优节能方式选择取决于节能服务公司和制造企业的投资成本系数比率，即遵循 B1 原则。

C3：若自我节能情形下的节能间接效益回报系数小于节能效益分享情形下的节能间接效益回报系数，当制造企业的能源成本与节能间接收益转换系数相等或制造企业的能源成本大于节能间接收益转换系数且制造企业的投资成本系数较小时，制造企业选择自我节能总是有利的；当制造企业的能源成本大于节能间接收益转换系数且制造企业的投资成本系数较大时，制造企业的最优节能方式选择取决于节能服务公司和制造企业的投资成本系数比率，即遵循 B1 原则。

4. 消费者具有环保意识情况下制造企业节能方式选择

考虑消费者环保意识时，当单位产品实际节能量确定时，面临自我节能和节能效益分享，最优节能方式选择遵循 D1~D2 原则。

D1：最优节能方式选择类似于 B1 原则，但此时阈值与消费者环保意识有关。当节能服务公司和制造企业的投资成本系数比率较小或较大时，消费者的环保意识对制造企业的最优节能方式选择不产生影响；当节能服务公司和制造企业的投资成本系数比率处于中间值时，制造企业的最优节能方式选择由节能服务公司和制造企业的投资成本系数比率和消费者的环保意识两个因素决定。

D2：若制造企业追求单位产品节能量最大化，则节能服务公司和制造企业的投资成本系数比率是制造企业进行最优节能方式选择的唯一影响因素，即消费者的环保意识等其他因素不会对制造企业选择最优节能方式产生影响。当节能服务公司和制造企业的投资成本系数比率较大时，制造企业应选择自我节能；反之，制造企业应选择节能效益分享进行节能。

当单位产品节能量不确定时，最优节能方式选择遵循以下 D3~D5 原则。

D3：面临自我节能和节能效益分享时，最优节能方式选择原则与确定情形一致，即 D1 和 D2。

D4：面临自我节能和节能量保证时，存在一个阈值；当能服务公司和制造企业的投资成本系数比率小于阈值时，制造企业选择自我节能；反之，制造企业选择节能量保证。阈值除了受消费者环境意识、制造企业的节能投资成本系数和能源价格等因素的影响外，还受单位产品承诺节能量的影响。

D5：面临节能效益分享和节能量保证，存在一个节能服务公司的承诺节能量系数阈值；当阈值较小时，制造企业选择节能量保证最有利；若阈值处于中间值，则当节能服务公司的承诺节能量系数较小时，制造企业选择节能效益分享，反之，制造企业转而选择节能量保证。

5. 能源供应链协调情形下制造企业节能方式选择

若考虑节能服务公司与制造企业组成的能源供应链协调情况，面临自我节能和节能效益分享，则最优节能方式选择满足 E1~E4 原则。

E1：单位产品节能量不可调整和不协调情形，影响制造企业选择最优节能方式的关键因素是两种节能方式下的单位产品节能效益相对大小。若节能效益分享节能方式情形下的单位产品节能效益与自我节能方式情形下单位产品节能效益相比具有较大的优势，此时制造企业应该选择节能效益分享节能方式；反之，制造企业应该选择自我节能方式。

E2：单位产品节能量不可调整和协调情形，影响制造企业选择最优节能方式的关键因素是两种节能方式下的单位产品节能效益相对大小和制造企业的谈判能力。节能效益分享情形下具有较小或较大的单位产品节能效益优势时，制造企业选择最优节能方式无须考虑自身的谈判能力，即遵循 E1 原则。当节能效益分享节能方式所具有节能效益优势处于中间值时，制造企业的最优节能方式选择决策取决于制造企业的谈判能力，当制造企业谈判能力不强时，制造企业选择自我节能方式；反之，制造企业转而选择节能效益分享节能方式。

E3：单位产品节能量可调整和不协调情形，节能服务公司投资成本系数与制造企业投资成本系数的比率是影响制造企业选择节能方式的关键因素，最优节能方式选择遵循 B1 原则。

E4：单位产品节能量可调整和协调情形，与不协调情形相比，协调扩大了制造企业选择节能效益分享节能方式的范围，且扩大制造企业选择节能效益分享节能方式范围取决于制造企业成本与效益分享比例系数大小，制造企业成本与效益分享比例系数越大，制造企业选择节能效益分享节能方式范围越大；反之也成立。

当制造企业处于竞争环境下时，最优节能方式选择及节能策略遵循以下原则。

6. 生产数量竞争情形下制造企业节能方式选择

当制造企业的现实条件满足处于生产数量竞争环境中、具有确定性需求、单位产品节能量可调整、制造企业（作为领导者）与节能服务公司（作为追随者）进行斯坦科尔伯格博弈时，面临自我节能和节能效益分享两种节能方式，节能方式选择均衡策略遵循以下 F1~F3 原则。

F1：若两家制造企业相互对称，此时存在两个对称的纳什均衡；当节能服务公司与制造企业的投资成本系数比率较小时，两家制造企业均应选择后者；反之，两家制造企业均应选择前者。

F2：当一家制造企业的投资成本系数比另一家制造企业的投资成本系数大时，则存在两个对称的纳什均衡和一个不对称的纳什均衡；当节能服务公司和制造企业的投资成本系数比值处于中间值时，前一家制造企业应选择后者，而后一家制造企业应选择前者，当节能服务公司和制造企业的投资成本系数比率较小或较大时，节能方式选择均衡策略的确定与制造企业对称情形下的原则一致。

F3：当两家制造企业的初始能效不对称或分享期小于节能系统的生命周期时，两家制造企业节能方式选择的均衡策略与制造企业对称情形时一致。

7. 价格和环境双重竞争情形下制造企业最优自我节能策略

当制造企业进行价格和环境性能双重竞争时，最优自我节能策略满足 G1~G7 原则。

G1：给定双方的单位产品节能量，随着竞争强度的增大，制造企业应降低最优价格；随着消费者环境意识的增强，制造企业应提高最优价格。

G2：竞争强度对制造企业最优单位产品节能量的影响不具有单调性。当竞争强度较小时，制造企业也应提高最优单位产品节能量；有意思的是，当竞争强度较大时，制造企业反而应降低最优单位产品节能量。

G3：制造企业的最优单位产品节能量与消费者环保意识的关系与直觉一致，即消费者环保意识的增强会导致制造企业设置一个更大的最优单位产品节能量。

G4：竞争强度的增加会损害制造企业的最优利润。

G5：消费者环保意识的增强并不总是对制造企业有利。当竞争强度大于一个阈值时，与直觉相反的是，消费者环保意识的增强会导致制造企业最优利润的减少，即消费者环保意识的增强损害制造企业的最优利润。反之，当竞争强度较小时，此时制造企业仍会从消费者环保意识的增强中获利。

G6：在初始能效不对称和节能投资成本系数不对称两种情形下，G3 和 G4 原则仍然成立。其他结论是否成立与制造企业的类型（如污染型和清洁型、技术先进型和技术落后型）紧密相关。

G7：关于政府补贴政策的设计，环境意识是影响社会总福利和补贴政策有效性的关键因子。如果环境意识超过某一阈值，补贴政策能提高社会总福利；反之，执行补贴政策会降低社会总福利。因此，政府设置补贴政策时，需要考虑环境意识的高低。

另外，在制造企业管理人员确定最优节能方式之后，面临一个不可回避的问题，即如何选择以上三种情形下给定节能方式下的最优策略，如生产策略、定价策略、节能合同参数设置等，本书也给出了相应的结论，具体可见第三章至第九章的相关内容。

第二节　研究展望

本书研究了有限期时变需求、单位产品节能量可调整、节能间接收益、消费者环境意识、能源供应链协调、生产数量竞争、产品价格和环境性能双重竞争七种情形下的制造企业节能方式选择问题。基于现有研究，仍然有一些未来值得研究的主题。

（1）加入环保政策的因素。本书仅考虑了制造企业的一个重要的节能动机，即降低能源成本。现实中，相关环保政策（如法律法规、环境税、财政补贴和能量交易等）的紧约束是制造企业节能的又一个重要的节能动力，而环境政策可能会对制造企业选择最优的节能方式产生影响。如中国的一些税收减免政策和财政补贴政策仅针对节能效益分享节能方式，而不支持节能量保证节能方式。又如制造企业选择不同的节能方式，可能会产生不同的节能量，从而影响到企业被征收环境税的差异。因此，未来可以重点研究考虑环保政策情形下制造企业最优节能方式选择问题。

（2）加入信息不对称的因素。在现实的节能过程中，信息不对称的现象经常存在。如制造企业对节能服务公司的节能能力不了解，反过来，节能服务公司对制造企业的经营状况不清楚。而本书有一个重要的假设，即信息完全对称。因此，未来可以重点研究信息不对称情形下制造企业最优节能方式选择问题。

（3）加入融资能力的因素。在现实中，融资的难易程度往往会影响节能方式的选择。如自我节能或节能量保证往往需要制造企业自身融资，对制造企业的融资能力要求高，而节能效益分享则将融资的业务转移给节能服务公司，从而不要求制造企业承担融资的义务。本书没有考虑融资能力对制造企业最优节能方式选择的影响。因此，未来研究可重点考虑融资能力情形下制造企业节能方式选择问题。

（4）考虑其他的节能方式。本书对节能量保证考虑比较少。因此，未来的研究可以着重比较合同能源管理中节能效益分享和节能量保证两种节能方式的选择问题。另外，现实中还存在诸多其他的节能方式，如能源费用托管、租赁等。因此，考虑更多的节能方式，研究制造企业的最优节能方式选择也是一个非常现实的问题。

（5）基于数据驱动方法研究制造企业的最优节能方式选择问题。现代社会是一个大数据时代，制造企业在节能方面积累了大量数据，如何利用大数据分析方法，基于数据驱动方法去建模研究制造企业的节能方式选择问题是一个非常重要的现实需求。

附录一：本书数学证明

第三章的证明

性质 3-1 的证明： 暂不考虑约束条件式（3.3），根据模型假设，期初库存等于期末库存，故 $\sum_{t=1}^{T} y_{bt} = \sum_{t=1}^{T} d_t$，又 $p_t = p$，因此当 $\sum_{t=1}^{T} d_t \geq V_m / (q_m p)$ 时，约束条件式（3.2）恒成立，故此约束条件多余，因此自我节能方式情形下的动态批量模型与 Wagner 和 Whitin（1958）中的模型等价，由 Wagner 和 Whitin（1958）中的定理 1 和定理 2 可得性质 3-1。

性质 3-2 的证明： 首先证明性质 3-2（1），首先不考虑约束条件式（3.8），由引理 3-1 可知此时的模型与 Wagner 和 Whitin（1958）中的模型等价，类似于 Wagner 和 Whitin（1958），假设存在一个最优的生产计划，使 $I_{st} y_{st} > 0$ 成立，下面将库存 I_{st} 重新安排，包含在第 t 期的生产量 y_{st} 里，此时生产准备成本没有增加，同时减少了库存成本，从而假设不成立，即 $I_{st} y_{st} = 0$，因为模型存在一个最优解，且约束条件式（3.8）为紧约束，根据性质 3-2（3）中的表达式，总是能找到一个最优的节能效益分享比例；性质 3-2（2）的证明类似于 Wagner 和 Whitin（1958）的证明。

引理 3-2 的证明： 因 θ_e 是定义在区间 $[-A_e, A_e]$ 的均匀分布，由式（3.13）得 $\sum_{t=1}^{T_g} [k_t \delta(y_{gt}) + (E(c_{gt}) - \Delta c_t) y_{gt} + h_t I_{gt}] + \sum_{t=T_g+1}^{T} [k_t \delta(y_{gt}) + E(c_{2gt}) y_{gt} + h_t I_{gt}] + V_e + F$，令 $\Delta c_t = p[A_e / 4 + ((\lambda-1)q_e)^2 / (4A_e) + (\lambda-1)q_e / 2]$，式（3.15）为紧约束，即 $E\left\{ F - \sum_{t=1}^{T_g} [(\lambda q_e - q_e - \theta_e)^+ p_t y_{gt}] \right\} = \Pi_0$，化简得 $F - \Delta c_t \sum_{t=1}^{T_g} y_{gt} = \Pi_0$，代入前式得

$$\sum_{t=1}^{T}[k_t\delta(y_{gt})+E(c_{gt})y_{gt}+h_tI_{gt}]+V_e+\Pi_0\,。$$

性质 3-3 的证明： 首先证明性质 3-3（1），不考虑约束条件式（3.14）和式（3.15），由引理 3-2 可知模型等价于 Wagner 和 Whitin（1958）中的模型，类似于 Wagner 和 Whitin（1958），可知 $I_{gt}y_{gt}=0$，因为模型存在一个最优解，则约束条件式（3.14）成立且约束条件式（3.15）为紧约束，根据 $F=\Pi_0+\Delta c_t\sum_{t=1}^{T_g}y_{gt}$，总是能找到一个最优的服务费用 F；性质 3-3（2）的证明类似于 Wagner 和 Whitin（1958）。

性质 3-4 的证明： 性质 3-4（1）显而易见；因为 $\partial F/\Delta c_t\geqslant0$，下面仅需分析 Δc_t 的单调性。首先证明性质 3-4（2），因 $\partial\Delta c_t/\partial\Delta q_e=p(\lambda-1)[(\lambda-1)q_e/(2A_e)+1/2]$ 且 $-1\leqslant(\lambda-1)<0$，故当 $(\lambda-1)q_e/(2A_e)+1/2\leqslant0$，即 $q_e\geqslant\max\{A_e,A_e/[2(1-\lambda)]\}$，有 $\partial F/\partial q_e\geqslant0$，反之，即当 $1/2<\lambda<1$ 且 $A_e\leqslant q_e<A_e/[2(1-\lambda)]$，有 $\partial F/\partial q_e<0$；下面证明性质 3-4（3），因 $\partial\Delta c_t/\partial\lambda=p_t q_e[(\lambda-1)q_e/(2A_e)+1/2]$，当 $(\lambda-1)q_e/(2A_e)+1/2\geqslant0$，即 $1-A_e/(2q_e)\leqslant\lambda\leqslant1$，有 $\partial F/\partial\lambda\geqslant0$，当 $0\leqslant\lambda<1-A_e/(2q_e)$，有 $\partial F/\partial\lambda<0$；最后证明性质 3-4（4），因 $\partial\Delta c_t/\partial A_e=p_t[4-(\lambda-1)^2q_e^2/(4A_e^2)]$，当 $4-(\lambda-1)^2q_e^2/(4A_e^2)\geqslant0$ 时，即 $(1-\lambda)q_e\leqslant A_e\leqslant q_e$，有 $\partial F/\partial A_e\geqslant0$，当 $4-(\lambda-1)^2q_e^2/(4A_e^2)<0$ 时，即 $0\leqslant A_e\leqslant(1-\lambda)q_e$，$\partial F/\partial A_e<0$。

第四章的证明

定理 4-1 的证明： 根据式（4.2），易知 $\Pi_{mb}(r_b)$ 是 r_b 的严格凹函数，令：

$$d\prod_{mb}(r_b)/dr_b=p_eD-kr_b/r_0^2=0$$

又 $k>p_eDr_0$ 成立，故内解存在，得最优的单位产品预计节能量：

$$r_b^*=p_eDr_0^2/k$$

将 r_b^* 代入式（4.2），得制造企业的最优利润：

$$\prod_{mb}(r_b^*)=(p-c-r_0p_e)D+(p_eDr_0)^2/(2k)$$

定理 4-2 的证明：根据式（4.6），易知 $\Pi_{es}(r_s)$ 是 r_s 的凹函数，令：

$$d\Pi_{es}(r_s)/dr_s = (1-\varphi)p_e D - \alpha k r_s / r_0^2 = 0$$

又 $\alpha k > (1-\varphi)p_e D r_0$，故内解存在，得 $r_s^* = (1-\varphi)p_e D r_0^2/(\alpha k)$，将 r_s^* 代入式（4.4）得：

$$\Pi_{ms}(\varphi) = (p-c-r_0 p_e)D + \varphi(1-\varphi)p_e^2 r_0^2 D^2/(\alpha k)$$

前式是 φ 的严格凹函数，令 $d\Pi_{ms}(\varphi)/d\varphi = (1-2\varphi)p_e^2 r_0^2 D^2/(\alpha k) = 0$，得 $\varphi^* = 1/2$，代入上面的 $\Pi_{ms}(\varphi)$，得制造企业的最优利润：

$$\Pi_{ms}(\varphi^*) = (p-c-r_0 p_e)D + (p_e r_0 D)^2/(4\alpha k)$$

节能服务公司的最优单位产品预计节能量：

$$r_s^* = p_e D r_0^2/(2\alpha k)$$

节能服务公司的最优利润：

$$\Pi_{es}(r_s^*) = (p_e r_0 D)^2/(8\alpha k)$$

性质 4-3 的证明：根据定理 4-1 和定理 4-2 中两家制造企业的最优利润和最优单位产品预计节能量得：

$$\Delta\Pi = \Pi_{ms}(\varphi^*) - \Pi_{mb}(r_b^*) = (p_e r_0 D)^2(1-2\alpha)/(4\alpha k)$$

$$r_s^* - r_b^* = p_e D r_0^2(1-2\alpha)/(2\alpha k)$$

又 $\alpha > p_e D r_0/k$，命题易证。

定理 4-3 的证明：根据式（4.8），对利润函数 $\Pi_{mb}^E(p_b^E, r_b^E)$ 求导得：

$$d^2\Pi_{mb}^E(p_b^E, r_b^E)/d(p_b^E)^2 = -2b < 0$$

又 $|H(\Pi_{mb}^E(p_b^E, r_b^E))| = -b^2 p_e^2 + 2bk/r_0^2$，因为 $k > p_e r_0(a-bc)/2$ 成立，所以 $|H(\Pi_{mb}^E(p_b^E, r_b^E))| > 0$，从而相应的数学规划是关于 p_b^E、r_b^E 的联合凸规划，从而存在唯一的最优解。先给定单位产品预计节能量，令：

$$d\Pi_{mb}^E(p_b^E, r_b^E)/dp_b^E = -2bp_b^E + a + bc + b(r_0 - r_b^E)p_e = 0$$

可得 $p_b^{E*}(r_b^E) = (a+bc)/(2b) + (r_0-r_b^E)p_e/2$，代入式（4.8）得：

$$\Pi_{mb}^E(p_b^{E*}, r_b^E) = \frac{(a-bc)^2}{4b} - \frac{(a-bc)(r_0-r_b^E)p_e}{2} + \frac{b[(r_0-r_b^E)p_e]^2}{4} - \frac{k(r_b^E)^2}{2r_0^2}$$

令 $d\Pi_{mb}^E(p_b^{E*}, r_b^E)/dr_b^E = [p_e r_0^2(a-bc-bp_e r_0) + (bp_e^2 r_0^2 - 2k)r_b]/(2r_0^2) = 0$，得最优单位产品预计节能量：

$$r_b^{E*} = p_e r_0^2(a-bc-bp_e r_0)/(2k-bp_e^2 r_0^2)$$

将 r_b^{E*} 分别代入 $p_b^{E*}(r_b^E)$ ，得最优价格：

$$p_b^{E*} = \frac{k(a+bc+bp_er_0) - abp_e^2r_0^2}{b(2k - bp_e^2r_0^2)}$$

制造企业最优利润：

$$\prod_{mb}^E(p_b^{E*}, r_b^{E*}) = \frac{k(a-bc-bp_er_0)^2}{2b(2k - bp_e^2r_0^2)}$$

性质 4-4 的证明： 易得 $\partial r_b^{E*}/\partial p_e = [r_0^2(br_0^2(a-bc)p_e^2 - 4bkr_0p_e + 2(a-bc)k)]/(2k - bp_e^2r_0^2)^2$ 。

假定 $f_b(p_e) = br_0^2(a-bc)p_e^2 - 4bkr_0p_e + 2(a-bc)k$ ，令 $f_b(p_e) = 0$ ，则关于能源价格 p_e 方程的判别式 $\Delta_b = 8bkr_0^2[2bk - (a-bc)^2]$ 。因此，当 $k \leqslant (a-bc)^2/(2b)$ 时，方程至多一个解，此时 $f_b(p_e) \geqslant 0$ ，即 $\partial r_b^{E*}/\partial p_e \geqslant 0$ 。当 $k > (a-bc)^2/(2b)$ ，此时方程有 2 个解，即 $p_{eb}^1 = [2bk - \sqrt{2bk(2bk-(a-bc)^2)}]/[br_0(a-bc)]$ ， $p_{eb}^2 = [2bk + \sqrt{2bk(2bk-(a-bc)^2)}]/[br_0(a-bc)]$ ；因为 $k > (a-bc)^2/(2b)$ ，则 $p_{eb}^2 > (a-bc)/(br_0)$ ，又 $a-bc-bp_er_0 > 0$ ， $k > p_er_0(a-bc)/2$ ，所以 $p_e < (a-bc)/(br_0)$ ，故当 $0 < p_e \leqslant p_{eb}^1$ 时，有 $f_b(p_e) \geqslant 0$ ，得 $\partial r_b^{E*}/\partial p_e \geqslant 0$ ；当 $p_{eb}^1 < p_e < (a-bc)/(br_0)$ 时，有 $f_b(p_e) < 0$ ，得 $\partial r_b^{E*}/\partial p_e < 0$ ，因此性质 4-4（1）得证；其他部分证明略。

定理 4-4 的证明： 令 $d\prod_{es}^E(r_s^E)/dr_s^E = (1-\varphi^E)p_e(a-bp_s^E) - \alpha kr_s^E/r_0^2 = 0$ ，由（4.10）知 $\prod_{es}^E(r_s^E)$ 是 r_s 的凹函数，因 $\alpha k > (1-\varphi^E)p_e(a-bp_s^E)r_0$ ，得：

$$r_s^{E*} = (1-\varphi^E)p_e(a-bp_s^E)r_0^2/(\alpha k)$$

将 r_s^{E*} 其代入式（4.10）得节能服务公司的最优利润：

$$\prod_{es}^E(r_s^{E*}) = (1-\varphi^E)^2 p_e^2(a-bp_s^E)^2 r_0^2/(2\alpha k)$$

将 r_s^{E*} 代入式（4.9）得利润函数：

$$\prod_{ms}^E(\varphi^E, p_s^E) = (p_s^E - c - r_0p_e)(a-bp_s^E) + \frac{\varphi^E(1-\varphi^E)[p_e(a-bp_s^E)r_0]^2}{\alpha k}$$

根据上式得 $d^2\prod_{ms}^E(\varphi^E, p_s^E)/d(\varphi^E)^2 = -2p_e^2(a-bp_s^E)^2 r_0^2/(\alpha k) < 0$ ，海森矩阵行列式 $|H(\prod_{ms}^E(\varphi^E, p_s^E))| = 4bp_e^2r_0^2(a-bp_s^E)^2[\alpha k - bp_e^2r_0^2(1-3\varphi^E + 3(\varphi^E)^2)]/(\alpha^2k^2)$ ，因为条件 $\alpha k > (1-3\varphi^E + 3(\varphi^E)^2)bp_e^2r_0^2$ 成立，故 $|H(\prod_{ms}^E(\varphi^E, p_s^E))| > 0$ ，相应规划为凸规划，从而存在唯一的最优解。先给定价格，得 $d\prod_{ms}^E(\varphi^E, p_s^E)/d\varphi^E = (1-2\varphi^E)[p_e(a-bp_s^E)r_0]^2/\alpha k$ ，令 $d\prod_{ms}^E(\varphi^E, p_s^E)/d\varphi^E = 0$ ，得最优节能效益分

享比例为 $\varphi^{E*} = 1/2$，得利润函数 $\prod_{ms}^{E}(\varphi^{E*}, p_s^E) = (p_s^E - c - r_0 p_e)(a - bp_s^E) + [p_e(a - bp_s^E)r_0]^2 / (4\alpha k)$，对其进行求导得 $d\prod_{ms}^{E}(\varphi^{E*}, p_s^E) / dp_s^E = (-4b\alpha k + b^2 p_e^2 r_0^2)p_s^E + 2\alpha k(a + bc + br_0 p_e) - abp_e^2 r_0^2$，令其等于 0，得最优价格：

$$p_s^{E*} = \frac{2\alpha k(a + bc + br_0 p_e) - abp_e^2 r_0^2}{4b\alpha k - b^2 p_e^2 r_0^2}$$

将 φ^{E*}、p_s^{E*} 分别代入前面的表达式，因 $\alpha k > (1 - \varphi^E)p_e(a - bp_s^E)r_0$，故节能服务公司的最优单位产品预计节能量：

$$r_s^{E*} = \frac{(a - bc - bp_e r_0)p_e r_0^2}{4\alpha k - bp_e^2 r_0^2}$$

节能服务公司的最优利润：

$$\prod_{es}^{E}(r_s^{E*}) = \frac{\alpha k(a - bc - bp_e r_0)^2 p_e^2 r_0^2}{(4\alpha k - bp_e^2 r_0^2)^2}$$

制造企业的最优利润：

$$\prod_{ms}^{E}(\frac{1}{2}, p_s^{E*}) = \frac{\alpha k(a - bc - bp_e r_0)^2}{b(4\alpha k - bp_e^2 r_0^2)}$$

性质 4-6 的证明：根据定理 4-3 和定理 4-4，得最优价格之差、最优单位产品预计节能量之差分别为：

$$p_s^{E*} - p_b^{E*} = \frac{kp_e^2 r_0^2(a - bc - br_0 p_e)(2\alpha - 1)}{(4\alpha k - bp_e^2 r_0^2)(2k - bp_e^2 r_0^2)},$$

$$r_s^{E*} - r_b^{E*} = \frac{2kp_e r_0^2(a - bc - br_0 p_e)(1 - 2\alpha)}{(4\alpha k - bp_e^2 r_0^2)(2k - bp_e^2 r_0^2)}$$

显然差的符号由 $2\alpha - 1$ 决定；最优利润之差：

$$\prod_{ms}^{E}(\frac{1}{2}, p_s^{E*}) - \prod_{mb}^{E}(p_b^{E*}, r_b^{E*}) = \frac{kp_e^2 r_0^2(a - bc - bp_e r_0)^2(1 - 2\alpha)}{2(4\alpha k - bp_e^2 r_0^2)(2k - bp_e^2 r_0^2)}$$

后两者的符号均由 $1 - 2\alpha$ 决定，从而得到性质 4-6。

定理 4-5 的证明：因 $z_b = q_b^Q - D$，$\Lambda(z_b) = \int_{\underline{z}}^{z_b}(z_b - \varepsilon)f(\varepsilon)d\varepsilon$，$\Theta(z_b) = \int_{z_b}^{\bar{\theta}}(\varepsilon - z_b)f(\varepsilon)d\varepsilon$，式（4.11）等价于下面的表达式，即：

$$\prod_{mb}^{Q}(z_b, r_b^Q) = -[c + (r_0 - r_b^Q)p_e](D + z_b) + p[D - \Theta(z_b)] + s\Lambda(z_b) - k(r_b^Q)^2 / (2r_0^2)$$

因 $k > p_e^2 r_0^2 / [(p-s)f(z_b)]$，故海森矩阵 $|H| = |\prod_{mb}(z_b, r_b)| = [k(p-s)f(z_b)] / r_0^2 - p_e^2 > 0$，显然定义域是凸集，因此相关规划为凸规划，存在唯一的最优解。先给定 z_b，根据前面的表达式，令 $d\prod_{mb}^Q(z_b, r_b^Q) / dr_b = p_e[D+z_b] - kr_b^Q / r_0^2 = 0$，又 $k > p_e(D+z_b)r_0$，故 $r_b^{Q*} = p_e(D+z_b)r_0^2 / k$，将其代入前面的表达式得：

$$\prod_{mb}^Q(z_b, r_b^{Q*}) = -(c + r_0 p_e)(D+z_b) + p[D - \Theta(z_b)] + s\Lambda(z_b) + [p_e(D+z_b)r_0]^2 / (2k)$$

根据上式，求导得：

$$d\prod_{mb}^Q(z_b, r_b^{Q*}) / dz_b = [p - (c + \delta p_e)] - (p-s)F(z_b) + p_e^2 r_0^2 D / k + p_e^2 r_0^2 z_b / k$$

令其等于 0，得：

$$(p-s)F(z_b^*) - p_e^2 r_0^2 z_b^* / k = [p - (c + r_0 p_e)] + p_e^2 r_0^2 D / k$$

又 $\varepsilon \sim U[-\theta, \theta]$，得：

制造企业单位产品最优预计节能量和生产量分别为：

$$r_b^{Q*} = p_e r_0^2[(p-s)D + \theta B_1] / B_2, \quad q_b^* = \theta(2Dp_e^2 r_0^2 + kB_1) / B_2 + D$$

制造企业最优利润为：

$$\prod_{mb}^Q(z_b^*, r_b^{Q*}) = [(p-s)(D^2 + \theta^2)p_e^2 r_0^2 + 2D(p-s)\delta_1 + 2k\theta\delta_2] / (2B_2)$$

其中，$B_1 = p + s - 2(c + r_0 p_e)$，$B_2 = (p-s)k - 2\theta p_e^2 r_0^2$，$\delta_1 = k(p - c - p_e r_0) - \theta p_e^2 r_0^2$，$\delta_2 = c^2 - (p - p_e r_0)(p_e r_0 - s) - c(p + s - 2p_e r_0)$。

定理 4-6 的证明： 因 $z_s = q_s^Q - D$，$\Lambda(z_s) = \int_{\underline{\theta}}^{z_s}(z_s - \varepsilon)f(\varepsilon)d\varepsilon$，$\Theta(z_s) = \int_{z_s}^{\bar{\theta}}(\varepsilon - z_s)f(\varepsilon)d\varepsilon$，式（4.12）等价于下面的表达式，即：

$$\prod_{ms}^Q(z_s, \varphi^Q) = -[c + (r_0 - \varphi^Q r_s^Q)p_e](D+z_s) + p[D - \Theta(z_s)] + s\Lambda(z_s)$$

用逆向归纳法，先给定 z_s、φ^Q，对式（4.12）求导，得 $\prod_{es}(r_s)$ 是关于 r_s^Q 的严格凹函数，令：

$$d\prod_{es}^Q(r_s^Q) / dr_s^Q = (1 - \varphi^Q)p_e q_s^Q - \alpha k r_s^Q / r_0^2 = 0$$，易知 $r_s^{Q*} = (1 - \varphi^Q)p_e q_s^Q r_0^2 / (\alpha k)$

将 r_s^{Q*} 代入式（4.11）得 $\prod_{es}^Q(r_s^Q) = [(1 - \varphi^Q)p_e q_s^Q r_0]^2 / (2\alpha k)$，再代入前式得：

$$\prod_{ms}^Q(z_s, \varphi^Q) = -[c + r_0 p_e](D+z_s) + \frac{\varphi(1 - \varphi)p_e^2 r_0^2(D+z_s)^2}{\alpha k} + p[D - \Theta(z_s)] + s\Lambda(z_s)$$

根据上式得 $d^2\prod_{ms}^Q(z_s, \varphi^Q) / d(\varphi^Q)^2 = -2p_e^2 r_0^2(D+z_s)^2 / (\alpha k) < 0$，海森矩阵为 $|H| = |\prod_{ms}^Q(z_s, \varphi^Q)| = 2p_e^2 r_0^2(D+z_s)^2[\alpha k(p-s)f(z_s) - 2p_e^2 r_0^2(1 - 3\varphi^Q + 3(\varphi^Q)^2)] / (\alpha k)^2$，易得 $|H| = |\prod_{ms}(z_s, \varphi^Q)| > 0$，从而易知相应的规划为凸规划，从而存在唯一的最优解。先固定 z_s，令 $\partial\prod_{ms}^Q(z_s, \varphi^Q) / \partial\varphi^Q = 0$，则 $\varphi^{Q*} = 1/2$，将其代入上面的表达式，

求关于 z_s 的导数，令 $\partial \prod_{ms}^Q (z_s, \varphi^{Q*}) / \partial z_s = 0$ ，得 z_s^* 满足条件：

$$(p-s)F(z_s^*) - p_e^2 r_0^2 z_s^* / (2\alpha k) = [p-(c+r_0 p_e)] + p_e^2 r_0^2 D / (2\alpha k)$$

又 $\varepsilon \sim U[-\theta, \theta]$ ，由上面的表达式得：

节能服务公司的最优单位产品预计节能量为：

$$r_s^{Q*} = p_e r_0^2 [(p-s)D + \theta B_1] / 2B_6$$

制造企业的最优生产量和最优利润分别为：

$$q_s^* = \theta (Dp_e^2 r_0^2 + \alpha k B_1) / B_6 + D$$

$$\prod_{ms}^Q (z_s^*, \varphi^{Q*}) = [(p-s)(D^2 + \theta^2) p_e^2 r_0^2 + 2D(p-s)\delta_3 + 4\alpha k \theta \delta_2] / (4B_6)$$

其中系数 $B_4 = (p-s)\alpha k - \theta p_e^2 r_0^2$ ， $\delta_3 = 2\alpha k(p-c-p_e r_0) - \theta p_e^2 r_0^2$ 。

性质 4-9 的证明： 根据定理 4-5 和定理 4-6，易知单位产品最优预计节能量、最优生产量和制造企业最优利润之差分别为：

$$r_s^{Q*} - r_b^{Q*} = \frac{k p_e r_0^2 (p-s)(1-2\alpha)[(p-s)D + \theta(p+s-2(c+r_0 p_e))]}{2[(p-s)\alpha k - \theta p_e^2 r_0^2][(p-s)k - 2\theta p_e^2 r_0^2]}$$

$$q_s^* - q_b^* = \frac{\theta k p_e^2 r_0^2 (1-2\alpha)[(p-s)D + \theta(p+s-2(c+r_0 p_e))]}{[(p-s)\alpha k - \theta p_e^2 r_0^2][(p-s)k - 2\theta p_e^2 r_0^2]}$$

$$\prod_{ms}^Q (z_s^*, \frac{1}{2}) - \prod_{mb}^Q (z_b^*, r_b^{Q*}) = \frac{k p_e^2 r_0^2 (1-2\alpha)[(p-s)D + \theta(p+s-2(c+r_0 p_e))]^2}{4[(p-s)\alpha k - \theta p_e^2 r_0^2][(p-s)k - 2\theta p_e^2 r_0^2]}$$

易证 $r_s^{Q*} - r_b^{Q*}$ 、 $\prod_{ms}^Q (z_s^*, 1/2) - \prod_{mb}^Q (z_b^*, r_b^{Q*})$ 的符号取决于 $1-2\alpha$ ， $q_s^* - q_b^*$ 的符号取决于 $1-2\alpha$ ，因此命题得证。

定理 4-7 的证明： 用逆向归纳法求解，给定 r_g, h ，根据式（4.15），知 $\prod_{eg}(\lambda)$ 关于 λ 的严格凹函数，令 $d\prod_{eg}(\lambda) / d\lambda = h - p_e Dr_g G[(\lambda-1)r_g] = 0$ ，因 $p_e Dr_g h \geqslant 2h$ 且 $\alpha k > p_e Dr_0 / (1+\rho)$ ，得 $\lambda^* = 1 - \beta(p_e Dr_g - 2h) / (p_e Dr_g^2)$ ，将 λ^* 代入式（4.14）得：

$$\prod_{mg}(r_g, h) = [p-(c+(r_0-r_g)p_e)]D + \frac{\beta h^2}{p_e Dr_g^2} + \frac{\beta h(p_e Dr_g - 2h)}{p_e Dr_g^2} - h - \frac{\alpha k(1+\rho)r_g^2}{2r_0^2}$$

根据上述表达式，可知 $\prod_{mg}(r_g, h)$ 是关于 h 的严格凹函数，令 $d\prod_{mg}(r_g, h) / dh = -2\beta h / (p_e Dr_g^2) + (\beta - r_g)/r_g = 0$ ，得 $\hat{h} = p_e Dr_g(\beta - r_g)/(2\beta)$ ，又 $\beta \leqslant r_g$ ，所以 $\hat{h} \leqslant 0$ ，又 $h \geqslant 0$ ，故 $h^* = 0$ ，将 $h^* = 0$ 代入上面的表达式得， $\prod_{mg}(r_g, 0) = [p-(c+(r_0-r_g)p_e)]D - \alpha k(1+\rho)r_g^2 / (2r_0^2)$ ，易知 $\prod_{mg}(r_g, 0)$ 是关于 r_g 的严格凹函数，

令 $d\prod_{mg}(r_g,0)/dr_g = p_e D - \alpha k(1+\rho)r_g/r_0^2 = 0$，得最优单位产品预计节能量：

$$r_g^* = p_e D r_0^2/[\alpha k(1+\rho)]$$

将其代入前面的表达式，得制造企业的最优利润：

$$\prod_{mg}(r_g^*,h^*) = (p-c-r_0 p_e)D + \frac{(p_e D r_0)^2}{2\alpha k(1+\rho)}$$

将 $h^*=0$、r_g^* 代入前式得 $\lambda^* = 1 - \beta/r_g$，节能服务公司的最优利润为：

$$\prod_{es}(\lambda^*) = \frac{\rho(p_e D r_0)^2}{2\alpha k(1+\rho)^2}$$

第五章的证明

定理 5-1 的证明： 对表达式（5.1）求二阶导数，得 $d^2\prod_{mb}(r_b)/dr_b^2 = -k/r_0^2 - f_0 f_b(1-f_b)r_0^{-f_b}r_b^{f_b-2} < 0$，因此利润函数是严格凹函数，令 $d\prod_{mb}(r_b)/dr_b = p_e D - kr_b/r_0^2 + f_0 f_b r_0^{-f_b}r_b^{f_b-1} = 0$，即最优单位产品节能量 $r_{b,no}^*$ 必须满足前式，将 r_b^* 代入式（5.1），得制造企业的最优利润为 $\prod_{mb}(r_{b,no}^*)$。

定理 5-2 的证明： 据式（5.5）易知 $\prod_{es}(r_s)$ 是 r_s 的严格凹函数，令 $d\prod_{es}(r_s)/dr_s = (1-\varphi)p_e D - \alpha kr_s/r_0^2 = 0$，得 $r_s^* = (1-\varphi)p_e D r_0^2/(\alpha k)$，将 r_s^* 代入式（5.3）得：

$$\prod_{ms}(\varphi) = A + \varphi(1-\varphi)p_e^2 r_0^2 D^2/(\alpha k) + f_0 r_0^{-f_s}[p_e D r_0^2/\alpha k]^{f_s}(1-\varphi)^{f_s}$$

又 $d^2\prod_{ms}(\varphi)/d\varphi^2 = -2p_e^2 r_0^2 D^2/(\alpha k) - f_0 f_s(1-f_1)r_0^{-f_s}[p_e D r_0^2/\alpha k]^{f_s}(1-\varphi)^{f_s-2} < 0$，故前式是严格凹函数，令 $d\prod_{ms}(\varphi)/d\varphi = (1-2\varphi)p_e^2 r_0^2 D^2/(\alpha k) - f_0 f_s r_0^{-f_s}[p_e D r_0^2/\alpha k]^{f_s}(1-\varphi)^{f_s-1} = 0$，即最优节能效益分享比例 φ^* 必须满足前式，将 φ^* 代入 $r_s^* = (1-\varphi)p_e D r_0^2/(\alpha k)$ 得最优单位产品节能量 r_s^*，将 r_s^* 和 φ^* 分别代入式（5.3）和式（5.5），得制造企业和节能服务公司的最优利润分别为 $\prod_{ms}(\varphi^*)$ 和 $\prod_{es}(r_s^*)$。

性质 5-4 的证明： 令 $\Delta\prod_2 = \prod_{ms}(\varphi_{sma}^*) - \prod_{mb}(r_{b,sma}^*)$，$\Delta\prod_3 = \prod_{ms}(\varphi_{big}^*) - \prod_{mb}(r_{b,big}^*)$，由表 5.3 易得 $\Delta\prod_2 = \Delta\prod_1$，$\Delta\prod_3 = (t+f_0)^2(1-2\alpha)/(4\alpha k)$，显然 $\Delta\prod_3$ 的正负号与 $\Delta\prod_1$ 和 $\Delta\prod_2$ 一样，由 $1-2\alpha$ 决定，从而得证。

性质 5-5 的证明： 由表 5.3 得 $r_{s,sma}^* - r_{b,big}^* = r_0[t - 2\alpha(t + f_0)]/(2\alpha k)$，又由推论 5-2 和推论 5-5 得 $\alpha > t/(2k)$，$k > t + f_0$，故 $t/(2k) < t/[2(t+f_0)] < 1/2$，因此当 $t/(2k) < \alpha < t/[2(t+f_0)]$ 时，$r_{s,sma}^* > r_{b,big}^*$，其他部分易证。

性质 5-6 的证明： 因为 $\Delta\Pi_4 = \Pi_{ms}(\varphi_{sma}^*) - \Pi_{mb}(r_{b,big}^*) = [t^2 - 2\alpha((t+f_0)^2 - 2kf_0)]/(4\alpha k)$，故当 $(t+f_0)^2 - 2kf_0 \leq 0$，即 $k \geq (t+f_0)^2/(2f_0)$，有 $\Delta\Pi_4 > 0$；当 $t \leq f_0$，有 $k > t + f_0 \geq (t+f_0)^2/(2f_0)$ 成立，即 $\Delta\Pi_4 > 0$，又 $t/(2k) < \alpha \leq 1$，所以当 $k > t + f_0$ 且 $t/(2k) < \alpha \leq 1$ 时，$\Pi_{ms}(\varphi_{sma}^*) > \Pi_{mb}(r_{b,big}^*)$；当 $f_0 < t \leq \sqrt{2}f_0$，此时 $t + f_0 < (t+f_0)^2/(2f_0)$，故当 $k \geq (t+f_0)^2/(2f_0)$ 且 $t/(2k) < \alpha \leq 1$ 时，仍然有 $\Pi_{ms}(\varphi_{sma}^*) > \Pi_{mb}(r_{b,big}^*)$，当 $t + f_0 < k < (t+f_0)^2/(2f_0)$ 时，令 $t^2 - 2\alpha((t+f_0)^2 - 2kf_0) = 0$，得 $\alpha = t^2/[2(t+f_0)^2 - 4kf_0]$，因为 $t \leq \sqrt{2}f_0$，所以 $k > t + f_0 > [(t+f_0)^2 - t^2/2]/(2f_0)$，所以 $t^2/[2(t+f_0)^2 - 4kf_0] > 1$，即对于 $t + f_0 < k < (t+f_0)^2/(2f_0)$ 且 $t/(2k) < \alpha \leq 1$，均有 $\Pi_{ms}(\varphi_{sma}^*) > \Pi_{mb}(r_{b,big}^*)$，总结前面所证得性质 5-6（①）；下证性质 5-6（②），假设 $t > \sqrt{2}f_0$，当 $k \geq (t+f_0)^2/(2f_0)$ 且 $t/(2k) < \alpha \leq 1$，易得 $\Pi_{ms}(\varphi_{sma}^*) > \Pi_{mb}(r_{b,big}^*)$；当 $t + f_0 < k < (t+f_0)^2/(2f_0)$ 时，因为 $t > \sqrt{2}f_0$，故 $(t+f_0)^2/(2f_0) > [(t+f_0)^2 - t^2/2]/(2f_0) > t + f_0$，故当 $t + f_0 < k \leq [(t+f_0)^2 - t^2/2]/(2f_0)$ 时，因为 $t/(2k) < t^2/[2(t+f_0)^2 - 4kf_0] \leq 1$，故有性质 5-6（ⅱ）；当 $[(t+f_0)^2 - t^2/2]/(2f_0) < k < (t+f_0)^2/(2f_0)$ 时，因为 $t^2/[2(t+f_0)^2 - 4kf_0] > 1$，故当 $t/(2k) < \alpha \leq 1$，有 $\Pi_{ms}(\varphi_{sma}^*) > \Pi_{mb}(r_{b,big}^*)$，从而性质 5-6 得证。

性质 5-7 的证明： 由表 5.3 可得到 $r_{s,big}^* - r_{b,sma}^* = r_0(t + f_0 - 2\alpha t)/(2\alpha k)$，由推论 5-1 和推论 5-6 可知 $k > t$，$t \geq f_0$，$\alpha > (t+f_0)/(2k)$，故 $(t+f_0)/(2k) < (t+f_0)/(2t) \leq 1$，因此当 $(t+f_0)/(2k) < \alpha < (t+f_0)/(2t)$ 时，$r_{s,big}^* > r_{b,sma}^*$，其他部分易证。

性质 5-8 的证明： 因为 $\Delta\Pi_5 = \Pi_{ms}(\varphi_{big}^*) - \Pi_{mb}(r_{b,sma}^*) = [(t+f_0)^2 - 2\alpha(t^2 + 2kf_0)]/(4\alpha k)$，由推论 5-1 和推论 5-6 可知 $t \geq f_0$、$k > t$，故 $2(t^2 + 2kf_0) - (t+f_0)^2 = (t^2 - f_0^2) + 2f_0(2k - t) > 0$，即 $(t+f_0)^2/[2(t^2 + 2kf_0)] < 1$，又由推论 5-6 可知 $\alpha > (t+f_0)/(2k)$；当 $t = f_0$ 时，$(t+f_0)/(2k) > (t+f_0)^2/[2(t^2 + 2kf_0)]$，故当 $(t+f_0)/(2k) < \alpha \leq 1$ 时，$\Pi_{ms}(\varphi_{big}^*) > \Pi_{mb}(r_{b,sma}^*)$，性质 5-8（①）得证；假设 $t > f_0$，当 $k > t^2/(t - f_0)$，有 $(t+f_0)^2/[2(t^2 + 2kf_0)] > (t+f_0)/(2k)$，故得性质 5-8（ⅱ）；当 $t < k \leq t^2/(t - f_0)$ 时，有 $(t+f_0)^2/[2(t^2 + 2kf_0)] \leq (t+f_0)/(2k)$，又 $(t+f_0)/(2k) < \alpha \leq 1$ 时，所以有 $\Pi_{ms}(\varphi_{big}^*) < \Pi_{mb}(r_{b,sma}^*)$。

第六章的证明

性质6-1的证明：在给定单位产品节能量的前提下，对式（6.1）求关于p_b的导数，易知制造企业的利润函数是关于产品价格的严格凹函数。又：

$$d \prod_{mb}(r_b, p_b) / dp_b = a - bc - br_0 p_e + (\tau - bp_e)r_b - 2bp_b$$

令上式等于零，从而给定单位产品节能量的前提下，制造企业的最优产品价格为：

$$p_b^*(r_b) = \frac{a + bc + bp_e r_0}{2b} + \frac{r_b}{2}\left(\frac{\tau}{b} - p_e\right)$$

观察上式易得性质6-1。

性质6-2的证明：令$A = a - bc - br_0 p_e$，将$p_b^*(r_b)$代入式（6.1）得制造企业的利润函数为：

$$\prod_{mb}(r_b) = \frac{[A + (bp_e + \tau)r_b]^2}{4b} - \frac{k}{2}\left(\frac{r_b}{r_0}\right)^2$$

对上式求导，得$d \prod_{mb}(r_b) / dr_b = \dfrac{r_0^2 A(bp_e + \tau) + [(bp_e + \tau)^2 r_0^2 - 2bk]r_b}{2br_0^2}$，继续

求导得$d^2 \prod_{mb}(r_b) / dr_b^2 = (bp_e + \tau)^2 r_0^2 - 2bk$，因为$k > \dfrac{(bp_e + \tau)r_0[A + (bp_e + \tau)r_0]}{2b} >$

$\dfrac{(bp_e + \tau)^2 r_0^2}{2b}$，则相应的利润函数为严格凹函数。令$d \prod_{mb}(r_b) / dr_b = 0$，得$r_b^* =$

$\dfrac{A(bp_e + \tau)r_0^2}{2bk - r_0^2(bp_e + \tau)^2}$，假设$r_b^*$为内解，即$r_b^* < r_0$，其等价于$k > \dfrac{(bp_e + \tau)r_0[A + (bp_e + \tau)r_0]}{2b}$，

因此，制造企业的最优价格为：

$$r_b^* = \frac{A(bp_e + \tau)r_0^2}{2bk - r_0^2(bp_e + \tau)^2}$$

将r_b^*代入式前面制造企业的利润函数，得制造企业的最优利润为：

$$\prod_{mb}^* = \frac{kA^2}{2[2bk - r_0^2(bp_e + \tau)^2]}$$

由制造企业的最优产品价格和最优利润的表达式易得性质 6-2。

性质 6-3 的证明：在节能效益分享情形下，给定单位产品节能量 r_s 和单位节能效益分享比例 φ，对式（6.2）求导，易知制造企业的利润函数是关于产品价格的严格凹函数。类似于性质 6-1 的证明，易得制造企业的最优价格为：

$$p_s^*(r_s,\varphi) = \frac{a+bc+bp_e r_0}{2b} + \frac{r_s}{2}\left(\frac{\tau}{b} - \varphi p_e\right)$$

观察上式易得性质 6-3。

性质 6-4 和性质 6-5 的证明：将 $p_s^*(r_s,\varphi)$ 代入式（6.2）得，节能服务公司的利润函数为：

$$\prod_{es}(r_s) = \frac{p_e r_s(1-\varphi)}{2}[A+(\varphi bp_e+\tau)r_s] - \frac{\alpha k}{2}\left(\frac{r_s}{r_0}\right)^2$$

对上式求导得 $d\prod_{es}(r_s)/dr_s = \frac{p_e r_s(1-\varphi)A}{2} + \frac{p_e(1-\varphi)(\varphi bp_e+\tau)r_0^2 - \alpha k}{r_0^2}r_s$，为了保证利润函数为严格凹函数，需 $d^2\prod_{es}(r_s)/dr_s^2 = \frac{p_e(1-\varphi)(\varphi bp_e+\tau)r_0^2 - \alpha k}{r_0^2} < 0$，即 $\alpha k > B_1$，其中 $B_1 = p_e r_0^2(1-\varphi)(\varphi bp_e+\tau)$。令 $d\prod_e(r_s)/dr_s=0$，从而得：

$$\hat{r}_s(\varphi) = \frac{p_e r_0^2 A(1-\varphi)}{2(\alpha k - B_1)}$$

为了保证最优单位产品节能量存在内解，即 $\hat{r}_s(\varphi) < r_0$，可得 $\alpha k > \frac{p_e r_0 A(1-\varphi)}{2} + B_1$。假设 $\alpha k > \frac{p_e r_0 A(1-\varphi)}{2} + B_1$，从而 $r_s^*(\varphi) = \hat{r}_s(\varphi)$。

将 $r_s^*(\varphi) = \hat{r}_s(\varphi)$ 代入式（6.2），得制造企业的利润函数为：

$$\prod_{ms}(\varphi) = \frac{A^2[2\alpha k - p_e r_0^2(1-\varphi)(\varphi bp_e+\tau)]^2}{16b[\alpha k - p_e r_0^2(1-\varphi)(\varphi bp_e+\tau)]^2}$$

对上式求导得 $d\prod_{ms}(\varphi)/d\varphi = \frac{A^2(2\alpha k - B_1)^2 \alpha kp_e r_0^2}{8b(2\alpha k - B_1)^3}(-2\varphi bp_e - \tau + bp_e)$，又 $d^2\prod_{ms}(\varphi)/d\varphi^2 = \frac{A^2(2\alpha k - B_1)^2 \alpha kp_e r_0^2}{8b(2\alpha k - B_1)^3}(-2bp_e) < 0$，因为 $\alpha k > B_1$，故利润函数为严格凹函数。令 $d\prod_{ms}(\varphi)/d\varphi=0$，从而得制造企业的最优节能效益分享比例：

$$\varphi^* = \frac{1}{2} - \frac{\tau}{2bp_e}$$

将其代入式前面制造企业的利润函数，得制造企业的最优利润为：

$$\prod{}_{ms}^{*} = \frac{A^2[8b\alpha k - r_0^2(bp_e + \tau)^2]^2}{16b[4b\alpha k - r_0^2(bp_e + \tau)^2]^2}$$

观察上式易得性质 6-5（1）和性质 6-5（2），对前式求导，易得性质 6-5（3）。又因为 $\alpha k > \dfrac{p_e r_0 A(1-\varphi)}{2} + B_1$，将 φ^* 代入前式，得 $\alpha k > \dfrac{(bp_e + \tau)r_0[A + (bp_e + \tau)r_0]}{4b}$。整理得性质 6-5。

因 $\varphi^* = \dfrac{1}{2} - \dfrac{\tau}{2bp_e}$，故 $B_1 = \dfrac{r_0^2(bp_e + \tau)^2}{4b}$，将前两者代入前式，得节能服务公司的最优单位产品节能量为：

$$r_s^* = \frac{r_0^2 A(bp_e + \tau)}{4b\alpha k - r_0^2(bp_e + \tau)^2}$$

再将 r_s^*、φ^* 代入节能服务公司的利润函数，得节能服务公司的最优利润为：

$$\prod{}_{es}^{*} = \frac{r_0^2 A^2(bp_e + \tau)^2}{8b[4b\alpha k - r_0^2(bp_e + \tau)^2]}$$

观察节能服务公司的最优单位产品节能量和最优利润，显然有 $dr_s^*/d\tau > 0$，$d\prod{}_{es}^{*}/d\tau > 0$，$dr_s^*/d(\alpha k) < 0$，$d\prod{}_{es}^{*}/d(\alpha k) < 0$。即性质 6-4 得证。

定理 6-1 的证明： 令 $t = r_0^2(bp_e + \tau)^2$，面临自我节能和节能效益分享，比较两种节能方式下制造企业的最优利润，得 $\prod{}_{mb}^{*} - \prod{}_{ms}^{*} = \dfrac{A^2}{2}[\dfrac{k}{2bk-t} - \dfrac{(8b\alpha k - t)^2}{8b(4b\alpha k - t)^2}]$。

当 $\dfrac{k}{2bk-t} > \dfrac{(8b\alpha k - t)^2}{8b(4b\alpha k - t)^2}$，有 $\prod{}_{mb}^{*} > \prod{}_{ms}^{*}$。因为 $2bk - t > 0$，$4b\alpha k - t > 0$，所以 $\dfrac{k}{2bk-t} > \dfrac{(8b\alpha k - t)^2}{8b(4b\alpha k - t)^2}$ 等价于 $\alpha > \alpha_{bs}$，其中 $\alpha_{bs} = \dfrac{1}{4} + \dfrac{1}{8bk}(t + \sqrt{2bk(2bk-t)})$。易得 $\dfrac{1}{4} < \alpha_{bs} < \dfrac{1}{4} + \dfrac{1}{8bk}(2bk + 2bk) = \dfrac{3}{4} < 1$。因此，当 $\alpha_{bs} < \alpha \leqslant 1$，有 $\prod{}_{mb}^{*} > \prod{}_{ms}^{*}$，制造企业应选择自我节能；当 $\alpha < \alpha_{bs}$，有 $\prod{}_{mb}^{*} < \prod{}_{ms}^{*}$，制造企业应选择节能效益分享，从而定理 6-1 得证。

性质 6-6 的证明： 由 α_{bs} 得 $d\alpha_{bs}/dt = 1 - \dfrac{\sqrt{2bk}}{2\sqrt{2bk-t}}$。因 $k > \dfrac{(bp_e + \tau)r_0[A + (bp_e + \tau)r_0]}{2b}$ 且 $A > (bp_e + \tau)r_0$，所以 $t < bk$。易证当 $t \leqslant \dfrac{3}{2}bk$，即 $\tau \leqslant \sqrt{\dfrac{3bk}{2r_0^2}} - bp_e$，此时有

$da_{bs}/dt \geq 0$，即 α_{bs} 是关于消费者环境意识 τ 的增函数，从而性质 6-6 得证。

性质 6-7 的证明： 根据性质 6-6 的证明可知，α_{bs} 是关于消费者环境意识 τ 在 $[0, \sqrt{\dfrac{3bk}{2r_0^2}} - bp_e]$ 的增函数，因此，阈值的最小值 $\underline{\alpha_{bs}} = \alpha_{bs}(0)$，阈值的最大值 $\overline{\alpha_{bs}} = \alpha_{bs}(\sqrt{\dfrac{3bk}{2r_0^2}} - bp_e)$。根据定理 6-1 的证明可知 $0 < \dfrac{1}{4} < \alpha_{bs} < \dfrac{3}{4} < 1$。当节能服务公司和制造企业的节能投资成本系数比率较大时，如 $\overline{\alpha_{bs}} < \alpha \leq 1$，此时对于任意大小的消费者环境意识，总有 $\alpha > \alpha_{bs}$ 成立，根据定理 6-1 可知，制造企业总是选择节能效益分享，即此时制造企业选择最优节能方式无须考虑消费者环保意识，从而性质 6-7（1）得证。反之，当节能服务公司和制造企业的节能投资成本系数比率较小时，如 $\alpha < \underline{\alpha_{bs}}$，此时对任意大小的消费者环境意识，总有 $\alpha < \alpha_{bs}$ 成立，根据定理 6-1，此时制造企业选择自我节能且消费者环保意识对制造企业选择最优节能方式没有影响，从而性质 6-7（2）得证；易得性质 6-7（3），从而命题得证。

性质 6-8 的证明： 由性质 6-2 和性质 6-4 分别得 $r_b^* = \dfrac{A(bp_e + \tau)r_0^2}{2bk - r_0^2(bp_e + \tau)^2}$，$r_s^* = \dfrac{r_0^2 A(bp_e + \tau)}{4bk\alpha - t}$，所以 $r_b^* - r_s^* = \dfrac{2bkr_0^2 A(bp_e + \tau)(2\alpha - 1)}{(4bk\alpha - t)(2bk - t)}$，其符号由 $2\alpha - 1$ 决定，因此，易得性质 6-8。

性质 6-9 的证明： 计算式（6.7）得制造企业的利润函数为：

$$\prod_{mb}^u (r_g^u, p_g^u) = \frac{(a - bp_g^u + \tau r_g^u)}{4}[4(p_g^u - c - r_0 p_e) + r_g^u p_e(4 + \lambda^2 - \varphi_g^u(2 - \lambda)^2)] - \frac{\alpha k(r_g^u / r_0)^2}{2}$$

对上式求导数得：

$$d\prod_{mb}^u (r_g^u, p_g^u) / dp_g^u = -2bp_g^u + a + bc + bp_e r_0 + \tau r_g^u - \frac{bp_e r_g^u}{4}[4 + \lambda^2 - \varphi_g^u(2 - \lambda)^2]$$

继续求导得 $d^2 \prod_{mb}^u (r_g^u, p_g^u) / dp_g^{u2} = -2b < 0$，因此可知制造企业的利润函数是关于产品价格的严格凹函数。令 $d\prod_{mb}^u (r_g^u, p_g^u) / dp_g^u = 0$，从而得到给定单位产品节能量 r_g^u 和超额节能效益分享比例 φ_g^u 情形下制造企业的最优价格为：

$$p_g^{u*}(r_g^u, \varphi_g^u) = \frac{a + bc + bp_e r_0}{2b} + \frac{r_g^u}{8}\left[\frac{4\tau}{b} - p_e(4 + \lambda^2 - \varphi_g^u(2 - \lambda)^2)\right]$$

通过观察上式，易知性质 6-9（1）和性质 6-9（3）；对上式求导，易得 $dp_g^{u*}(r_g^u, \varphi_g^u)/d\lambda = -p_e[2\lambda + 2\varphi_g^u(2-\lambda)]$，因为 $1/2 < \lambda \leqslant 1$，所以 $dp_g^{u*}(r_g^u, \varphi_g^u)/d\lambda < 0$，即得性质 6-9（2），从而命题得证。

性质 6-10 的证明： 计算式（6.8）得节能服务公司的利润函数为：

$$\prod_{eg}^{u}(\varphi_g^u) = \frac{p_e r_g^u(a - bp_g^u + \tau r_g^u)[\varphi_g^u(\lambda-2)^2 - \lambda^2]}{4}$$

将 $p_g^{u*}(r_g^u, \varphi_g^u)$ 代入上式得：

$$\prod_{eg}^{u}(\varphi_g^u) = \frac{p_e r_g^u}{32}[4(a - bc - bp_e r_0 + \tau r_g^u) + bp_e r_g^u(4 + \lambda^2 - \varphi_g^u(2-\lambda)^2)][\varphi_g^u(\lambda-2)^2 - \lambda^2]$$

对上式求导得：

$$d\prod_{eg}^{u}(\varphi_g^u)/d\varphi_g^u = \frac{p_e r_g^u(2-\lambda)^2}{16}[2(a - bc - bp_e r_0 + \tau r_g^u) + bp_e r_g^u(2+\lambda^2) - bp_e r_g^u(2-\lambda)^2 \varphi_g^u]$$

继续求导得 $d^2\prod_{eg}^{u}(\varphi_g^u)/d\varphi_g^{u2} = -\dfrac{b(p_e r_g^u)^2(2-\lambda)^4}{16} < 0$，即节能服务公司的利润函数是关于 φ_g^u 的严格凹函数。令 $d\prod_{eg}^{u}(\varphi_g^u)/d\varphi_g^u = 0$，从而得到给定单位产品节能量 r_g^u 情形下节能服务公司的最优超额节能效益分享比例为：

$$\widehat{\varphi_g^u}(r_g^u) = \frac{2(a - bc - bp_e r_0 + \tau r_g^u) + bp_e r_g^u(2+\lambda^2)}{bp_e r_g^u(2-\lambda)^2}$$

因为 $\widehat{\varphi_g^u}(r_g^u) \leqslant 1$，有 $a - bc - bp_e r_0 \leqslant [bp_e(1-2\lambda) - \tau]r_g^u$，又 $\lambda \geqslant 1/2$，$A = a - bc - bp_e r_0 > 0$，所以前式不成立，即 $\widehat{\varphi_g^u}(r_g^u) > 1$，所以 $\varphi_g^{u*}(r_g^u) = 1$；整理得性质 6-10。

定理 6-2 的证明： 将 $p_g^{u*}(r_g^u, \varphi_g^u)$、$\varphi_g^{u*}(r_g^u) = 1$ 分别代入制造企业和节能服务公司的利润函数，得制造企业和节能服务公司的利润函数分别为：

$$\prod_{mb}^{u}(r_g^u) = \frac{[(a - bc - bp_e r_0) + (bp_e\lambda + \tau)r_g^u]^2}{4b} - \frac{\alpha k}{2}(r_g^u)^2$$

$$\prod_{eg}^{u}(r_g^u) = \frac{p_e r_g^u(1-\lambda)[(a - bc - bp_e r_0) + (bp_e\lambda + \tau)r_g^u]}{2}$$

对上式求关于 r_g^u 的导数得：

$$d \prod_{mb}^u (r_g^u) / dr_g^u = \frac{(a - bc - bp_e r_0)(bp_e \lambda + \tau) - [2b\alpha k - (bp_e \lambda + \tau)^2] r_g^u}{2b}$$

$$d^2 \prod_{mb}^u (r_g^u) / d(r_g^u)^2 = \frac{-[2b\alpha k - (bp_e \lambda + \tau)^2]}{2b}, \quad 因为 \alpha k > \frac{(bp_e + \tau)^2}{2b} \geqslant \frac{(bp_e \lambda + \tau)^2}{2b},$$

则制造企业的利润函数为严格凹函数。令 $d \prod_{mb}^u (r_g^u) / dr_g^u = 0$，从而得制造企业的最优单位产品预计节能量：

$$\widehat{r_g^u} = \frac{(a - bc - bp_e r_0)(bp_e \lambda + \tau)}{2b\alpha k - (bp_e + \tau)^2},$$

因为 $\alpha k > \dfrac{(bp_e + \tau) r_0 [A + (bp_e + \tau) r_0]}{4b} \geqslant \dfrac{(bp_e \lambda + \tau)}{2b} [(bp_e \lambda + \tau) + \dfrac{A}{r_0}]$，所以有 $r_g^u < r_0$，

即最优单位产品节能量 $r_g^{u*} = \widehat{r_g^u}$。

将 r_g^{u*} 代入前式，得制造企业和节能服务公司的最优利润分别为：

$$\prod_{mg}^{u*} = \frac{\alpha k A^2}{4b\alpha k - 2(bp_e \lambda + \tau)^2}, \quad \prod_{eg}^{u*} = \frac{A^2 bp_e \alpha k (1 - \lambda)(bp_e \lambda + \tau)}{[2b\alpha k - (bp_e \lambda + \tau)^2]^2}$$

从而命题得证。

性质 6-11 的证明： 观察最优单位产品预计节能量，易得性质 6-11（3）。对最优单位产品预计节能量求关于 τ 的导数，得 $dr_g^{u*} / d\tau =$

$\dfrac{(a - bc - bp_e r_0)[2b\alpha k + (bp_e \lambda + \tau)^2]}{[2b\alpha k - (bp_e \lambda + \tau)^2]^2}$，显然 $dr_g^{u*} / d\tau > 0$；继续求关于 λ 的导数，

$dr_g^{u*} / d\lambda = \dfrac{bp_e (a - bc - bp_e r_0)[2b\alpha k + (bp_e \lambda + \tau)^2]}{[2b\alpha k - (bp_e \lambda + \tau)^2]^2}$，显然 $dr_g^{u*} / d\lambda > 0$，从而命题

得证。

性质 6-12 的证明： 观察制造企业和节能服务公司的最优利润，显然 $d\prod_{mg}^{u*} / d\tau > 0$，$d\prod_{eg}^{u*} / d\tau > 0$，$d\prod_{mg}^{u*} / d\lambda > 0$，$d\prod_{mg}^{u*} / d(\alpha k) < 0$，$d\prod_{eg}^{u*} / d(\alpha k) < 0$，从而命题得证。

定理 6-3 的证明： 因为 $\prod_{mg}^{u*} - \prod_{mb}^{u*} = \dfrac{k A^2 [(bp_e \lambda + \tau)^2 - \alpha r_0^2 (bp_e + \tau)^2]}{2[2b\alpha k - (bp_e \lambda + \tau)^2][2bk - r_0^2 (bp_e + \tau)^2]}$，

所以当 $\alpha < \alpha_{gb}$，有 $\prod_{mg}^{u*} > \prod_{mb}^{u*}$，其中 $\alpha_{gb} = \dfrac{(bp_e \lambda + \tau)^2}{r_0^2 (bp_e + \tau)^2}$，即制造企业应选择节能

量保证，当 $\alpha > \alpha_{gb}$，$\prod_{mg}^{u*} < \prod_{mb}^{u*}$，制造企业应选择自我节能，从而命题得证。

性质 6-13 的证明： 对阈值 α_{gb} 求关于 τ 的导数得 $d\alpha_{gb}/d\tau =$ $\dfrac{2bp_e(1-\lambda)(bp_e\lambda+\tau)}{r_0^2(bp_e+\tau)^3}$，显然 $d\alpha_{gb}/d\tau > 0$，即 α_{gb} 是关于消费者环境意识 τ 的增函数，同理可得 $d\alpha_{gb}/d\lambda > 0$，从而有性质 6-13，命题得证。

定理 6-4 的证明： 因为 $\prod_{mg}^{u*} - \prod_{ms}^{u*} = \dfrac{A^2 C}{16b[2b\alpha k-(bp_e\lambda+\tau)^2][4b\alpha k-r_0^2(bp_e+\tau)^2]^2}$，其中 $C=8b\alpha k[4b\alpha k-r_0^2(bp_e+\tau)^2]^2-[8b\alpha k-r_0^2(bp_e+\tau)^2]^2[2b\alpha k-(bp_e\lambda+\tau)^2]$。假设 $C > 0$，其等价于 $(bp_e\lambda+\tau)^2 > C_1$，其中 $C_1=2b\alpha k[1-\dfrac{(8b\alpha k-2t)^2}{(8b\alpha k-t)^2}]$。显然 $C_1 > 0$，根据实际的节能项目，根据基本模型中的假设 a 充分大且 $A=a-bc-br_0$ $p_e > (bp_e+\tau)r_0$，因此 $A \gg (bp_e+\tau)r_0 = \sqrt{t}$，又 $\alpha k > \dfrac{(bp_e+\tau)r_0[A+(bp_e+\tau)r_0]}{4b}$，因此 $\alpha k \gg t$，所以 C_1 的大小主要由 αk 决定，即 $C_1=2b\alpha k\dfrac{(16b\alpha k-3t)}{(8b\alpha k-t)^2}t \approx \dfrac{1}{2} < 1$，令 $\lambda_{gs}=\dfrac{\sqrt{C_1}-\tau}{bp_e}$，根据实际的节能项目有 $bp_e+\tau > 1$，所以有 $\lambda_{gs} < 1$。则当 $\lambda_{gs} \leqslant 1/2$，因为 $\lambda > 1/2$，所以有 $\lambda > \lambda_{gs}$，即 $\prod_{mg}^{u*} > \prod_{ms}^{u*}$，制造企业应选择节能量保证。当 $1/2 < \lambda_{gs} < 1$ 时，若 $\lambda < \lambda_{gs}$，有 $\prod_{mg}^{u*} < \prod_{ms}^{u*}$，制造企业应选择节能效益分享，若 $\lambda=\lambda_{gs}$，有 $\prod_{mg}^{u*}=\prod_{ms}^{u*}$，制造企业选择节能量保证或节能效益分享两种节能方式无差异，若 $\lambda > \lambda_{gs}$，有 $\prod_{mg}^{u*} > \prod_{ms}^{u*}$，制造企业应选择节能量保证；从而命题得证。

第七章的证明

定理 7-1 的证明： 由式（7.1）易得 $d^2\prod_{mb}(q_b)/dq_b^2 = -2/\delta < 0$，从而利润函数式（7.1）为严格凹函数，令 $d\prod_{mb}(q_b)/dq_b=[A+\delta f_b-2q_b]/\delta=0$，易得 $q_b^*=(A+\delta f_b)/2$，将 q_b^* 代入式（7.1），得 $\prod_{mb}(q_b^*)=(A+\delta f_b)^2/(4\delta)$，从而命题得证。

定理 7-3 的证明： 应用逆向归纳法，首先对式（7.3）进行求导，易得

$d^2\prod_{ms}(q_s)/dq_s^2=-2/\delta<0$，从而式（7.3）为严格凹函数，令 $d\prod_{ms}(q_s)/dq_s=[(A+\delta(1-\theta)r_sp_e)-2q_s]/\delta=0$，得 $q_s^*=[A+\delta(1-\theta)r_sp_e]/2$，将 q_s^* 代入式（7.2），得 $\prod_{es}(\theta)=[(\theta p_e-k_s)r_s(A+\delta p_e(1-\theta)r_s)]/2$，因为 $d^2\prod_{es}(\theta)/d\theta^2=-\delta(p_er_s)^2<0$，令 $d\prod_{es}(\theta)/d\theta=p_er_s[A+\delta r_s(p_e+k_s)-2\theta\delta p_er_s]/2=0$，得 $\theta^*=[A+\delta r_s(p_e+k_s)]/(2\delta p_er_s)$，将 θ^* 代入前式得 $q_s^*=[A+\delta r_s(p_e-k_s)]/4$，将 q_s^* 和 θ^* 代入式（7.2）和式（7.3），得 $\prod_{es}(\theta^*)=[A+\delta r_s(p_e-k_s)]^2/(8\delta)$，$\prod_{ms}(q_s^*)=[A+\delta r_s(p_e-k_s)]^2/(16\delta)$，将 $f_s=r_s(p_e-k_s)$ 代入前面各式，命题即得证。

性质 7-2 的证明：由定理 7-1 和定理 7-3 得：

$$\prod_{ms}(q_s^*)-\prod_{mb}(q_b^*)=\delta(3A+\delta(f_s+2f_b))(f_s-A/\delta-2f_b)/(16\delta)$$

$q_s^*-q_b^*=\delta(f_s-A/\delta-2f_b)/4$。当 $f_s-2f_b\leqslant0$ 时，即 $f_s\leqslant2f_b$，$\prod_{ms}(q_s^*)<\prod_{mb}(q_b^*)$ 和 $q_s^*<q_b^*$；当 $f_s-2f_b>0$ 时，若 $2f_b<f_s<A/\delta+2f_b$，$\prod_{ms}(q_s^*)<\prod_{mb}(q_b^*)$ 和 $q_s^*<q_b^*$，若 $f_s=A/\delta+2f_b$，有 $\prod_{ms}(q_s^*)=\prod_{mb}(q_b^*)$ 和 $q_s^*=q_b^*$，若 $f_s>A/\delta+2f_b$，有 $\prod_{ms}(q_s^*)>\prod_{mb}(q_b^*)$ 和 $q_s^*>q_b^*$，总结得性质 7-2。

性质 7-4 的证明：由定理 7-1 和定理 7-2 得 $\prod_{ms}^{co}(\lambda)-\prod_{mb}(q_b^*)=[\lambda(A+\delta f_s)^2-(A+\delta f_b)^2]/(4\delta)$。令 $\lambda(A+\delta f_s)^2-(A+\delta f_b)^2=0$，得 $\lambda=(A+\delta f_b)^2/(A+\delta f_s)^2$，即当 $\lambda>(A+\delta f_b)^2/(A+\delta f_s)^2$ 时，$\prod_{ms}^{co}(\lambda)>\prod_{mb}(q_b^*)$，反之亦然。又由式（7.5）可知 $1/4\leqslant\lambda\leqslant1/2$。当 $f_s\leqslant f_b$ 时，有 $(A+\delta f_b)^2/(A+\delta f_s)^2\geqslant1$，因为 $1/4\leqslant\lambda\leqslant1/2$，所以 $\prod_{ms}^{co}(\lambda)<\prod_{mb}(q_b^*)$，即制造企业应该选择自我节能。下面讨论 $f_s>f_b$ 情形，当 $(A+\delta f_b)^2/(A+\delta f_s)^2\geqslant1/2$ 时，即 $f_s\leqslant(\sqrt{2}-1)A/\delta+\sqrt{2}f_b$，因为 $1/4\leqslant\lambda\leqslant1/2$，得到 $\prod_{ms}^{co}(\lambda)\leqslant\prod_{mb}(q_b^*)$，即制造企业仍然选择自我节能；当 $1/4<(A+\delta f_b)^2/(A+\delta f_s)^2<1/2$ 时，即 $(\sqrt{2}-1)A/\delta+\sqrt{2}f_b<f_s<A/\delta+2f_b$，若 $1/4<\lambda<(A+\delta f_b)^2/(A+\delta f_s)^2$，$\prod_{ms}^{co}(\lambda)<\prod_{mb}(q_b^*)$，则制造企业应该选择自我节能，若 $\lambda=(A+\delta f_b)^2/(A+\delta f_s)^2$，$\prod_{ms}^{co}(\lambda)=\prod_{mb}(q_b^*)$，制造企业选择两种节能方式无差异，若 $(A+\delta f_b)^2/(A+\delta f_s)^2<\lambda<1/2$ 时，$\prod_{ms}^{co}(\lambda)>\prod_{mb}(q_b^*)$，则制造企业转而选择节能效益分享节能方式；当 $(A+\delta f_b)^2/(A+\delta f_s)^2\leqslant1/4$ 时，即 $f_s\geqslant A/\delta+2f_b$，因为 $1/4\leqslant\lambda\leqslant1/2$，所以有 $\prod_{ms}^{co}(\lambda)>\prod_{mb}(q_b^*)$，即制造企业应该选择节能效益分享节能方式。总结以上得性质 7-4。

性质 7-8 的证明：当制造企业设置较小的合同参数 $\varphi_s^{d*}=\gamma_s^{d*}=1/2$ 时，由于两种情形下制造企业均没有获取协调后增加的任何节能效益，因此制造企业最优节能方式选择与基本模型相同，即协调不会对制造企业最优节能方式选择产生任何影响。当制造企业设置较大的合同参数 $\varphi_s^{d*} = \gamma_s^{d*} = 3/4$，因为制造企业获取协调后增加的所有节能效益 $\Delta\pi$，$\pi_{ms}(\varphi_s^{d*}, \gamma_s^{d*}) - \Pi_{mb}(r_b^*) = (3-4\alpha)(p_e D r_0)^2/(8\alpha k)$，可见改变节能方式选择的阈值线右移至 $\alpha = 3/4$。当 $1/2 < \varphi_s^{d*} = \gamma_s^{d*} < 3/4$，制造企业获得协调后增加的部分节能效益，制造企业改变节能方式的阈值线 $\alpha = 1/2$ 向右移动到 $\alpha = \bar{\alpha}$（$1/2 < \bar{\alpha} \leqslant 1$）。

第八章的证明

引理 8-1 的证明： 对式（8.5）求导得 $d^2\bar{\pi}_i^B(r_i^B)/d(r_i^B)^2 = -k/r_0^2 < 0$，因此利润函数式（8.5）为严格凹函数，令 $d\bar{\pi}_i^B(r_i^B)/r_i^B = -p_e q_i^z - k^B r_i^z/r_0^2 = 0$，又 $k > p_e r_0 q_i^z$，其保证了内解的存在，即 $r_i^{B*} < r_0$，故最优单位产品节能量为：

$$r_i^{B*}(q_i^z) = p_e r_0^2 q_i^z/k$$

将 r_i^{z*} 代入式（8.5），得制造企业 i 的最优节能效益为：

$$\bar{\pi}_i^{B*}(q_i^z) = (p_e r_0 q_i^z)^2/(2k)$$

从而引理 8-1 得证。

引理 8-2 的证明： 对式（8.7）进行求导得 $d^2\bar{\pi}_e^S(r_i^S)/d(r_i^S)^2 = -\alpha k/r_0^2 < 0$，因此利润函数式（8.7）是严格凹函数，令 $d\bar{\pi}_e^S(r_i^S)/r_i^S = (1-\varphi_i^S)p_e q_i^{SS} - \alpha k r_i^S/r_0^2 = 0$，又 $\alpha k > (1-\varphi_i^S)p_e r_0 q_i^{SS}$，其保证了内解的存在，即 $r_i^{S*} < r_0$，故最优单位产品节能量 $r_i^{S*}(q_i^{SS}) = (1-\varphi_i^S)p_e r_0^2 q_i^{SS}/(\alpha k)$，将其代入式（8.6），化简得：

$$\bar{\pi}_i^S(\varphi_i^S) = \varphi_i^S(1-\varphi_i^S)(r_i^S p_e q_i^{SS})^2/\alpha k$$

对上式求导得 $d^2\bar{\pi}_i^S(\varphi_i^S)/d(\varphi_i^S)^2 = -2(r_i^S q_i^{SS})^2/\alpha k < 0$，因此上述利润函数为严格凹函数，令 $d\bar{\pi}_i^S(\varphi_i^S)/d\varphi_i^S = (1-2\varphi_i^S)(r_i^S p_e q_i^{SS})^2/\alpha k = 0$，得制造企业 i 最优节能效益分享比例 $\varphi_i^{S*} = 1/2$，将 φ_i^{S*} 代入前式，得节能服务公司最优单位产品节能量为：

$$r_i^{S*}(q_i^{SS}) = p_e r_0^2 q_i^{SS}/(2\alpha k)$$

将 φ_i^{S*} 和 $r_i^{S*}(q_i^{SS})$ 代入上式，得制造企业 i 的最优节能效益为：

$$\overline{\pi}_i^{S*}(q_i^{SS}) = (p_e r_0 q_i^{SS})^2 / (4\alpha k)$$

从而引理 8-2 得证。

定理 8-1 的证明：BB 情形下，z=BB，将引理 8-1 中 $\overline{\pi}_i^{B*}(q_i^z) = (p_e r_0 q_i^z)^2 / (2k)$ 代入式（8.1），得制造企业 i 的利润函数为：

$$\pi_i^{BB}(q_i^{BB}) = [a - q_i^{BB} - bq_j^{BB} - (c + r_0 p_e)]q_i^{BB} + (p_e r_0 q_i^{BB})^2 / (2k)$$

对上式求导得 $d^2\pi_i^{BB}(q_i^{BB}) / d(q_i^{BB})^2 = -2 + (p_e r_0)^2 / k$，为了避免琐碎的讨论，假设 $k > p_e^2 r_0^2 / 2$ 成立，故 $d^2\pi_i^{BB}(q_i^{BB}) / d(q_i^{BB})^2 < 0$，所以上述的利润函数是严格凹函数。令 $d\pi_i^{BB}(q_i^{BB}) / dq^{BB} = [a - bq_j^{BB} - (c + r_0 p_e)] + [-2 + (p_e r_0)^2 / k]q_i^{BB} = 0$，则最优生产数量的反应函数 $q_i^{BB*} = [a - bq_j^{BB} - (c + r_0 p_e)] / [2 - (p_e r_0)^2 / k]$，又由假设 1 可知 $q_i^{BB*} = q_j^{BB*}$，故制造企业 i 的最优生产数量为：

$$q_i^{BB*} = k(a - c - r_0 p_e) / [(2 + b)k - p_e^2 r_0^2]$$

根据假设 8-1，制造企业 i 和 j 相互对称，从而子博弈完美纳什均衡为（q_i^{BB*}，q_i^{BB*}），又 $k > p_e r_0 q_i^z$，$k > p_e^2 r_0^2 / 2$，所以 $k > \max\{p_e^2 r_0^2 / 2, (a - c)p_e r_0 / (2 + b)\}$。

将 q_i^{BB*} 代入 $r_i^{z*}(q_i^z) = p_e r_0^2 q_i^z / k$，制造企业 i 的最优单位产品节能量为：

$$r_i^{BB*} = p_e r_0^2 (a - c - r_0 p_e) / [(2 + b)k - p_e^2 r_0^2]$$

将 q_i^{BB*} 代入制造企业的利润函数，得子博弈完美纳什均衡利润为（π_i^{BB*}, π_i^{BB*}），其中制造企业 i 的均衡利润：

$$\pi_i^{BB*} = \frac{k(2k - p_e^2 r_0^2)(a - c - r_0 p_e)^2}{2[(2 + b)k - p_e^2 r_0^2]^2}$$

令 $A_0 = a - c - r_0 p_e$，$A_1 = 2k - p_e^2 r_0^2$，将其代入以上各式得定理 8-1。

定理 8-2 的证明：SS 情形下，z=SS，将引理 8-2 中 $\overline{\pi}_i^{S*}(q_i^{SS}) = (p_e r_0 q_i^{SS})^2 / (4\alpha k)$ 代入式（8.2），得制造企业 i 的利润函数为：

$$\pi_i^{SS}(q_i^{SS}) = [a - q_i^{SS} - bq_j^{SS} - (c + r_0 p_e)]q_i^{SS} + (p_e r_0 q_i^{SS})^2 / (4\alpha k)$$

对上式求导得 $d^2\pi_i^{SS}(q_i^{SS}) / d(q_i^{SS})^2 = -2 + (p_e r_0)^2 / (2\alpha k)$，为了避免琐碎的讨论，假设 $4\alpha k > p_e^2 r_0^2$ 成立，故 $d^2\pi_i^{BB}(q_i^{BB}) / d(q_i^{BB})^2 < 0$，所以上述利润函数是严格凹函数。令：

$$d\pi_i^{SS}(q_i^{SS}) / dq^{SS} = [a - bq_j^{SS} - (c + r_0 p_e)] + [-2 + (p_e r_0)^2 / (2\alpha k)]q_i^{SS} = 0$$

则最优生产数量的反应函数 $q_i^{SS*} = [a - bq_j^{SS} - (c + r_0 p_e)] / [2 - (p_e r_0)^2 / (2\alpha k)]$，又由假设 8-1 可知 $q_i^{SS*} = q_j^{SS*}$，故制造企业 i 的均衡生产数量为：

$$q_i^{SS*} = [2\alpha k(a - c - r_0 p_e)] / [2(2 + b)\alpha k - p_e^2 r_0^2]$$

根据假设 8-1，制造企业 i 和 j 相互对称，从而子博弈完美纳什均衡为（q_i^{SS*}，q_i^{SS*}），又 $\alpha k > p_e r_0 q_i^{SS} / 2$，即 $\alpha k > (a - c)p_e r_0 / [2(2 + b)]$，类似于定理 8-1 的证明，所以 $\alpha k > \max\{p_e^2 r_0^2 / 4, (a - c)p_e r_0 / [2(2 + b)]\}$。

将 q_i^{SS*} 代入上述制造企业的利润函数，得子博弈完美纳什均衡利润为（π_i^{SS*}, π_i^{SS*}），其中制造企业 i 的均衡利润：

$$\pi_i^{SS*} = \frac{\alpha k(4\alpha k - p_e^2 r_0^2)(a - c - r_0 p_e)^2}{[2(2 + b)\alpha k - p_e^2 r_0^2]^2}$$

将 q_i^{SS*} 代入引理 8-2，得节能服务公司的均衡单位产品节能量和均衡利润分别为：

$$r_i^{SS*} = \frac{p_e r_0^2 (a - c - r_0 p_e)}{2(2 + b)\alpha k - p_e^2 r_0^2}, \quad \pi_e^{SS*} = \frac{\alpha k p_e^2 r_0^2 (a - c - r_0 p_e)^2}{2[2(2 + b)\alpha k - p_e^2 r_0^2]^2}$$

令 $A_2 = 4\alpha k - p_e^2 r_0^2$，显然 $A_2 = 4\alpha k - p_e^2 r_0^2 > 0$，将 $A_0 = a - c - r_0 p_e$，$A_2 = 4\alpha k - p_e^2 r_0^2$ 将其代入以上各式，得定理 8-2。

定理 8-3 的证明： BS 情形下，z=BS，将 $\overline{\pi}_i^{S*}(q_i^{SS}) = (p_e r_0 q_i^{SS})^2 / (4\alpha k)$ 代入式（8.3），得制造企业 i 的利润函数为：

$$\pi_i^{BS}(q_i^{BS}) = [a - q_i^{BS} - bq_j^{BS} - (c + r_0 p_e)]q_i^{BS} + (p_e r_0 q_i^{BS})^2 / (2k)$$

对上式求导得 $d^2 \pi_i^{BS}(q_i^{BS}) / d(q_i^{BS})^2 = -2 + (p_e r_0)^2 / (2k)$，为了避免琐碎的讨论，假设 $k > p_e^2 r_0^2 / 2$ 成立，故 $d^2 \pi_i^{BS}(q_i^{BS}) / d(q_i^{BS})^2 < 0$，所以上述利润函数是严格凹函数。令：

$$d\pi_i^{BS}(q_i^{BS}) / dq_i^{BS} = [a - bq_j^{BS} - (c + r_0 p_e)] + [-2 + (p_e r_0)^2 / k]q_i^{BS} = 0$$

则制造企业 i 的最优生产数量的反应函数为：

$$q_i^{BS*} = [a - bq_j^{BS} - (c + r_0 p_e)] / [2 - (p_e r_0)^2 / k]$$

将 $\overline{\pi}_i^{S*}(q_i^{SS}) = (p_e r_0 q_i^{SS})^2 / (4\alpha k)$ 代入式（8.3），由于两制造企业具有对称性，将下标 i 直接替换为 j，得制造企业 j 的利润函数为：

$$\pi_j^{BS}(q_j^{BS}) = [a - q_j^{BS} - bq_i^{BS} - (c + r_0 p_e)]q_j^{BS} + (p_e r_0 q_j^{BS})^2 / (4\alpha k)$$

对上式求导得 $d^2\pi_j^{BS}(q_j^{BS})/d(q_j^{BS})^2 = -2 + (p_e r_0)^2/(2\alpha k)$，为了避免琐碎的讨论，假设 $4\alpha k > p_e^2 r_0^2$ 成立，故 $d^2\pi_j^{BS}(q_j^{BS})/d(q_j^{BS})^2 < 0$，所以上述利润函数是严格凹函数。令：

$$d\pi_j^{BS}(q_j^{BS})/dq_j^{BS} = [a - bq_i^{BS} - (c + r_0 p_e)] + [-2 + (p_e r_0)^2/(2\alpha k)]q_j^{BS} = 0$$

则企业 j 的最优生产数量的反应函数为：

$$q_j^{BS*} = [a - bq_i^{SS} - (c + r_0 p_e)]/[2 - (p_e r_0)^2/(2\alpha k)]$$

联立上述两个反应函数，得子博弈完美纳什均衡为（q_i^{BS*}，q_j^{BS*}），制造企业 i 和 j 的均衡生产量分别为：

$$q_i^{BS*} = \frac{kA_0(A_2 - 2b\alpha k)}{A_1 A_2 - 2b^2 \alpha k^2}, \quad q_j^{BS*} = \frac{2\alpha k A_0(A_1 - bk)}{A_1 A_2 - 2b^2 \alpha k^2}$$

其中，$A_2 - 2b\alpha k \geq k - p_e^2 r_0^2 > 0$，$A_1 - bk \geq k - p_e^2 r_0^2 > 0$，$A_1 A_2 - 2b^2 \alpha k^2 > 0$。将 q_i^{BS*} 和 q_j^{BS*} 分别代入上述相应的制造企业的利润函数，得子博弈完美纳什均衡利润为（π_i^{BS*}, π_j^{BS*}），其中制造企业 i 和 j 的均衡利润分别为：

$$\pi_i^{BS*} = \frac{kA_0^2 A_1(A_2 - 2b\alpha k)^2}{2(A_1 A_2 - 2b^2 \alpha k^2)^2}, \quad \pi_j^{BS*} = \frac{\alpha k A_0^2 A_2(A_1 - bk)^2}{(A_1 A_2 - 2b^2 \alpha k^2)^2}$$

因 $k > p_e r_0 q_i^{BS}$、$\alpha k > p_e r_0 q_i^{BS}/2$，所以（$A_2 - 2b\alpha k$）/（$A_1 A_2 - 2b^2 \alpha k^2$）< 1/（$p_e r_0 A_0$）和（$A_1 - bk$）/（$A_1 A_2 - 2b^2 \alpha k^2$）< 1/（$p_e r_0 A_0$）；同时必须满足条件 $k > p_e^2 r_0^2/2$ 和 $4\alpha k > p_e^2 r_0^2$，故 $k > \max\{p_e^2 r_0^2/2, p_e^2 r_0^2/(4\alpha)\}$。

制造企业的投资成本系数不对称情形下均衡产量和均衡利润的证明（BB$_v$）：

将 $\overline{\pi}_i^{B*}(q_i^z)$ 代入式（8.1）得制造企业 i 的利润函数为：

$$\pi_i^{BB_v}(q_i^{BB_v}) = [a - q_i^{BB_v} - bq_j^{BB_v} - (c + r_0 p_e)]q_i^{BB_v} + (p_e r_0 q_i^{BB_v})^2/(2\delta k)$$

又制造企业 j 的利润函数为：

$$\pi_j^{BB_v}(q_j^{BB_v}) = [a - q_j^{BB_v} - bq_i^{BB_v} - (c + r_0 p_e)]q_j^{BB_v} + (p_e r_0 q_j^{BB_v})^2/(2k)$$

类似于定理 8-1 的证明，假设 $k > \max\{p_e^2 r_0^2/2, p_e^2 r_0^2/(2\delta)\}$，其两个利润函数均为严格凹函数，对上面两个利润函数分别求导，并联立其反应函数得均衡生产量（$q_i^{BB_v*}$，$q_j^{BB_v*}$），其中制造企业 i 和制造企业 j 的均衡生产量分别为：

$$q_i^{BB_v*} = \frac{kA_0(F_1 - bk\delta)}{A_1 F_1 - b^2 k^2 \delta}, \quad q_j^{BB_v*} = \frac{k\delta A_0(A_1 - bk)}{A_1 F_1 - b^2 k^2 \delta}$$

又 $k > \max\{p_e^2 r_0^2 / 2, p_e^2 r_0^2 / (2\delta)\}$，故 $q_i^{BB_v*} \geqslant 0$ 和 $q_j^{BB_v*} \geqslant 0$，将其代入上面的利润函数，得制造企业 i 和制造企业 j 的均衡利润分别为：

$$\pi_i^{BB_v*} = \frac{kA_1 A_0^2 (F_1 - bk\delta)^2}{2(A_1 F_1 - b^2 k^2 \delta)^2}，\quad \pi_j^{BB_v*} = \frac{k\delta F_1 A_0^2 (A_1 - bk)^2}{2(A_1 F_1 - b^2 k^2 \delta)^2}$$

其中，$F_1 = 2k\delta - p_e^2 r_0^2$。

又 $\delta k > p_e r_0 q_i^{BB_v}$、$k > p_e r_0 q_j^{BB_v}$，即 $(F_1 - bk\delta)/(A_1 F_1 - b^2 k^2 \delta) < \delta/(p_e r_0 A_0)$，$(A_1 - bk)/(A_1 F_1 - b^2 k^2 \delta) < 1/(p_e r_0 A_0 \delta)$。

制造企业的投资成本系数不对称情形下均衡产量和均衡利润的证明（BS_v）：

将 $\overline{\pi}_i^{B*}(q_i^z)$ 代入式（8.1），得制造企业 i 的利润函数为：

$$\pi_i^{BB_v}(q_i^{BB_v}) = [a - q_i^{BB_v} - bq_j^{BB_v} - (c + r_0 p_e)]q_i^{BB_v} + (p_e r_0 q_i^{BB_v})^2 / (2\delta k)$$

又制造企业 j 的利润函数为：

$$\pi_j^{BB_v}(q_j^{BB_v}) = [a - q_j^{BB_v} - bq_i^{BB_v} - (c + r_0 p_e)]q_j^{BB_v} + (p_e r_0 q_j^{BB_v})^2 / (4\alpha k)$$

类似于定理 8-3 的证明，假设 $k > \max\{p_e^2 r_0^2 / (2\delta), p_e^2 r_0^2 / (4\alpha)\}$，则上面两个利润函数均为严格凹函数，对其分别求导并联立其反应函数，得均衡生产量（$q_i^{BS_v*}$，$q_j^{BS_v*}$），其中制造企业 i 和制造企业 j 的均衡生产量分别为：

$$q_i^{BS_v*} = \frac{k\delta A_0 (A_2 - 2b\alpha k)}{F_1 A_2 - 2b^2 k^2 \alpha \delta}，\quad q_j^{BS_v*} = \frac{2\alpha k A_0 (F_1 - bk\delta)}{F_1 A_2 - 2b^2 k^2 \alpha \delta}$$

又 $k > \max\{p_e^2 r_0^2 / (2\delta), p_e^2 r_0^2 / (4\alpha)\}$，故 $q_i^{BS_v*} \geqslant 0$ 和 $q_j^{BS_v*} \geqslant 0$，将其代入上述制造企业的两个利润函数，得制造企业 i 和制造企业 j 的均衡利润分别为：

$$\pi_i^{BS_v*} = \frac{k\delta A_0^2 F_1 (A_2 - 2b\alpha k)^2}{2(F_1 A_2 - 2b^2 k^2 \alpha \delta)^2}，\quad \pi_j^{BS_v*} = \frac{\alpha k A_0^2 A_2 (F_1 - bk\delta)^2}{(F_1 A_2 - 2b^2 k^2 \alpha \delta)^2}$$

又 $\delta k > p_e r_0 q_i^{BS_v}$、$\alpha k > p_e r_0 q_j^{BB_v} / 2$，即 $(A_2 - 2b\alpha k)/(F_1 A_2 - 2b^2 k^2 \alpha \delta) < 1/(p_e r_0 A_0)$，$(F_1 - bk\delta)/(F_1 A_2 - 2b^2 k^2 \alpha \delta) < 1/(p_e r_0 A_0)$。

初始能效不对称情形下均衡产量和均衡利润的证明（BB_o）：

制造企业 i 的利润函数为：

$$\pi_i^{BB_o}(q_i^{BB_o}) = (a - q_i^{BB_o} - bq_j^{BB_o} - r_0 p_e)q_i^{BB_o} + (p_e \lambda r_0 q_i^{BB_o})^2 / (2k)$$

又制造企业 j 的利润函数为：

$$\pi_j^{BB_o}(q_j^{BB_o}) = (a - q_j^{BB_o} - bq_i^{BB_o} - r_0 p_e)q_j^{BB_o} + (p_e r_0 q_j^{BB_o})^2 / (2k)$$

类似于定理 8-1 的证明，假设 $k > \max\{p_e^2 r_0^2/2, p_e^2 \lambda^2 r_0^2/2\}$，则上面两个利润函数均为严格凹函数，对其分别求导并联立其反应函数，为（$q_i^{BB_o*}$，$q_j^{BB_o*}$），其中制造企业 i 和 j 的均衡生产量分别为：

$$q_i^{BB_o*} = \frac{k[a(A_1 - bk) - (\lambda A_1 - bk)p_e r_0]}{G_1 A_1 - b^2 k^2}$$

$$q_j^{BB_o*} = \frac{k[a(G_1 - bk) - (G_1 - bk\lambda)p_e r_0]}{G_1 A_1 - b^2 k^2}$$

子博弈完美纳什均衡利润为（$\pi_i^{BB_o*}$，$\pi_j^{BB_o*}$），其中制造企业 i 和 j 的均衡利润分别为：

$$\pi_i^{BB_o*} = \frac{kG_1[a(A_1 - bk) - (\lambda A_1 - bk)p_e r_0]^2}{2(G_1 A_1 - b^2 k^2)^2}$$

$$\pi_j^{BB_o*} = \frac{kA_1[a(G_1 - bk) - (G_1 - bk\lambda)p_e r_0]^2}{2(G_1 A_1 - b^2 k^2)^2}$$

又 $k > p_e \lambda r_0 q_i^{BB_o}$，所有 $[a(A_1 - bk) - (\lambda A_1 - bk)p_e r_0]/(G_1 A_1 - b^2 k^2) < 1/(p_e \lambda r_0)$，又 $k > p_e r_0 q_j^{BB_o}/2$，有 $[a(G_1 - bk) - (G_1 - bk\lambda)p_e r_0]/(G_1 A_1 - b^2 k^2) < 1/(p_e r_0)$。

令 $G_1 = 2k - \lambda^2 p_e^2 r_0^2$、$G_2 = 4\alpha k - \lambda^2 p_e^2 r_0^2$、$A_3 = a - r_0 p_e$、$A_4 = a - \lambda r_0 p_e$，将其代入以上各式，得相应情形下的均衡产量和均衡利润。

初始能效不对称情形下均衡产量和均衡利润的证明（SS_o）：

易知制造企业 i 的利润函数为：

$$\pi_i^{SS_o}(q_i^{SS_o}) = (a - q_i^{SS_o} - bq_j^{SS_o} - r_0 p_e)q_i^{SS_o} + (p_e \lambda r_0 q_i^{SS_o})^2/(4\alpha k)$$

又制造企业 j 的利润函数为：

$$\pi_j^{SS_o}(q_j^{SS_o}) = (a - q_j^{SS_o} - bq_i^{SS_o} - r_0 p_e)q_j^{SS_o} + (p_e r_0 q_j^{SS_o})^2/(4\alpha k)$$

类似于定理 8-2 的证明，假设 $\alpha k > \max\{p_e^2 r_0^2/4, p_e^2 \lambda^2 r_0^2/4\}$，则上面两个利润函数均为严格凹函数，对其分别求导并联立其反应函数，为（$q_i^{SS_o*}$，$q_j^{SS_o*}$），其中制造企业 i 和 j 的均衡生产量分别为：

$$q_i^{SS_o*} = \frac{2\alpha k[a(A_2 - 2b\alpha k) - (\lambda A_2 - 2k\alpha b)p_e r_0]}{G_2 A_2 - 4b^2 k^2 \alpha^2}$$

$$q_j^{SS_o*} = \frac{2\alpha k[a(G_2 - 2b\alpha k) - (G_2 - 2k\alpha b\lambda)p_e r_0]}{G_2 A_2 - 4b^2 k^2 \alpha^2}$$

子博弈完美纳什均衡利润为（$\pi_i^{SS_o*}, \pi_j^{SS_o*}$），其中制造企业 i 和 j 的均衡利润分别为：

$$\pi_i^{SS_o*} = \frac{\alpha k G_2[a(A_2 - 2b\alpha k) - (\lambda A_2 - 2k\alpha b)p_e r_0]^2}{(G_2 A_2 - 4b^2 k^2 \alpha^2)^2}$$

$$\pi_j^{SS_o*} = \frac{\alpha k A_2[a(G_2 - 2b\alpha k) - (G_2 - 2k\alpha b\lambda)p_e r_0]^2}{(G_2 A_2 - 4b^2 k^2 \alpha^2)^2}$$

又 $\alpha k > p_e \lambda r_0 q_i^{SS_o*}/2$，故 $[a(A_2 - 2b\alpha k) - (\lambda A_2 - 2k\alpha b)p_e r_0]/[G_2 A_2 - 4b^2 k^2 \alpha^2] < 1/(p_e \lambda r_0)$，又 $\alpha k > p_e r_0 q_j^{SS_o*}/2$，故 $[a(G_2 - 2b\alpha k) - (G_2 - 2k\alpha b\lambda)p_e r_0]/[G_2 A_2 - 4b^2 k^2 \alpha^2] < 1/(p_e r_0)$。

令 $G_1 = 2k - \lambda^2 p_e^2 r_0^2$、$G_2 = 4\alpha k - \lambda^2 p_e^2 r_0^2$、$A_3 = a - r_0 p_e$、$A_4 = a - \lambda r_0 p_e$，将其代入以上各式，得相应情形下的均衡产量和均衡利润。

初始能效不对称情形下均衡产量和均衡利润的证明（BS_o）：

易知制造企业 i 的利润函数为：

$$\pi_i^{BS_o}(q_i^{BS_o}) = (a - q_i^{BS_o} - bq_j^{BS_o} - r_0 p_e)q_i^{BS_o} + (p_e \lambda r_0 q_i^{BS_o})^2/(2k)$$

又制造企业 j 的利润函数为：

$$\pi_j^{BS_o}(q_j^{BS_o}) = (a - q_j^{BS_o} - bq_i^{BS_o} - r_0 p_e)q_j^{BS_o} + (p_e r_0 q_j^{BS_o})^2/(4\alpha k)$$

类似于定理 8-3 的证明，假设 $k > \max\{p_e^2 \lambda^2 r_0^2/2, p_e^2 r_0^2/(4\alpha)\}$，则上面两个利润函数均为严格凹函数，对其分别求导并联立其反应函数，均衡生产量为（$q_i^{BS_o*}, q_j^{BS_o*}$），其中制造企业 i 和 j 的均衡生产量分别为：

$$q_i^{BS_o*} = \frac{k[a(A_2 - 2b\alpha k) - (\lambda A_2 - 2k\alpha b)p_e r_0]}{G_1 A_2 - 2b^2 k^2 \alpha}$$

$$q_j^{BS_o*} = \frac{2\alpha k[a(G_1 - bk) - (G_1 - bk\lambda)p_e r_0]}{G_1 A_2 - 2b^2 k^2 \alpha}$$

子博弈完美纳什均衡利润为（$\pi_i^{BS_o*}, \pi_j^{BS_o*}$），其中制造企业 i 和 j 的均衡利润分别为：

$$\pi_i^{BS_o*} = \frac{kG_1[a(A_2 - 2b\alpha k) - (\lambda A_2 - 2k\alpha b)p_e r_0]^2}{2(G_1 A_2 - 2b^2 k^2 \alpha)^2}$$

$$\pi_j^{BS_o*} = \frac{\alpha k A_2[a(G_1 - bk) - (G_1 - bk\lambda)p_e r_0]^2}{(G_1 A_2 - 2b^2 k^2 \alpha)^2}$$

又 $k > p_e \lambda r_0 q_i^{BS_o}$，故 $[a(A_2 - 2b\alpha k) - (\lambda A_2 - 2k\alpha b)p_e r_0]/(G_1 A_2 - 2b^2 k^2 \alpha) < 1/(p_e r_0)$，又 $\alpha k > p_e r_0 q_j^{BS_o*}/2$，故 $[a(G_2 - 2b\alpha k) - (G_2 - 2k\alpha b\lambda)p_e r_0]/(G_2 A_2 - 4b^2 k^2 \alpha^2) < 1/(p_e r_0)$。

令 $G_1 = 2k - \lambda^2 p_e^2 r_0^2$、$G_2 = 4\alpha k - \lambda^2 p_e^2 r_0^2$、$A_3 = a - r_0 p_e$、$A_4 = a - \lambda r_0 p_e$，将其代入以上各式，得相应情形下的均衡产量和均衡利润。

初始能效不对称情形下均衡产量和均衡利润的证明（SB_o）：

易知制造企业 i 的利润函数，制造企业 j 的利润函数与基本模型一致，只是 $z = q_j^{SB_o}$。即制造企业 i 的利润函数为：

$$\pi_i^{BS_o}(q_i^{SB_o}) = (a - q_i^{SB_o} - bq_j^{SB_o} - r_0 p_e)q_i^{SB_o} + (p_e \lambda r_0 q_i^{SB_o})^2/(4\alpha k)$$

又制造企业 j 的利润函数为：

$$\pi_j^{SB_o}(q_j^{SB_o}) = [a - q_j^{SB_o} - bq_i^{SB_o} - r_0 p_e)]q_j^{SB_o} + (p_e r_0 q_j^{SB_o})^2/(2k)$$

类似于定理8-3的证明，假设 $k > \max\{p_e^2 r_0^2/2, p_e^2 r_0^2/(4\alpha)\}$，则上面两个利润函数均为严格凹函数，对其分别求导并联立其反应函数，均衡生产量为（$q_i^{SB_o*}$，$q_j^{SB_o*}$），其中制造企业 i 和 j 的均衡生产量分别为：

$$q_i^{SB_o*} = \frac{2\alpha k[a(A_1 - bk) - (\lambda A_1 - bk)p_e r_0]}{G_1 A_2 - 2b^2 k^2 \alpha}$$

$$q_j^{SB_o*} = \frac{k[a(G_2 - 2b\alpha k) - (G_2 - 2k\alpha b\lambda)p_e r_0]}{G_1 A_2 - 2b^2 k^2 \alpha}$$

子博弈完美纳什均衡利润为（$\pi_i^{BS_o*}$，$\pi_j^{BS_o*}$），其中制造企业 i 和 j 的均衡利润分别为：

$$\pi_i^{SB_o*} = \frac{\alpha k G_2[a(A_1 - bk) - (\lambda A_1 - bk)p_e r_0]^2}{(G_1 A_2 - 2b^2 k^2 \alpha)^2}$$

$$\pi_j^{SB_o*} = \frac{k A_1[a(G_2 - 2b\alpha k) - (G_2 - 2k\alpha b\lambda)p_e r_0]^2}{2(G_1 A_2 - 2b^2 k^2 \alpha)^2}$$

又 $\alpha k > p_e r_0 q_j^{SB_o*} / 2$，故 $[a(A_1-bk)-(\lambda A_1-bk)p_e r_0]/(G_1 A_2 - 2b^2 k^2 \alpha) < 1/(p_e r_0)$，又 $k > p_e \lambda r_0 q_i^{SB_o}$，故 $[a(G_2-2b\alpha k)-(G_2-2k\alpha b\lambda)p_e r_0]/(G_1 A_2 - 2b^2 k^2 \alpha) < 1/(p_e \lambda r_0)$。

令 $G_1 = 2k - \lambda^2 p_e^2 r_0^2$、$G_2 = 4\alpha k - \lambda^2 p_e^2 r_0^2$、$A_3 = a - r_0 p_e$、$A_4 = a - \lambda r_0 p_e$，将其代入以上各式，得相应情形下的均衡产量和均衡利润。

引理 8-3 的证明： 类似于引理 8-2 的证明，首先对式（8.11）进行求导得 $d^2 \overline{\pi}_e^{S_T}(r_i^{S_T})/d(r_i^{S_T})^2 = -\alpha k / r_0^2 < 0$，因此利润函数式（8.11）是严格凹函数，令 $d\overline{\pi}_e^{S_T}(r_i^{S_T})/r_i^{S_T} = (1-\varphi_i^{S_T})p_e \rho q_i^{SS_T} - \alpha k r_i^{S_T}/r_0^2 = 0$，又 $\alpha k > (1-\varphi_i^{S_T})p_e r_0 \rho q_i^{SS_T}$，其保证了内解的存在，即 $r_i^{S_T*} < r_0$，故最优单位产品节能量 $r_i^{S_T*}(q_i^{SS_T}) = (1-\varphi_i^{S_T}) p_e r_0^2 \rho q_i^{SS_T}/(\alpha k)$，将其代入式（8.10），化简得：

$$\overline{\pi}_i^{S_T*}(\varphi_i^{S_T}) = (r_i^{S_T} p_e q_i^{SS_T})^2 [\rho^2 \varphi_i^{S_T}(1-\varphi_i^{S_T}) + (1-\varphi_i^{S_T})\rho(1-\rho)]/\alpha k$$

对上式求导得 $d^2 \overline{\pi}_i^{S_T}(\varphi_i^{S_T})/d(\varphi_i^{S_T})^2 = -2\rho^2(r_i^{S_T} p_e q_i^{SS_T})^2/\alpha k < 0$，因此利润函数为严格凹数函数，令 $d\overline{\pi}_i^{S_T}(\varphi_i^{S_T})/d\varphi_i^{S_T} = (r_i^{S_T} p_e q_i^{SS_T})^2 [-2\rho\varphi_i^{S_T} + 2\rho - 1]/\alpha k = 0$，得制造企业 i 最优的节能效益分享比例 $\varphi_i^{S_T*} = 1 - 1/(2\rho)$，将 $\varphi_i^{S_T*}$ 代入前式，得 $\alpha k > p_e r_0 \rho q_i^{SS_T}/2$ 和制造企业 i 的最优节能效益为：

$$\overline{\pi}_i^{B_T*}(q_i^{SS_T}) = (p_e r_0 \rho q_i^{SS_T})^2/(4\alpha k)$$

从而引理 8-3 得证。

第九章的证明

性质 9-1 的证明： 给定制造企业 j 的零售价格 $p_{j,b}$，对利润函数（9.3）求一阶导数，易得制造企业 i 的最优价格反应函数为：

$$p_{i,b} = \frac{a + p_{j,b}\theta + (1+\theta)\left[c + p_e(r_0 - r_{i,b})\right] + \left[r_{i,b} + (r_{i,b} - r_{j,b})\theta\right]\tau}{2(1+\theta)}$$

给定制造企业 i 的零售价格 $p_{i,b}$，根据制造企业的对称性质，易得制造企业 j 的最优价格反应函数为：

$$p_{j,b} = \frac{a + p_{i,b}\theta + (1+\theta)\left[c + p_e(r_0 - r_{j,b})\right] + \left[r_{j,b} + (r_{j,b} - r_{i,b})\theta\right]\tau}{2(1+\theta)}$$

联立上式，得两家制造企业的最优价格分别为：

$$p_{i,b}^*\left(r_{i,b},r_{j,b}\right)=\frac{A_1-(1+\theta)p_e\left[r_{j,b}\theta+2(1+\theta)r_{i,b}\right]+\left[-r_{j,b}\theta(1+\theta)+r_{i,b}\left(2+\theta(4+\theta)\right)\right]\tau}{(2+\theta)(2+3\theta)}$$

$$p_{j,b}^*\left(r_{i,b},r_{j,b}\right)=\frac{A_1-(1+\theta)p_e\left[r_{i,b}\theta+2(1+\theta)r_{j,b}\right]+\left[-r_{i,b}\theta(1+\theta)+r_{j,b}\left(2+\theta(4+\theta)\right)\right]\tau}{(2+\theta)(2+3\theta)}$$

其中，$A_1=(2+3\theta)\left[a+(1+\theta)(c+p_er_0)\right]$。

对上式求导得：

$$dp_{i,b}^*\left(r_{i,b},r_{j,b}\right)/d\theta=\frac{f_1(\theta)}{[(2+\theta)(2+3\theta)]^2}$$

$f_1(\theta)=-\left[9A+(p_e+\tau)(4r_{i,b}+5r_{j,b})\right]\theta^2-\left[12A+(p_e+\tau)(4r_{i,b}+8r_{j,b})\right]\theta-\left[4A+4r_{j,b}(p_e+\tau)\right]$，$A=a-c-r_0p_e$。令 $f_1(\theta)=0$，判别式 $\Delta_1=16(r_{i,b}-r_{j,b})(p_e+\tau)\left[2A+(p_e+\tau)(r_{i,b}+r_{j,b})\right]$；因为系数 $-\left[9A+(p_e+\tau)(4r_{i,b}+5r_{j,b})\right]<0$，显然，当 $r_{i,b}<r_{j,b}$ 时，$\Delta_1<0$，即对所有的 $\theta\geqslant0$，$f_1(\theta)=dp_{i,b}^*\left(r_{i,b},r_{j,b}\right)/d\theta<0$；当 $r_{i,b}=r_{j,b}$ 时，$\Delta_1=0$，$f_1(\theta)=dp_{i,b}^*\left(r_{i,b},r_{j,b}\right)/d\theta=0$，此时方程存在两个相等的负根 $\theta_1=\theta_2=$

$$\frac{-\left[12A+(p_e+\tau)(4r_{i,b}+8r_{j,b})\right]}{2\left[9A+(p_e+\tau)(4r_{i,b}+5r_{j,b})\right]}，又 \theta\geqslant0，f_1(\theta)=dp_{i,b}^*\left(r_{i,b},r_{j,b}\right)/d\theta<0；当 r_{i,b}>$$

$r_{j,b}$ 时，$\Delta_1>0$，此时方程存在两个根 $\theta_1=\dfrac{-[12A+(p_e+\tau)(4r_{i,b}+8r_{j,b})]-\sqrt{\Delta_1}}{2[9A+(p_e+\tau)(4r_{i,b}+5r_{j,b})]}$ 和

$\theta_2=\dfrac{-[12A+(p_e+\tau)(4r_{i,b}+8r_{j,b})]+\sqrt{\Delta_1}}{2[9A+(p_e+\tau)(4r_{i,b}+5r_{j,b})]}$；因为 $\theta_1<0$，设 $\theta_2\geqslant0$，其等价于 $-144A^2-8A(p_e+\tau)(8r_{i,b}+28r_{j,b})-8(p_e+\tau)^2r_{j,b}(8r_{i,b}+10r_{j,b})\geqslant0$，显然前式不成立，即假设不成立，因此 $\theta_2<0$，从而 $f_1(\theta)=dp_{i,b}^*\left(r_{i,b},r_{j,b}\right)/d\theta<0$；根据对称性，易得性质 9-1（1）。

对上式求导得：

$$dp_{i,b}^*\left(r_{i,b},r_{j,b}\right)/d\tau=\frac{r_{i,b}\left[2+\theta(4+\theta)\right]-r_{j,b}2\theta(1+\theta)}{(2+\theta)(3+\theta)}$$

因为两家高耗能制造企业完全对称，所以有 $r_{i,b}=r_{j,b}$，从而 $\dfrac{dp_{i,b}^*\left(r_{i,b},r_{j,b}\right)}{d\tau}=$

$\dfrac{r_{i,b}(2+3\theta)}{(2+\theta)(3+\theta)} > 0$ ，从而得性质 9–1（2）。

性质 9–2 的证明： 将性质 9–1 中的最优价格代入式（9.3）和式（9.4），整理得两家制造企业的利润函数分别为：

$$\Pi_{i,b}\left(r_{i,b},r_{j,b}\right) = \frac{(1+\theta)}{(4+8\theta+3\theta^2)^2}[(2+3\theta)A + 2p_e r_{i,b} - \theta p_e\left(r_{j,b}(1+\theta) - r_{i,b}(4+\theta)\right) +$$
$$\left(r_{i,b}\left(2+4\theta+\theta^2\right) - r_{j,b}\left(\theta+\theta^2\right)\right)\tau]^2 - \frac{kr_{i,b}^{\,2}}{2r_0^{\,2}}$$

$$\Pi_{j,b}\left(r_{i,b},r_{j,b}\right) = \frac{(1+\theta)}{(4+8\theta+3\theta^2)^2}[(2+3\theta)A + 2p_e r_{j,b} - \theta p_e\left(r_{i,b}(1+\theta) - r_{j,b}(4+\theta)\right) +$$
$$\left(r_{j,b}\left(2+4\theta+\theta^2\right) - r_{i,b}\left(\theta+\theta^2\right)\right)\tau]^2 - \frac{kr_{j,b}^{\,2}}{2r_0^{\,2}}$$

对上式求导得：

$$\partial\Pi_{i,b}\left(r_{i,b},r_{j,b}\right)/\partial r_{i,b} = (-k(2+\theta)^2(2+3\theta)^2 + A_2)r_{i,b} +$$
$$A_3\left[(2+3\theta)A - \theta(1+\theta)(p_e+\tau)r_{j,b}\right]$$

其中，$A_2 = 2r_0^2(1+\theta)[2+\theta(4+\theta)]^2(p_e+\tau)^2$，$A_3 = 2r_0^2(1+\theta)[2+\theta(4+\theta)]$ $(p_e+\tau)$。

继续求导得 $\partial^2\Pi_{i,b}\left(r_{i,b},r_{j,b}\right)/\partial r_{i,b}^{\,2} = -k(2+\theta)^2(2+3\theta)^2 + A_2$，为了保证利润函数为严格凹函数，令 $\partial^2\Pi_{i,b}\left(r_{i,b},r_{j,b}\right)/\partial r_{i,b}^{\,2} < 0$，从而得 $k > A_2/[(2+\theta)^2(2+3\theta)^2]$。令 $\partial\Pi_{i,b}\left(r_{i,b},r_{j,b}\right)/\partial r_{i,b} = 0$，从而得到最优单位产品节能量的反应函数：

$$r_{i,b}\left(r_{j,b}\right) = \frac{A_3\left[(2+3\theta)A - \theta(1+\theta)(p_e+\tau)r_{j,b}\right]}{k(2+\theta)^2(2+3\theta)^2 - A_2}$$

同理，根据对称性，令 $\partial\Pi_{j,b}\left(r_{i,b},r_{j,b}\right)/\partial r_{j,b} = 0$，从而得到最优单位产品节能量的反应函数：

$$r_{j,b}\left(r_{i,b}\right) = \frac{A_3\left[(2+3\theta)A - \theta(1+\theta)(p_e+\tau)r_{i,b}\right]}{k(2+\theta)^2(2+3\theta)^2 - A_2}$$

联立以上两个反应函数，从而两家制造企业的最优单位产品节能量为：

$$r_{i,b}^{\;*} = r_{j,b}^{\;*} = \frac{AA_3}{k(2+\theta)^2(2+3\theta) - A_3(p_e+\tau)}$$

又为了保证 $r_{i,b}{}^*$ 存在内解，必须满足 $r_{i,b}{}^* < r_0$，即 $k > \dfrac{\left[A + r_0\left(p_e + \tau\right)\right]A_3}{(2+\theta)^2(2+3\theta)r_0}$，从

而 $k > \max\left\{\dfrac{22r_0{}^2(p_e+\tau)^2}{27}, \dfrac{A_2}{(2+\theta)^2(2+3\theta)^2}, \dfrac{\left[A+r_0\left(p_e+\tau\right)\right]A_3}{(2+\theta)^2(2+3\theta)r_0}\right\}$。

因 $dr_{i,b}{}^* / d\theta = \dfrac{2kr_0{}^2A(2+\theta)\left(4+10\theta+6\theta^2-\theta^3\right)(p_e+\tau)}{\left[k(2+\theta)^2(2+3\theta)-A_3\right]^2}$，令 $f_2(\theta)=4+10\theta+$

$6\theta^2-\theta^3$，显然 $\dfrac{dr_{i,b}{}^*}{d\theta}$ 由 $f_2(\theta)$ 决定。因为 $f_2'(\theta)=-3\theta^2+12\theta+10$，易知 $f_2'\left(\dfrac{6+\sqrt{66}}{3}\right)=0$。

因此，当 $\theta < \dfrac{6+\sqrt{66}}{3}$ 时，$f_2'(\theta)>0$，即 $f_2(\theta)$ 为此区间上的增函数。当

$\theta > \dfrac{6+\sqrt{66}}{3}$ 时，$f_2'(\theta)<0$，即 $f_2(\theta)$ 为此区间上的减函数。又 $f_2(0)=4>0$，

$\lim\limits_{\theta\to+\infty} f_2(\theta)<0$，即总是存在一个 $\theta_1>0$，使 $f_2(\theta_1)=0$。从而当 $\theta<\theta_1$ 时，

$f_2(\theta)>0$，所以 $dr_{i,b}{}^*/d\theta>0$，$dr_{j,b}{}^*/d\theta>0$；当 $\theta>\theta_1$，$f_2(\theta)<0$，所以

$dr_{i,b}{}^*/d\theta<0$，$dr_{j,b}{}^*/d\theta<0$。性质 9-2（2）显而易见。

性质 9-3 的证明： 由前式易得两家制造企业的最优利润为：

$$\Pi_{i,b}^*\left(r_{i,b}, r_{j,b}\right) = \Pi_{j,b}^*\left(r_{i,b}, r_{j,b}\right) = \dfrac{kA^2(1+\theta)\left[k(2+\theta)^2(2+3\theta)^2-A_2\right]}{\left[k(2+\theta)^2(2+3\theta)-A_3\left(p_e+\tau\right)\right]^2}$$

由上式得：

$$\dfrac{d\Pi_{i,b}^*\left(r_{i,b}, r_{j,b}\right)}{d\theta} =$$

$$-\dfrac{k^2A^2\theta(2+\theta)^2\left[k(2+\theta)(2+3\theta)^3 - 2r_0{}^2\theta(1+\theta)\left[6+\theta(16+11\theta)\right](p_e+\tau)^2\right]}{\left[k(2+\theta)^2(2+3\theta)-A_3\left(p_e+\tau\right)\right]^3}$$

因为 $k(2+\theta)^2(2+3\theta)-A_3(p_e+\tau)>0$，令 $f_3(\theta)=\dfrac{\theta(1+\theta)\left[6+\theta(16+11\theta)\right]}{(2+\theta)(2+3\theta)^3}$，

当 $f_3(\theta)>\dfrac{k}{2r_0{}^2(p_e+\tau)^2}$，易知 $d\Pi_{i,b}^*\left(r_{i,b}, r_{j,b}\right)/d\theta>0$，当 $f_3(\theta)<\dfrac{k}{2r_0{}^2(p_e+\tau)^2}$，

易知 $d\Pi_{i,b}^*\left(r_{i,b}, r_{j,b}\right)/d\theta<0$；又 $f_3(\theta)$ 在 $[0,+\infty)$ 为增函数且 $\lim\limits_{\theta\to+\infty} f_3(\theta)=11/27$，

因此当 $k \geqslant \dfrac{22r_0{}^2(p_e+\tau)^2}{27}$，$f_3(\theta)<\dfrac{k}{2r_0{}^2(p_e+\tau)^2}$ 恒成立，即 $d\Pi_{i,b}^*\left(r_{i,b}, r_{j,b}\right)/d\theta<0$；

由假设可知 $k \geqslant \dfrac{22r_0^2(p_e+\tau)^2}{27}$，从而性质9-3（1）得证；根据对称性，易知制造企业 j 具有类似的性质。

由上式得：

$$\frac{d\Pi_{i,b}^*\left(r_{i,b}, r_{j,b}\right)}{d\tau}=$$

$$\frac{4kr_0^2A^2(1+\theta)^2\left[2+\theta(4+\theta)\right](p_e+\tau)\left[k(2+\theta)^2(2+3\theta)(2+2\theta-\theta^2)-A_2\right]}{\left[k(2+\theta)^2(2+3\theta)-A_3(p_e+\tau)\right]^3}$$

当 $2+2\theta-\theta^2 \leqslant 0$，即 $\theta \geqslant 1+\sqrt{3}$，$d\Pi_{i,b}^*\left(r_{i,b}, r_{j,b}\right)/d\tau < 0$；根据对称性，易知制造企业 j 也具有类似性质。

当 $2+2\theta-\theta^2 > 0$，即 $\theta < 1+\sqrt{3}$，$f_4(\theta) = \dfrac{2(1+\theta)\left[2+\theta(4+\theta)\right]^2}{(2+\theta)^2(2+3\theta)(2+2\theta-\theta^2)}$，对

前式求一阶导数，易知假设 $f_4(\theta)$ 在 $\left[0, 1+\sqrt{3}\right)$ 上是增函数，因为 $f_4(0)=$

$1/2$，所以 $f_4(\theta) \geqslant 1/2$。假设 $\dfrac{d\Pi_{i,b}^*\left(r_{i,b}, r_{j,b}\right)}{d\tau} > 0$，其等价于 $f_4(\theta) < \dfrac{k}{r_0^2(p_e+\tau)^2}$；

反之，其等价于 $f_4(\theta) > \dfrac{k}{r_0^2(p_e+\tau)^2}$。因为 $k \geqslant \dfrac{22r_0^2(p_e+\tau)^2}{27} > f_4(0)=1/2$，且

$f_4(\theta)$ 在 $\left[0, 1+\sqrt{3}\right)$ 上是增函数，总是存在一个 $\theta_2 > 0$，当 $\theta < \theta_2$，$f_4(\theta) <$

$\dfrac{k}{r_0^2(p_e+\tau)^2}$，即 $\dfrac{d\Pi_{i,b}^*\left(r_{i,b}, r_{j,b}\right)}{d\tau} > 0$；当 $\theta_2 < \theta < 1+\sqrt{3}$，$f_4(\theta) > \dfrac{k}{r_0^2(p_e+\tau)^2}$，即

$\dfrac{d\Pi_{i,b}^*\left(r_{i,b}, r_{j,b}\right)}{d\tau} < 0$。根据对称性，制造企业 j 也有此性质。总结得性质9-3。

性质9-4的证明： 当 $m=i, j$ 时，给定两家制造企业的零售价格 $r_{j,b}^{IE}$、$r_{i,b}^{IE}$，对利润函数式（9.3）和式（9.5）分别求一阶、二阶导数，易知利润函数为严格凹函数。令一阶导数等于零，易得两家制造企业的最优价格分别为：

$$p_{i,b}^{IE*}\left(r_{i,b}^{IE}, r_{j,b}^{IE}\right)=\frac{B_1-(1+\theta)p_e\left[\theta r_{j,b}^{IE}+2(1+\theta)r_{i,b}^{IE}\right]+\left[-\theta(1+\theta)r_{j,b}^{IE}+(2+\theta(4+\theta))r_{i,b}^{IE}\right]\tau}{(2+\theta)(2+3\theta)}$$

$$p_{j,b}^{IE*}\left(r_{i,b}^{IE}, r_{j,b}^{IE}\right)=\frac{B_2-(1+\theta)p_e\left[\theta r_{i,b}^{IE}+2(1+\theta)r_{j,b}^{IE}\right]+\left[-\theta(1+\theta)r_{i,b}^{IE}+(2+\theta(4+\theta))r_{j,b}^{IE}\right]\tau}{(2+\theta)(2+3\theta)}$$

其中，$B_1 = a(2+3\theta) + p_e r_0(1+\theta)[2+(2+\delta)\theta]$，$B_2 = a(2+3\theta) + p_e r_0(1+\theta)[\theta + 2\delta(1+\theta)]$。

对上式求导得：

$$dp_{i,b}^{IE*}\left(r_{i,b}^{IE}, r_{j,b}^{IE}\right) / d\theta = \frac{g_1(\theta)}{[(2+\theta)(2+3\theta)]^2}$$

其中，$g_1(\theta) = -a_1\theta^2 - b_1\theta - c_1$，$a_1 = 9a - r_0 p_e(4+5\delta) + (p_e + \tau)(4r_{i,b}^{IE} + 5r_{j,b}^{IE})$，$b_1 = 12a - 4r_0 p_e(1+2\delta) + 4(p_e + \tau)(r_{i,b}^{IE} + 2r_{j,b}^{IE})$，$c_1 = 4[a - r_0 p_e \delta + (p_e + \tau)r_{i,b}^{IE}]$。令 $g_1(\theta) = 0$，相应二次函数的判别式 $\Delta_2 = -16[(p_e + \tau)(r_{i,b}^{IE} - r_{j,b}^{IE}) - r_0 p_e(1-\delta)][2a - r_0 p_e(1+\delta) + (p_e + \tau)(r_{i,b}^{IE} + r_{j,b}^{IE})]$；因为 $0 \leqslant \delta < 1$，$c = 0$，$A = a - c - r_0 p_e > 0$，所以 $a > r_0 p_e > r_0 p_e(4+5\delta)/9$，即 $a_1 > 0$。显然，当 $r_{i,b}^{IE} \leqslant r_{j,b}^{IE}$ 时，$\Delta_2 < 0$，即对所有的 $\theta \geqslant 0$，$g_1(\theta) = dp_{i,b}^{IE*}\left(r_{i,b}^{IE}, r_{j,b}^{IE}\right) / d\theta < 0$；当 $r_{i,b}^{IE} > r_{j,b}^{IE}$ 时，$\Delta_2 > 0$，此时方程存在两个根 $\theta_{g1} = \frac{-b_1 - \sqrt{\Delta_2}}{2a_1}$ 和 $\theta_{g2} = \frac{-b_1 + \sqrt{\Delta_2}}{2a_1}$，易知 $\theta_{g1} < 0$，$\theta_{g2} < 0$，从而 $g_1(\theta) = dp_{i,b}^{IE*}\left(r_{i,b}^{IE}, r_{j,b}^{IE}\right) / d\theta < 0$。

对前式求导得：

$$dp_{i,b}^{IE*}\left(r_{i,b}^{IE}, r_{j,b}^{IE}\right) / d\theta = \frac{g_2(\theta)}{[(2+\theta)(2+3\theta)]^2}$$

其中，$g_2(\theta) = -a_2\theta^2 - b_2\theta - c_2$，$a_2 = 9a - r_0 p_e(5+4\delta) + (p_e + \tau)(5r_{i,b}^{IE} + 4r_{j,b}^{IE})$，$b_2 = 4[3a - r_0 p_e(2+\delta) + (p_e + \tau)(2r_{i,b}^{IE} + r_{j,b}^{IE})]$，$c_2 = 4[a - r_0 p_e + (p_e + \tau)r_{i,b}^{IE}]$。令 $g_2(\theta) = 0$，相应二次函数的判别式 $\Delta_3 = \Delta_2 = -16[(p_e + \tau)(r_{i,b}^{IE} - r_{j,b}^{IE}) - r_0 p_e(1-\delta)][2a - r_0 p_e(1+\delta) + (p_e + \tau)(r_{i,b}^{IE} + r_{j,b}^{IE})]$；与上面的证明类似，当 $r_{i,b}^{IE} \leqslant r_{j,b}^{IE}$ 或 $r_{i,b}^{IE} > r_{j,b}^{IE}$ 时，有 $g_1(\theta) = dp_{j,b}^{IE*}\left(r_{i,b}^{IE}, r_{j,b}^{IE}\right) / d\theta < 0$。从而性质9-4（1）得证。

对前式求导得：

$$dp_{i,b}^{IE*}\left(r_{i,b}^{IE}, r_{j,b}^{IE}\right) / d\tau = \frac{r_{i,b}^{IE}[2 + \theta(4+\theta)] - r_{j,b}^{IE}2\theta(1+\theta)}{(2+\theta)(3+\theta)}$$

$$dp_{j,b}^{IE*}\left(r_{i,b}^{IE}, r_{j,b}^{IE}\right) / d\tau = \frac{r_{j,b}^{IE}[2 + \theta(4+\theta)] - r_{i,b}^{IE}2\theta(1+\theta)}{(2+\theta)(3+\theta)}$$

观察上式，从而得到性质9-4（2）。

性质9-5的证明： 令 $\Delta p = p_{i,b}^{IE*}\left(r_{i,b}^{IE}, r_{j,b}^{IE}\right) - p_{j,b}^{IE*}\left(r_{i,b}^{IE}, r_{j,b}^{IE}\right)$，则：

$$\Delta p = \frac{\left(r_{i,b}^{IE} - r_{j,b}^{IE}\right)\left[\left(1+2\theta\right)\tau - p_e\left(1+\theta\right)\right] + p_e r_0\left(1+\theta\right)\left(1-\delta\right)}{2+3\theta}$$

当 $r_{i,b}^{IE} \geqslant r_{j,b}^{IE}$ 时，显然 $\Delta p \geqslant 0$，即 $p_{i,b}^{IE*}\left(r_{i,b}^{IE}, r_{j,b}^{IE}\right) > p_{j,b}^{IE*}\left(r_{i,b}^{IE}, r_{j,b}^{IE}\right)$。当 $r_{i,b}^{IE} < r_{j,b}^{IE}$ 时，假设 $\Delta p \geqslant 0$，其等价于 $\delta \leqslant 1-\delta_1$，其中 $\delta_1 = \left(r_{j,b}^{IE} - r_{i,b}^{IE}\right)\left[\left(1+2\theta\right)\tau - p_e\left(1+\theta\right)\right] / \left[r_0 p_e\left(1+\theta\right)\right]$；因此，当 $\delta \leqslant 1-\delta_1$ 时，有 $p_{i,b}^{IE*}\left(r_{i,b}^{IE}, r_{j,b}^{IE}\right) \geqslant p_{j,b}^{IE*}\left(r_{i,b}^{IE}, r_{j,b}^{IE}\right)$；反之，有 $\Delta p < 0$，即 $p_{i,b}^{IE*}\left(r_{i,b}^{IE}, r_{j,b}^{IE}\right) < p_{j,b}^{IE*}\left(r_{i,b}^{IE}, r_{j,b}^{IE}\right)$；因此，性质9-5得证。

性质9-6的证明： 继续对前式求导得：

$$d\Delta p / d\theta = \frac{\left(p_{e+\tau}\right)\left(r_{i,b}^{IE} - r_{j,b}^{IE}\right) - p_e r_0\left(1-\delta\right)}{2+3\theta}$$

由式前式可知，当 $r_{i,b}^{IE} \leqslant r_{j,b}^{IE}$ 时，有 $d\Delta p/\theta < 0$，易得性质9-6（1）；当 $r_{i,b}^{IE} > r_{j,b}^{IE}$ 时，假设 $d\Delta p/d\theta \geqslant 0$，其等价于 $\delta \leqslant 1-\delta_2$，其中 $\delta_2 = \left[\left(p_e+\tau\right)\left(r_{i,b}^{IE} - r_{j,b}^{IE}\right)\right]/\left(r_0 p_e\right)$；因此，当 $\delta \leqslant 1-\delta_2$ 时，有 $d\Delta p/\theta \geqslant 0$；反之，有 $d\Delta p/\theta < 0$。性质9-6（2）得证。

继续对前式求导得：

$$d\Delta p / d\tau = \frac{\left(r_{i,b}^{IE} - r_{j,b}^{IE}\right)\left(1+2\theta\right)}{2+3\theta}$$

易得性质9-6（3）。

性质9-7的证明： 将前式分别代入式（9.3）和式（9.5），整理得到制造企业的利润函数分别为：

$$\Pi_{i,b}^{IE}\left(r_{i,b}^{IE}, r_{j,b}^{IE}\right) = \frac{\left(1+\theta\right)\left[B_3 - \left(p_e+\tau\right)\theta\left(1+\theta\right)r_{j,b}^{IE} + \left(p_e+\tau\right)\left(2+\theta\left(4+\theta\right)\right)r_{i,b}^{IE2}\right]}{\left[\left(2+\theta\right)\left(2+3\theta\right)\right]^2} - \frac{k\left(r_{i,b}^{IE}/r_0\right)^2}{2}$$

$$\Pi_{j,b}^{IE}\left(r_{i,b}^{IE}, r_{j,b}^{IE}\right) = \frac{\left(1+\theta\right)\left[B_4 - \left(p_e+\tau\right)\theta\left(1+\theta\right)r_{i,b}^{IE} + \left(p_e+\tau\right)\left(2+\theta\left(4+\theta\right)\right)r_{j,b}^{IE}\right]^2}{\left[\left(2+\theta\right)\left(2+3\theta\right)\right]^2} - \frac{k(r_{j,b}^{IE}/r_0)^2}{2}$$

其中，$B_3 = a(2+3\theta) - p_e r_0 [(1-\delta)\theta^2 + (4-\delta)\theta + 2]$，$B_4 = a(2+3\theta) - p_e r_0 [(\delta-1)\theta^2 + (4\delta-1)\theta + 2\delta]$。

分别对上式求一阶导数，得到：

$$\frac{d\Pi_{i,b}^{IE}\left(r_{i,b}^{IE}, r_{j,b}^{IE}\right)}{dr_{i,b}^{IE}} =$$

$$\frac{2(1+\theta)\left[2+\theta(4+\theta)\right](p_e+\tau)\left[B_3 - (p_e+\tau)\theta(1+\theta)r_{j,b}^{IE} + (p_e+\tau)(2+\theta(4+\theta))r_{i,b}^{IE}\right]}{\left[(2+\theta)(2+3\theta)\right]^2}$$

$$-\frac{k}{r_0^2}r_{i,b}^{IE}$$

$$\frac{d\Pi_{j,b}^{IE}\left(r_{i,b}^{IE}, r_{j,b}^{IE}\right)}{dr_{j,b}^{IE}} =$$

$$\frac{2(1+\theta)\left[2+\theta(4+\theta)\right](p_e+\tau)\left[B_4 - (p_e+\tau)\theta(1+\theta)r_{i,b}^{IE} + (p_e+\tau)(2+\theta(4+\theta))r_{j,b}^{IE}\right]}{\left[(2+\theta)(2+3\theta)\right]^2}$$

$$-\frac{k}{r_0^2\delta^2}r_{j,b}^{IE}$$

继续对上式求导，得：

$$\frac{d^2\Pi_{i,b}^{IE}\left(r_{i,b}^{IE}, r_{j,b}^{IE}\right)}{dr_{i,b}^{IE^2}} = \frac{2(1+\theta)\left[2+\theta(4+\theta)\right]^2(p_e+\tau)^2}{\left[(2+\theta)(2+3\theta)\right]^2} - \frac{k}{r_0^2}$$

$$\frac{d^2\Pi_{j,b}^{IE}\left(r_{i,b}^{IE}, r_{j,b}^{IE}\right)}{dr_{j,b}^{IE^2}} = \frac{2(1+\theta)\left[\left(2+\theta(4+\theta)\right)\right]^2(p_e+\tau)^2}{\left[(2+\theta)(2+3\theta)\right]^2} - \frac{k}{r_0^2\delta^2}$$

为了保证制造企业 i 为严格凹函数，必须满足 $k > \dfrac{2(1+\theta)\left[2+\theta(4+\theta)\right]^2(p_e+\tau)^2 r_0^2}{\left[(2+\theta)(2+3\theta)\right]^2}$。

为了保证制造企业 j 为严格凹函数，必须满足 $k > \dfrac{2(1+\theta)\left[2+\theta(4+\theta)\right]^2(p_e+\tau)^2 r_0^2\delta^2}{\left[(2+\theta)(2+3\theta)\right]^2}$。

因为 $0 < \delta < 1$，所以 $k > \dfrac{2(1+\theta)\left[2+\theta(4+\theta)\right]^2(p_e+\tau)^2 r_0^2}{\left[(2+\theta)(2+3\theta)\right]^2}$。令上式分别等于

零，联立方程组，从而得到制造企业得到最优单位产品节能量分别为：

$$r_{i,b}^{IE*} = \frac{B_5\left[B_3B_7 - (p_e+\tau)\theta(1+\theta)\delta^2 B_4 B_5\right]}{B_6 B_7 - (p_e+\tau)^2\theta^2(1+\theta)^2\delta^2 B_5^2}$$

$$r_{j,b}^{IE*} = \frac{\delta^2 B_5\left[B_4 B_6 - (p_e+\tau)\theta(1+\theta)\delta^2 B_3 B_5\right]}{B_6 B_7 - (p_e+\tau)^2\theta^2(1+\theta)^2\delta^2 B_5^2}$$

其中，$B_5 = 2(1+\theta)[2+\theta(4+\theta)](p_e+\tau)r_0^2$，$B_6 = [(2+\theta)(2+3\theta)]^2 k - [2+\theta(4+\theta)](p_e+\tau)B_5$，$B_7 = [(2+\theta)(2+3\theta)]^2 k - [2+\theta(4+\theta)](p_e+\tau)\delta^2 B_5$。

性质 9-8 的证明： 从前面的表达式分析易得到两家制造企业的最优利润分别为：

$$\Pi_{i,b}^{IE*} = \frac{B_6 B_8\left[B_3 B_7 - (p_e+\tau)\theta(1+\theta)\delta^2 B_4 B_5\right]^2}{2r_0^2\left[(2+\theta)(2+3\theta)\right]^2\left[B_6 B_7 - (p_e+\tau)^2\theta^2(1+\theta)^2\delta^2 B_5^2\right]^2}$$

$$\Pi_{j,b}^{IE*} = \frac{B_7 B_9\left[B_4 B_6 - (p_e+\tau)\theta(1+\theta)\delta^2 B_3 B_5\right]^2}{2r_0^2\left[(2+\theta)(2+3\theta)\right]^2\left[B_6 B_7 - (p_e+\tau)^2\theta^2(1+\theta)^2\delta^2 B_5^2\right]^2}$$

其中，$B_8 = 2B_6 r_0^2(1+\theta) + 4B_5 r_0^2(1+\theta)[2+\theta(4+\theta)](p_e+\tau) - B_5^2$，$B_9 = 2B_7 r_0^2(1+\theta) + 4B_5 r_0^2\delta^2(1+\theta)[2+\theta(4+\theta)](p_e+\tau) - B_5^2\delta^2$。

性质 9-9 的证明： 应用逆向归纳法，从而易得到给定两家制造企业的单位产品节能量情形下，最优价格与初始能效不对称情形相同。

性质 9-10 和性质 9-11 的证明： 将给定单位产品节能量情形下的最优价格分别代入式（9.3）和式（9.6），整理得：

$$\Pi_{i,b}^{IC}\left(r_{i,b}^{IC}, r_{j,b}^{IC}\right) =$$

$$\frac{(1+\theta)\left[(2+3\theta)A_0 - (p_e+\tau)\theta(1+\theta)r_{j,b}^{IC} + (p_e+\tau)(2+\theta(4+\theta))r_{i,b}^{IC}\right]^2}{\left[(2+\theta)(2+3\theta)\right]^2} - \frac{k\left(r_{i,b}^{IC}/r_0\right)^2}{2}$$

$$\Pi_{j,b}^{IC}\left(r_{i,b}^{IC}, r_{j,b}^{IC}\right) =$$

$$\frac{(1+\theta)\left[(2+3\theta)A_0 - (p_e+\tau)\theta(1+\theta)r_{i,b}^{IC} + (p_e+\tau)(2+\theta(4+\theta))r_{j,b}^{IC}\right]^2}{\left[(2+\theta)(2+3\theta)\right]^2} - \frac{\rho k\left(r_{j,b}^{IC}/r_0\right)^2}{2}$$

其中，$A_0 = a - p_e r_0$。由上式易得：

$$\frac{d^2 \Pi_{i,b}^{IC}\left(r_{i,b}^{IC}, r_{j,b}^{IC}\right)}{dr_{i,b}^{IC2}} = \frac{2(1+\theta)\left[2+\theta(4+\theta)\right]^2 (p_e + \tau)^2}{\left[(2+\theta)(2+3\theta)\right]^2} - \frac{k}{r_0^2}$$

$$\frac{d^2 \Pi_{j,b}^{IC}\left(r_{i,b}^{IC}, r_{j,b}^{IC}\right)}{dr_{j,b}^{IC2}} = \frac{2(1+\theta)\left[2+\theta(4+\theta)\right]^2 (p_e + \tau)^2}{\left[(2+\theta)(2+3\theta)\right]^2} - \frac{\rho k}{r_0^2}$$

从而当 $k > \dfrac{2(1+\theta)\left[2+\theta(4+\theta)\right]^2 (p_e + \tau)^2 r_0^2}{\left[(2+\theta)(2+3\theta)\right]^2 \rho}$ 时，前述两个利润函数为严格

凹函数。分别对前述两个利润函数分别求关于单位产品节能量的一阶导数，假设 $r_{m,b}^{IC*} < r_0$，易得两家制造企业的最优单位产品节能量分别为：

$$r_{i,b}^{IC*} = \frac{A_0 B_5 C_1}{\left[(2+\theta)(2+3\theta)\right]^2 \rho k - kC_3 + C_4}, \quad r_{j,b}^{IC*} = \frac{A_0 B_5 C_2}{\left[(2+\theta)(2+3\theta)\right]^2 \rho k - kC_3 + C_4}$$

其中，$A_0 = a - p_e r_0$，$C_1 = (2+\theta)(2+3\theta)^2 \rho k - (1+2\theta)(p_e + \tau)B_5$，$C_2 = (2+\theta)(2+3\theta)^2 k - (1+2\theta)(p_e + \tau)B_5$，$C_3 = 2(1+\rho)(1+\theta)(2+\theta)(2+3\theta)\left[2+\theta(4+\theta)\right]^2 (p_e + \tau)^2 r_0^2$，$C_4 = 4(1+\theta)^2 (1+2\theta)\left[2+\theta(4+\theta)\right]^2 (p_e + \tau)^4 r_0^4$。

将上式分别代入前式，得到制造企业的最优利润分别为：

$$\Pi_{i,b}^{IC*} = \frac{k(1+\theta)A_0^2 C_1^2 C_5}{\left[(2+\theta)^2 (2+3\theta)^2 \rho k - kC_3 + C_4\right]^2}$$

$$\Pi_{j,b}^{IC*} = \frac{k(1+\theta)\rho A_0^2 C_2^2 C_6}{\left[(2+\theta)^2 (2+3\theta)^2 \rho k - kC_3 + C_4\right]^2}$$

其中，$C_5 = (2+\theta)^2 (2+3\theta)^2 k - 2(1+\theta)\left[2+\theta(4+\theta)\right]^2 (p_e + \tau)^2 r_0^2$，$C_6 = (2+\theta)^2 (2+3\theta)^2 \rho k - 2(1+\theta)\left[2+\theta(4+\theta)\right]^2 (p_e + \tau)^2 r_0^2$。

附录二：与工业节能有关的节能政策

政策是能源绿色低碳转型最初的主要推动力（范英和衣博文，2021），节能政策可以大致归纳为法律法规、税收政策、财政政策、混合政策四类，下面分别对这四类政策进行简单总结。

一、法律法规

自 20 世纪 70 年代第一次能源危机后，各国都把节能作为本国重要的能源发展战略，纷纷加强节约能源的管理与规划，目标是减少能源的使用量，遏制能源消费量上升势头（窦义粟和于丽英，2007；黄鑫和陶小马，2008），力求缓和能源危机，如附表 1 所示。

附表 1　各国节能法律法规

国家	出台年份	法律法规名称
美国	1975	《能源政策和节约法》
	1978	《国家节能政策法案》《供用电力公司管理政策法案》
	1982	《机动车辆信息与成本节约法》
	1987	《国家家用电器节能法案》
	1992	《国家能源政策法》
	1998	《国家能源综合战略》
	2005	《国家能源政策法案——005》
英国	1995	《家庭节能法》
	2000	《气候变化计划》
	2003	《能源白皮书》

续表

国家	出台年份	法律法规名称
德国	1976	《节能法》
	2000	《可再生能源促进法》
	2002	《节省能源法案》
	2003	《10万屋顶太阳能发电计划》《住所改造计划》《可再生能源市场化促进方案》《未来投资计划》《家庭使用可再生能源补助计划》
法国	1996	《空气和能源合理利用法》
	1998	《2010～2020能源报告》
荷兰	1992	《建筑节能条例》
	1995	《能源政策第三版白皮书》
	1999	《1999～2002年节能行动计划》
日本	1974	《阳光计划》
	1978	《月光计划》
	1979	《节约能源法》
	1993	《合理用能及再生资源利用法》
	1998	《2010年能源供应和需求的长期展望》
中国	1986	《节约能源管理暂行条例》
	1996	《中国节能技术政策大纲》
	1998	《中华人民共和国节约能源法》

除了出台各种法律法规，为了刺激工业提升能效，各国颁布了一系列的税收与财政政策。两种政策刺激方式的区别在于，前者是通过增加能源使用成本来实现，后者是通过减少能效投资成本来实现（Price等，2005）。

二、税收政策

在过去的二三十年里，很多国家尝试了不同形式的税收政策，主要包括能源税、碳税、污染税和公共利益服务费等。税收政策受到经济学家的青睐是，它内生化了环境成本，抑制了能源使用需求，可以刺激工业部门进行长期的能效改善，缺点是可能会降低工业的竞争力或加重家庭负担。采用能源税或碳税的国家有：奥地利、捷克、丹麦、爱沙尼亚、芬兰、德国、意大利、荷兰、挪威、瑞典、瑞士、英国等（Price 等，2005）。日本和新西兰也正在考虑实行这种政策。2013 年 3 月，中国新任财政部部长楼继伟在中国发展高层论坛上也谈到"能源价格太低导致节能动力不足，考虑征收碳税"。下面对一些国家能源税或碳税的实践进行总结，如附表 2 所示。

附表 2　一些国家与能源相关的税收政策实践

国家	征税时间	征税对象	能源税收政策实践
丹麦	1993 年	工业与家庭	与能源相关的税收系统包括二氧化碳税、二氧化硫税和二氧化碳税三种。电力的税收是根据所使用的燃料来计算。工业必须将其能源消耗分为空间加热、重工艺和轻工艺三类，对空间价格同时征收 100% 的三种税种，对重工艺征收 25% 的二氧化碳税和 100% 的二氧化碳税，对轻工艺征收 90% 的二氧化碳税和 100% 的二氧化碳税
德国	1999 年	工业和家庭	能源税作为生态税的一部分，仅对特定能源进行征税，如汽车燃料、照明取暖、天然气和电力
荷兰	1996 年	家庭和小的能源消费者	燃料油、汽油、液化石油气、天然气和电力 5 种能源被征税
挪威	1991 年	碳税应用到大约 65% 的碳排放源	在水泥生产和轻质膨胀黏土骨料加工中煤和焦炭免征，在纸浆行业和鱼粉生产行业减少税率，在所有制造行业和温室行业征收电力消费税
瑞典	1991 年	工业用户	出于竞争的考虑，工业用户允许支付 50% 的碳税，特定的高耗能行业如商业园艺、采矿、制造和纸浆行业免除税收碳税
英国	2001 年	电力、煤炭、天然气和液化石油气输送销售征收气候变化税	达到协定的能效改进目标可得到 80% 的折扣，超过目标或没有达到目标可以在碳交易市场出售或购买，可再生能源免征税收

除了与能源相关的税收政策，还有污染税。所谓污染税是对超出污染排放标准的实体进行征税，包括民事惩罚和刑事惩罚。刑事处罚难以实行，民事惩罚广泛被应用，手段包括警告、行政处罚等，具体可见 Price 等（2005）文献中的表 1。

最后一种是公共受益收费。如对所有的电力分销商进行征收，构成公共福利费、公共品费用等公共费用，实践大多在美国。对于节能项目，征收 0.03~3 mills/kWh（1 mill = \$0.001），平均征收 1.1 mills/kWh。

实践证明，对于短期能效提升的刺激，税收政策效果不如补偿政策。

三、财政政策

财政政策包括奖励或补贴节能投资、补贴节能审计、贷款、税收减免。奖励或补贴节能投资是 20 世纪 70 年代初到今天还在广泛执行和应用的财政刺激政策。补贴以固定金额、投资成本的一定比例和与节能量成比例的三种形式出现。如荷兰的 BSET 项目针对中小企业投资热量回收、热泵、吸收式制冷等特定技术，补贴投资成本的 25%，丹麦对加入自愿协议的企业可获得 30%~50% 的能效投资成本补偿。中国也有类似的政策，如 2021 年 5 月国家发展和改革委员会发布《污染治理和节能减碳中央预算内投资专项管理办法》（以下简称《办法》）的通知，通知指出安排标准节能减碳项目按不超过项目总投资的 15% 控制，中央和国家机关有关项目原则上全额补助。补偿审计是政府对能效项目的能源审计提供全部或部分补贴，其中有 40 个国家为本国工业部门的能效项目提供能源审计服务，其中补贴范围为审计成本的 40%~100%，具体可见 Price 等（2005）文献中的表 2。

贷款包括政府贴息、创新基金等。政府贴息是指对节能项目投资提供比市场利率低的贷款利率。创新基金的目的是提高银行和私有资本在能效投资参与的积极性。税收减免针对特定的节能技术或特定的目标，包括税收免除、避税、固定资产加速折旧、退税。固定资产折旧相当于从政府贷到一笔无息的贷款，如加拿大允许对特定的能效工程和可再生资源投资以 30% 的速度加速折旧，固定资产折旧允许速度一般为 4%~20%。日本为中小企业购买节能设备提供购买价格 7% 的退税，德国对采用热电联产且每月或每年的平均利用率达 70% 的节能项目采取免税的政策。

四、混合政策

混合政策由上述政策整合而成，如丹麦税收与自愿协议、英国气候变化协议、碳交易、节能量交易等。这里仅对节能量交易进行了总结。

21 世纪初期，欧盟各国悄然兴起一种基于市场的可交易节能证书机制，在节能领域取得显著成效。节能量证书是一种被权威机构所发行的、被证实已获得一定节能量的工具，其是一种可交易和可追踪的商品，证书包含了对所获得节能量的所有权并保证节能量所产生的效益不会在其他地方被统计，节能量证书代表了附属节能量的环境效益和社会效益。其出现的原因有三个：一是碳交易体系不能有效地刺激能效的改进和可再生能源的发展，如碳配额设置的对象均为大的客户，而社会总体排放量的减少效果不佳。二是能效测量是不可靠的、不可预测的和不可执行的，克服这类问题一个有效的方案是设计有效的能效测量和证实的方法，建立一个可靠的追踪系统以克服节能量重复计算。三是节能量证书对于难以吸引节能投资的部门和具有很长回报期的项目吸收投资成本也特别有用。

节能量交易借鉴绿色证书机制（针对可再生能源发电）、电力需求管理机制及基于项目级的排放交易机制三种规制手段的设计原理，把能效改进过程中产生的"节能量"作为一种可交易的商品，促使节能主体能够以最有效的方式实现节能目标。节能量证书在欧洲又称为白色证书（White Certificate），意大利、英国、法国的经验也十分肯定地证明了该政策工具的有效性，附表 3 是意大利、英国、法国可交易白色证书的比较（Vine 和 Hamrin，2008）。

附表 3　意大利、英国、法国可交易白色证书比较

	意大利	英国	法国
节能目标	设定每年必须达到的具体节能目标	设定三年内必须达到的具体节能目标	每三年设定具体的节能目标
责任主体	用户数量超过 10 万户的零售电力和燃气供应商	销售额超过 0.4 太瓦时 / 年的零售电、气、液化石油气、热、冷和取暖燃料供应商	服务超过 5 万户住宅客户的零售电力和天然气供应商
测量核算方法	约定节能量法、工程法、实际测量法	事前标准节能量法	事前标准节能量法
交易	证书交易、现货市场、场外交易	证书交易、双边交易	没有证书、节能量在履行义务后可交易
处罚	视情况而定	0.02 欧元 /kWh	没有相关具体指导，罚款最高可达供应商营业额的 10%

美国虽然没有白色证书，但有类似的能效投资标准（EEPS）和"白标"机制，其中前者已在康涅狄格、内华达和宾夕法尼亚等八个州运行，具体可见 Vine 和 Hamrin（2008）文献中的表 2，后者已提交到美国西北太平洋国家实验室和佐治亚技术研究室接受审查，康涅狄格、内华达和宾夕法尼亚三个州打算实施类似的能效交易机制。中国在 2013 年 2 月北京启动国内首批节能量交易，交易总额达 216.6 吨标准煤，并准备在其他地方试点。

参考文献

[1] Aflaki S, Kleindorfer P R. Going green: the Pfizer Freiburg energy initiative (a) [R]. Case Study, Social Innovation Centre, INSEAD, 2010.

[2] Aksen D, Altnkemer K, Chand S. The single−item lot−sizing problem with immediate lost sales [J]. European Journal of Operational Research, 2003, 147 (3): 558–566.

[3] Anand K S, Girotra K. The strategic perils of delayed differentiation [J]. Management Science, 2007, 53 (5): 697–712.

[4] Atasu A, Souza G C. How does product recovery affect quality choice? [J]. Production and Operations Management, 2013, 22 (4): 991–1010.

[5] Atasu A, Toktay L B, Van Wassenhove L N. How collection cost structure drives a manufacturer's reverse channel choice [J]. Production and Operations Management, 2013, 22 (5): 1089–1102.

[6] Becker−Peth MU, Thonemann W. Reference points in revenue sharing contracts—How to design optimal supply chain contracts [J]. European Journal of Operational Research, 2015, 249: 1033–1049.

[7] Bemporad R, Baranowski M. Conscious consumers are changing the rules of marketing. Are you ready? Highlights from the BBMG conscious consumer report [EB/OL]. http://www.bbmg.com, 2007.

[8] Benjaafar S, Li Y, Daskin M. Carbon footprint and the management of supply chains: insights from simple models [J]. Automation Science and Engineering, 2013, 10 (1): 99–116.

[9] Bertoldi P, Rezessy S. Energy service companies in Europe status report 2005

[R]. European Commission Directorate General Joint Research Center, 2005.

[10] Bertoldi P, Rezessy S, Vine E. Energy service companies in European countries: Current status and a strategy to foster their development [J]. Energy Policy, 2006, 34(14): 1818–1832.

[11] Bookbinder J H, Tan J Y. Strategies for the probabilistic lot–sizing problem with service–level constraints [J]. Management Science, 1988, 34(9): 1096–1108.

[12] Brown M, Minett S. Market study on industrial energy outsoucing [R]. Delta Energy & Environment for The European Bank for Reconstruction and Development, 2003: 44–45.

[13] Cachon G P. Supply chain coordination with contracts [J]. Handbooks in Operations Research & Management Science, 2003,11: 227–339.

[14] Cachon G P, Lariviere M A. Supply chain coordination with revenue–sharing contracts: Strengths and limitations [J]. Management Science, 2005, 51: 30–44.

[15] Cachon G P, Kök A G. Competing manufacturer in a retail supply chain: On contractual form and coordination [J]. Management Science, 2010, 56(3): 571–589.

[16] Caro F, Martínez–de–Albéniz V. The impact of quick response in inventory–based competition [J]. Manufacturing & Service Operations Management, 2010, 12(3): 409–429.

[17] Chen F. Sales force incentives, market information, and production/inventory planning [J]. Management Science, 2005, 51(1): 60–75.

[18] Chen D, Ignatius J, Sun D ,et al. Reverse logistics pricing strategy for a green supply chain: A view of customers' environmental awareness [J].International Journal of Production Economics, 2019, 217(11): 197–210.

[19] Christen M, Boulding W, Staelin R. Optimal market intelligence strategy when management attention is scarce [J]. Management Science, 2009, 55(4): 526–538.

[20] Chu C, Chu F, Zhong J, et al. A polynomial algorithm for a lot–sizing problem with backlogging, outsourcing and limited inventory [J]. Computers & Industrial Engineering, 2012, 64(1): 200–210.

[21] Deng Q, Jiang X, Zhang L, et al. Making optimal investment decisions for energy service companies under uncertainty: A case study [J]. Energy, 2015a, 88(8):

234–243.

[22] Deng Q, Jiang X, Cui Q, et al. Strategic design of cost savings guarantee in energy performance contracting under uncertainty [J]. Applied Energy, 2015b, 139 (C): 68–80.

[23] Du S, Hu L, Song M. Production optimization considering environmental performance and preference in the cap–and–trade system [J]. Journal of Cleaner Production, 2016, 112: 1600–1607.

[24] Fawkes S. Outsourcing energy management: Saving energy and carbon through partnering [M]. Gower, 2007.

[25] Garstka S J, Wets R J B. On decision rules in stochastic programming [J]. Mathematical Programming, 1974, 7 (1): 117–143.

[26] Gilbert S M, Cvsa V. Strategic commitment to price to stimulate downstream innovation in a supply chain [J]. European Journal of Operational Research, 2003, 150 (3): 617–639.

[27] Goldman C A, Osborn J G, Hopper N C, et al. Market trends in the U.S. ESCO industry: Results from the NAESCO database project [R]. Office of Scientific & Technical Information Technical Reports, 2002.

[28] Goldman C A, Hopper N C, Osborn J G. Review of US ESCO industry market trends: An empirical analysis of project data [J]. Energy Policy, 2005, 33 (3): 387–405.

[29] Gong X, Zhou S X. Optimal production planning with emissions trading [J]. Operations Research, 2013, 61 (4): 908–924.

[30] Govindan K, Popiuc M N. Reverse supply chain coordination by revenue sharing contract: A case for the personal computers industry [J]. European Journal of Operational Research, 2014, 233: 326–336.

[31] Goyal M, Netessine S. Strategic technology choice and capacity investment under demand uncertainty [J]. Management Science, 2007, 53 (2): 192–207.

[32] Gray J V, Tomlin B, Roth A V. Outsourcing to a powerful contract manufacturer: The effect of learning–by–doing [J]. Production and Operations Management, 2009, 18 (5): 487–505.

[33] Grover S. Carbon labeling toilet paper: Who does it help? [EB/OL]. http://

www.treehugger.com/corporate–responsibility/carbon–labeling–toilet–paper–who–does–it–help.html, 2009.

[34] Gupta S K, Sengupta J K. Decision rules on production planning and chance–constrained sales [J]. Decision Sciences, 1977, 8(3): 521–533.

[35] Gutiérrez J, Sedeño–Noda A, Colebrook M, et al. A new characterization for the dynamic lot size problem with bounded inventory [J]. Computers & Operations Research, 2003, 30(3): 383–395.

[36] Hammami R, Nouira I, and Frein Y. Effects of customers' environmental awareness and environmental regulations on the emission intensity and price of a product [J]. Decision Sciences, 2018, 49(6): 1116–1155.

[37] Höhn M I. Literature review on supply chain contracts/relational supply contracts [M]. Springer Berlin Heidelberg, 2010.

[38] Hong Z, Guo X. Green product supply chain contracts considering environmental responsibilities [J]. Omega, 2019, 83: 155–166.

[39] Hopper N, Goldman C, McWilliams J, et al. Public and institutional markets for ESCO services: Comparing programs, practices and performance [R]. Office of Scientific & Technical Information Technical Reports, 2005.

[40] Hsu V N. Dynamic economic lot size model with perishable inventory [J]. Management Science, 2000, 46(8): 1159–1169.

[41] Huang P, Zhang X and Deng X. Survey and analysis of public environmental awareness and performance in Ningbo, China: A case study on household electrical and electronic equipment [J]. Journal of Cleaner Production, 2006, 14(18): 1635–1643.

[42] Hua Z, Li S, Liang L. Impact of demand uncertainty on supply chain cooperation of single–period products [J]. International Journal of Production Economics, 2006, 100(2): 268–284.

[43] Hurwicz L, Shapiro L. Incentive structures maximizing residual gain under incomplete information [J]. Bell Journal of Economics, 1978, 9(1): 180–191.

[44] Hwang H C, Jaruphongsa W. Dynamic lot–sizing model with demand time windows and speculative cost structure [J]. Operations Research Letters, 2006, 34(3): 251–256.

[45] Jiang L, Anupindi R. Customer-driven vs. retailer-driven search: Channel performance and implications [J]. Manufacturing & Service Operations Management, 2010, 12 (1): 102–119.

[46] Kim Y, Worrell E. International comparison of CO_2 emission trends in the iron and steel industry [J]. Energy Policy, 2002a, 30 (10): 827–838.

[47] Kim Y, Worrell E. CO_2 emission trends in the cement industry: An international comparison [J]. Mitigation & Adaptation Strategies for Global Change, 2002b, 7 (2): 115–133.

[48] Krass D, Nedorezov T, Ovchinnikov A. Environmental taxes and the choice of green technology [J]. Production and Operations Management, 2013, 22 (5): 1035–1055.

[49] Krishnan H, Kapuscinski R, Butz D A. Quick response and retailer effort [J]. Management Science, 2010, 56 (6): 962–977.

[50] Kunter M. Coordination via cost and revenue sharing in manufacturer-retailer channels [J]. European Journal of Operational Research, 2012, 216: 477–486.

[51] Larsen P H, Goldman C A, Satchwell A. Evolution of the U.S. energy service company industry: Market size and project performance from 1990–2008 [J]. Energy Policy, 2012, 50 (11): 802–820.

[52] Lash J, Wellington F. Competitive advantage on a warming planet [J]. Harvard Business Review, 2007, 85 (3): 94–102, 143.

[53] Lee M K, Park H, Noh J, et al. Promoting energy efficiency financing and ESCOs in developing countries: Experiences from Korean ESCO business [J]. Journal of Cleaner Production, 2003, 11 (6): 651–657.

[54] Lee S, Tae S, Shin S. Profit distribution in guaranteed savings contracts: Determination based on the collar option model [J]. Sustainability, 2015, 7 (12): 16273–16289.

[55] Lee C Y, Cetinkaya S, Wagelmans A P M. A dynamic lot-sizing model with demand time windows [J]. Management Science, 2001, 47 (10): 1384–1395.

[56] Loparic M, Pochet Y, Wolsey L A. The uncapacitated lot-sizing problem with sales and safety stocks [J]. Mathematical Programming, 2001, 89 (3): 487–504.

［57］Lin Y, Ali P. Quick Response under competition［J］. Production & Operations Management, 2012, 21（21）: 518–533.

［58］Liu Z L, Anderson T D, Cruz J M. Consumer environmental awareness and competition in two–stage supply chains［J］. European Journal of Operational Research, 2012, 218（3）: 602–613.

［59］Marino A, Bertoldi P, Rezessy S, et al. A snapshot of the European energy service market in 2010 and policy recommendations to foster a further market development［J］. Energy Policy, 2011, 39（10）: 6190–6198.

［60］Martin N, Anglani N, Einstein D, et al. Opportunities to improve energy efficiency and reduce greenhouse gas emissions in the US pulp and paper industry［R］. Office of Scientific & Technical Information Technical Reports, 2000.

［61］McGuire T W, Staelin R. An industry equilibrium analysis of downstream vertical integration［J］. Marketing science, 1983, 2（2）: 161–191.

［62］Mills E, Rosenfeld A. Consumer non–energy benefits as a motivation for making energy–efficiency improvements［J］. Energy, 1996, 21（7–8）: 707–720.

［63］Mills E. Risk transfer via energy–savings insurance［J］. Energy Policy, 2003, 31（3）: 273–281.

［64］Mills E, Kromer S, Weiss G, et al. From volatility to value: Analysing and managing financial and performance risk in energy savings projects［J］. Energy Policy, 2006, 34（2）: 188–199.

［65］Möllersten K, Westermark M. Outsourcing of energy facilities in the pulp and paper industry motives for outsourcing partnerships between energy companies and pulp and paper manufacturers［C］. In Proceedings 18th World Energy Congress , Buenos Aires, 2001.

［66］Mortimer J H. The effects of revenue–sharing on welfare in vertically–separated markets: Evidence from the video rental industry［J］. SSRN Electronic Journal, 2002, 28: 1832–1837.

［67］Ofek E, Katona Z, Sarvary M. "Bricks and Clicks": The impact of product returns on the strategies of multichannel retailers［J］. Marketing Science, 2011, 30（1）: 42–60.

［68］Okhrinab I. An O（T3）algorithm for the capacitated lot sizing problem with minimum order quantities［J］. European Journal of Operational Research, 2011, 211（3）: 507-514.

［69］Painuly J P, Park H, Lee M K, et al. Promoting energy efficiency financing and ESCOs in developing countries: Mechanisms and barriers［J］. Journal of Cleaner Production, 2003, 11（6）: 659-665.

［70］Pan K, Lai K K, Leung SCH, et al. Revenue-sharing versus wholesale price mechanisms under different channel power structures［J］. European Journal of Operational Research, 2010, 203: 532-538.

［71］Pätäri S, Sinkkonen K. Energy service companies and energy performance contracting: Is there a need to renew the business model? Insights from a Delphi study ［J］. Journal of Cleaner Production, 2014, 66（3）: 264-271.

［72］Petruzzi N C, Dada M. Pricing and the newsvendor problem: A review with extensions［J］. Operations Research, 1999, 47（2）: 183-194.

［73］Price L, Galitsky C, Sinton J, et al. Tax and fiscal policies for promotion of industrial energy efficiency: A survey of international experience［R］. Lawrence Berkeley National Laboratory, 2005.

［74］Pye M, McKane A. Making a stronger case for industrial energy efficiency by quantifying non-energy benefits［J］. Resources, Conservation and Recycling, 2000, 28（3）: 171-183.

［75］Qian D, Guo J. Research on the energy-saving and revenue sharing strategy of ESCOs under the uncertainty of the value of energy performance contracting projects［J］. Energy Policy, 2014, 73（5）: 710-721.

［76］Robinson P, Narayanan A, Sahin F. Coordinated deterministic dynamic demand lot-sizing problem: A review of models and algorithms［J］. Omega, 2009, 37（1）: 3-15.

［77］Singer T E, Lockhart N K. IEA DSM task X-performance contracting—country report: United States［R］. International Energy Agency, Paris, 2002.

［78］Sorrell S. The economics of energy service contracts［J］. Energy Policy, 2007, 35（1）: 507-521.

[79] Sox C R. Dynamic lot sizing with random demand and non-stationary costs [J]. Operations Research Letters, 1997, 20(4): 155-164.

[80] Spengler J. Vertical integration and antitrust policy [J]. Journal Political Economic, 1950, 58(4): 347-352.

[81] Subramanian R, Gupta S, Talbot B. Compliance strategies under permits for emissions [J]. Production and Operations Management, 2007, 16(6): 763-779.

[82] Tayur M, Magazine R. Ganeshan, Eds. Quantitative models of supply chain management [M]. Kluwer Academic Publishers, Boston, MA., 1999.

[83] Thollander P, Ottosson M. Energy management practices in Swedish energy-intensive industries [J]. Journal of Cleaner Production, 2010, 18(12): 1125-1133.

[84] Thollander P, Backlund S, Trianni A, et al. Beyond barriers—A case study on driving forces for improved energy efficiency in the foundry industries in Finland, France, Germany, Italy, Poland, Spain, and Sweden [J]. Applied Energy, 2013, 111: 636-643.

[85] Thollander P, Ottosson M. Energy related outsourcing—the case of ESCOs in the Swedish pulp and paper industry [C]. Technology Management Conference. IEEE, 2011: 329-337.

[86] Vajda S. Probabilistic programming [M]. Academic Press, New Work, 1972.

[87] Van Mieghem J A, Dada M. Price versus production postponement: Capacity and competition [J]. Management Science, 1999, 45(12): 1639-1649.

[88] Vine E. An international survey of the energy service company (ESCO) industry [J]. Energy Policy, 2005, 33(5): 691-704.

[89] Vine E, Hamrin J. Energy savings certificates: A market-based tool for reducing greenhouse gas emissions [J]. Energy Policy, 2008, 36(1): 467-476.

[90] Wagner H M, Whitin T M. Dynamic version of the economic lot size model [J]. Management Science, 1958, 5(1): 89-96.

[91] Wang T, Thomas D J, Rudi N. The effect of competition on the efficient-responsive choice [J]. Production and Operations Management, 2014, 23(5): 829-846.

[92] Wang Z, Hu M. Committed versus contingent pricing under competition [J]. Production and Operations Management, 2014, 23(11): 1919-1936.

[93] Wang Y, Niu B, Guo P. On the advantage of quantity leadership when

outsourcing production to a competitive contract manufacturer [J]. Production and Operations Management, 2013, 22 (1): 104–119.

[94] Wen W, Zhou P, Zhang F. Carbon emissions abatement: emissions trading vs consumer awareness [J]. Energy Economics, 2018, 76: 34–47.

[95] Wolsey L A. Progress with single–item lot–sizing [J]. European Journal of Operational Research, 1995, 86 (3): 395–401.

[96] Worrell E, Laitner J A, Ruth M, et al. Productivity benefits of industrial energy efficiency measures [J]. Energy, 2003, 28 (11): 1081–1098.

[97] Wu X, Zhang F. Home or overseas? An analysis of sourcing strategies under competition [J]. Management Science, 2014, 60 (5): 1223–1240.

[98] Xiao W, Gaimon C. The effect of learning and integration investment on manufacturing outsourcing decisions: A game theoretic approach [J]. Production and Operations Management, 2013, 6: 1576–1592: 1–17.

[99] Xiao T, Choi T M, Cheng T C E. Product variety and channel structure strategy for a retailer–stackelberg supply chain [J]. European Journal of Operational Research, 2014, 233 (1): 114–124.

[100] Yalabik B, Fairchild R J. Customer, regulatory, and competitive pressure as drivers of environmental innovation [J]. International Journal of Production Economics, 2011, 131 (2): 519–527.

[101] Yang H, Chen W. Retailer–driven carbon emission abatement with consumer environmental awareness and carbon tax: Revenue–sharing versus cost–sharing [J]. Omega, 2018, 78: 179–191.

[102] Yang H, Luo J, Wang H. The role of revenue sharing and first–mover advantage in emission abatement with carbon tax and consumer environmental awareness [J]. International Journal of Production Economics, 2017, 193: 691–702.

[103] Yuan X, Ma R, Zuo J, et al. Towards a sustainable society: The status and future of energy performance contracting in China [J]. Journal of Cleaner Production, 2016, 112: 1608–1618.

[104] Yu Y, Han X, Hu G. Optimal production for manufacturers considering consumer environmental awareness and green subsidies [J]. International Journal of

Production Economics, 2016, 182: 397–408.

［105］Zangwill W I. A deterministic multi–period production scheduling model with backlogging［J］. Management Science, 1966, 13（1）: 105–119.

［106］Zhang X, Wu Z, Feng Y, et al. "Turning green into gold": A framework for energy performance contracting（EPC）in China's real estate industry［J］. Journal of Cleaner Production, 2014, 109: 166–173.

［107］Zhao X. Coordinating a supply chain system with retailers under both price and inventory competition［J］. Production and Operations Management, 2008, 17（5）: 532–542.

［108］Zhang L, Wang J, You J. Consumer environmental awareness and channel coordination with two substitutable products［J］. European Journal of Operational Research, 2015, 241（1）: 63–73.

［109］白杉，宋云飞，苏小雪. EMC（合同能源管理）模式在我国余热发电项目投资中的应用探究［J］.时代金融，2008（10）：58–59.

［110］陈元志. 合同能源管理的商业模式与运行机制［J］.改革与战略，2012（3）：51–53.

［111］陈剑，吕荣胜. 节能服务的经济学分析［J］.南京社会科学，2011（6）：51–56.

［112］陈剑. 低碳供应链管理研究［J］.系统管理学报，2012，21（6）：721–728，735.

［113］邓建英，兰秋军. 博弈视角下政府对建筑节能服务机构的监管效能分析［J］.系统工程，2015（12）：96–100.

［114］戴彦德. 节能投资新机制——合同能源管理［J］.北京节能，1999，1：5–7.

［115］窦义粟，于丽英. 国外节能政策比较及对中国的借鉴［J］.节能与环保，2007（1）：26–29.

［116］范英，衣博文. 能源转型的规律、驱动机制与中国路径［J］.管理世界，2021，37（8）：95–104.

［117］黄帝，陈剑，周泓. 配额–交易机制下动态批量生产和减排投资策略研究［J］.中国管理科学，2016，24（4）：129–137.

［118］黄鑫，陶小马．欧美国家节能政策演变趋势及对中国的启示［J］．经济纵横，2008（9）：98-100.

［119］吕荣胜，马广蔚，闫越．低碳经济背景下节能减排管理政企博弈分析［J］．武汉理工大学学报（社会科学版），2013，26（2）：214-218.

［120］卢志坚，孙元欣．完全信息下的合同能源管理节能效益分享模式博弈模型［J］．科技管理研究，2015，35（24）：216-219.

［121］李碧浩．用能单位的节能服务外包决策机制研究［J］．上海节能，2013（4）：24-27.

［122］柳晓雷，杨莹，李晓丹，李玉华．北京市合同能源管理发展现状［J］．节能与环保，2008（4）：18-20.

［123］李志青．新型节能融资机制"合同能源管理"的制度和福利效应分析——基于两种合同模式的比较［J］．新金融，2010（3）：57-62.

［124］莫亚琳，刘朝阳，庞富榕．广西合同能源管理发展的问题与对策［J］．当代经济，2013（11）：80-82.

［125］彭鸿广，骆建文．信息不对称下节能服务外包合同的设计［J］．预测，2014（6）：60-65.

［126］瞿焱，全朝辉，陈政．合同能源管理运作过程的影响因素实证研究［J］．科技管理研究，2014（5）：198-201.

［127］人民网．世行报告：俄乌冲突对食品能源等大宗商品价格冲击巨大［EB/OL］．http://world.people.com.cn/n1/2022/0427/c1002-32410429.html，2022.

［128］宋路莎，耿云江．合同能源管理在节能减排项目融资中的应用——基于秦岭水泥的案例分析与思考［J］．中国集体经济，2011（12）：116-117.

［129］沈超红，谭平，李敏，等．合约安排与节能服务项目的市场拓展［J］．管理学报，2010，7（11）：1660-1664.

［130］田小平，吕荣胜．基于生态位理论的节能服务企业成长战略研究［J］．大连理工大学学报（社会科学版），2012，33（4）：7-11.

［131］田小平．基于交易成本经济学的节能服务外包决策研究［J］．中南财经政法大学学报，2011（4）：101-106.

［132］王洪波，梁俊强，刘长滨．建筑节能服务公司的信息传递博弈模型［J］．暖通空调，2007，37（10）：12-16.

［133］王晛.基于有效单位能耗的合同能源管理激励机制设计［J］.建筑经济，2014，35（12）：97–101.

［134］王丹，张小曼，刘琳.效益分享型合同能源管理利益分配的博弈分析——基于合作与非合作博弈解的比较［J］.建筑经济，2013（10）：101–104.

［135］王文来，王树茂.我国节能服务公司的服务市场分析［J］.中国能源，1999（7）：20–21.

［136］王树茂.合同能源管理在我国的发展和存在的问题［J］.中国能源，2008，30（2）：21–23.

［137］武德俊，柳晓雷.合同能源管理运作模式及典型案例［J］.节能与环保，2010（3）：17–18.

［138］新浪财经.钢价跌至11年来最低：每斤1.6元等于白菜价格［EB/OL］.http://finance.sina.com.cn/money/future/fmnews/20141013/093420520530.shtml，2014.

［139］续振艳，郭汉丁，任邵明.国内外合同能源管理理论与实践研究综述［J］.建筑经济，2008，12：100–103.

［140］徐晓燕，吴焕焕.基于博弈论的节能量保证型EPC合同决策分析［J］.运筹与管理，2015（3）：112–119.

［141］尚天成，刘培红，李欣欣，等.节能量保证型合同能源管理项目的收益分配［J］.天津大学学报：社会科学版，2013，15（4）：298–301.

［142］项勇，任宏，黄佳祯.节能效益分享型合同能源管理合作博弈分析——基于Shapley值方法［J］.建筑经济，2015，36（8）：80–83.

［143］谢兵，闫斌杰，李新，等.基于期权博弈理论的EPC项目投资决策研究［J］.水电能源科学，2013（12）：250–253.

［144］许立新.河北省合同能源管理的现状分析及发展对策［J］.经济论坛，2012（7）：17–19.

［145］杨锋，何慕佳，梁樑.基于多属性逆向拍卖的节能服务公司选择研究［J］.中国管理科学，2015，23（5）：98–106.

［146］中国陶瓷网.2008年生产成本上升约20%陶瓷企业将何去何从［EB/OL］.http://www.taoci365.com/html/news/2008-07/info-88777-784.htm，2008.

［147］周鲜华，郭晓怡，魏颖晖.合同能源管理项目下融资租赁参与方博弈分析［J］.建筑经济，2013（7）：78–81.

［148］郑玲玲．福建省合同能源管理的现状、存在的问题和对策［J］.能源与环境，2013（3）：7-9.

［149］朱军．基于风险分析的 EMC 运作模式比较［J］.合作经济与科技，2012（7）：32-34.

［150］赵道致，徐春秋，王芹鹏．考虑零售商竞争的联合减排与低碳宣传微分对策［J］.控制与决策，2014a（10）：1809-1815.

［151］赵道致，原白云，夏良杰，等．碳排放约束下考虑制造商竞争的供应链动态博弈［J］.工业工程与管理，2014b，19（1）：65-71.

后　记

　　本书是在作者博士论文和近期完成的几篇论文的基础上修改而成的。本书能够顺利完成源于以下三个方面的原因。首先，感谢我的博士生导师南京大学工程管理学院沈厚才教授，在攻读博士学位之初将我引入节能管理这一研究领域，让我认识了一个全新的研究领域，沈老师对这一领域的深刻理解，打破了我以往"管理很虚"的观念，沈老师善于用简单朴素的语言、引人入胜的"故事"方式来表达管理问题，使我对这一领域产生了浓厚的兴趣。其次，2020年9月习近平总书记在科学家座谈会上对广大科学家和科技工作者提出"四个面向"的要求，当前"双碳"工作如火如荼，作者也想"参与"。最后，时光飞逝如白驹过隙，最初进入节能管理这一研究领域应该是在2013年左右，迄今为止已逾10年，想给自己一个"交代"，做个阶段性总结。

　　另外，本书的顺利完成还得益于很多的支持，如母校南京大学的其他老师、来母校讲学的老师、师门的伙伴、工作单位、项目的资助单位、家庭、经济管理出版社等，值此书稿付梓之际，虽无法一一表达谢意，但是我将永远铭记每一份恩义，在未来的工作与生活中将这份感激转化为行动回报社会。

　　本书编写过程中参考和使用了大量相关资料，在此向这些资料的作者致以诚挚的谢意。

　　最后要说明的是，由于作者水平有限，本书难免存在不足和缺点，敬请专家和同行指正。

欧阳建军

2024 年 12 月 10 日